地方治理实验书系·社区治理改革研究
华中师范大学政治学一流学科建设成果文库

陈荣卓／主编

邛崃实验：QIONGLAI SHIYAN

新型城镇化与基层治理交融共兴

XINXING CHENGZHENHUA YU JICENG ZHILI JIAORONG GONGXING

陈荣卓　刘亚楠　刘　珊　著

中国社会出版社
国家一级出版社·全国百佳图书出版单位

图书在版编目（CIP）数据

邛崃实验：新型城镇化与基层治理交融共兴 / 陈荣卓，刘亚楠，刘珊著．-- 北京：中国社会出版社，2024.3

（地方治理实验书系．社区治理改革研究）

ISBN 978-7-5087-6991-2

Ⅰ.①邛… Ⅱ.①陈… ②刘… ③刘… Ⅲ.①城市化－社会管理－研究－邛崃 Ⅳ.①F299.277.14

中国国家版本馆 CIP 数据核字（2024）第 023656 号

邛崃实验：新型城镇化与基层治理交融共兴

责任编辑：刘延庆
装帧设计：时　捷
出版发行：中国社会出版社
（北京市西城区二龙路甲 33 号　邮编 100032）
印刷装订：北京九州迅驰传媒文化有限公司
版　　次：2024 年 3 月第 1 版
印　　次：2024 年 3 月第 1 次印刷
开　　本：170mm × 240mm　1/16
字　　数：260 千字
印　　张：16.75
定　　价：48.00 元

编委会

前　言

赓续百年奋斗史，启航时代新征程。经过新时代十年的伟大变革，党和国家事业取得历史性成就，发生历史性变革，我国迈上全面建设社会主义现代化国家新征程，中国特色社会主义制度更加成熟，国家治理体系和治理能力现代化水平明显提高。作为国家治理的重要内容，完善社会治理体系成为应对十年伟大变革、落实全过程人民民主、增进民生福祉的有效路径。党的二十大报告指出，“完善社会治理体系”，“健全共建共治共享的社会治理制度，提升社会治理效能”，“建设人人有责、人人尽责、人人享有的社会治理共同体”。这是应对新发展阶段、贯彻新发展理念、构建新发展格局的必然要求，彰显了中国式现代化的本质要求，为打造共建共治共享的社会治理格局提供了坚实的制度基础。

推进社会治理，重点在基层，难点也在基层。基层治理是实现国家治理体系和治理能力现代化的基础工程，必须把抓基层打基础作为利长远之计和固根本之策，一刻也不能放松。新时代基层社会治理是一项系统性工程，需要置于新型城镇化战略、乡村振兴战略视域下统筹考虑。从党的十八大到党的二十大，新型城镇化建设经历了从“四化同步”到“以县城为重要载体”的历史脉络，见证了我国城乡融合的时代步伐，深刻影响着基层社会治理的发展变革与实践创新。新型城镇化与基层社会治理具有内在耦合性，基层治理始终是围绕新型城镇化战略的永恒命题，成为新型城镇化建设的外在表现与内在动力。尽管经过十年的发展，新型城镇化建设取得了较为显著的成效，然而，现阶段新型城镇化与《国家新型城镇化规划（2014—2020 年）》提出的“以人为本、四化同步、优化布局、生态文明、文化传承的中国特色新型城镇化”还存在一定距离。完善基层社会治理体系、提升社会治理效能，既是应对新型城镇化进程中新形势新变化的有益探索，也是破解基层治理困境、推进城乡融合、加快新型城镇化进程的重要举措。习近平总书记在2016年3月5日参加上海代表团审议时强调，“基层是一切工作的落脚点，社会治理的重心必须落实到城乡、社区”。为此，要推动社会治理和服务重心向基层下移，把更多资源下沉到基层，更好地提供精细化、精准化服务，实现基层社会治理主体的权责利统一，充分调动不同主体参与社会治理的积极性，逐步构建共建共治共享的基层治理格局。

党的十八大以来，四川省邛崃市以民政部“全国社区治理和服务创新实验区”创建为抓手，以建立人人有责、人人尽责、人人享有的社会治理共同体为目标，确定资源共享、功能融合、服务协作的实验区创建思路，努力把经验机制化、成果清单化、社区展示场景化，全力构建共建共治共享的基层治理新格局。通过新型城镇化战略整合城乡空间、人才、资金等资源要素，打破区域之间的要素流通壁垒，促进城乡社会治理；通过基层治理协调自然村落、老旧院落、集镇部落和城市聚落等不同城镇化样态下的多元主体关系，以党建引领、生态协同、文化融合、产业互促、服务联动等方式促进城乡融合，切实推动了新型城镇化与基层社会治理的双线发展，为实现新型城镇化进程中的基层治理提供了邛崃样本。基于此，本书总结新型城镇化进程中邛崃基层社会治理的经验成果，概括其新时期基层治理的内在特征与发展需求，力图为中西部地区推进新型城镇化战略和基层社会治理提供借鉴和参考，探索出符合新发展阶段的新型城镇化与基层治理双线互促的有效策略与路径。

建功新时代、奋进新征程、创造新伟业。习近平总书记在二十届中共中央政治局常委同中外记者见面时强调：“蓝图已经绘就，号角已经吹响。我们要踔厉奋发、勇毅前行，努力创造更加灿烂的明天。”新的伟大征程上，邛崃市将坚决贯彻落实党的二十大关于“健全城乡社区治理体系”的决策部署，基于邛崃在成都做优做强郊区新城生态价值转化、乡村全面振兴、公园城市乡村表达核心功能中的责任担当，持续深化党建引领“微网实格”治理，实施“城乡差序协同、六态融合共优”的社区发展治理新策略，推动社区业态强起来、文态兴起来、形态美起来、生态靓起来、心态和起来、质态优起来，实现“社区让生活更美好”的幸福愿景。

目　录

第一章　全域革新：城镇化进程中的基层治理探路

第二章　一核聚力：党政组织的统筹搭台

第三章　生态协同：自然村落的生态铸魂

第四章　文化融合：老旧院落的更新再造

第五章 产业互促：集镇部落的共富维新

第六章 服务联动：城市聚落的共建共治

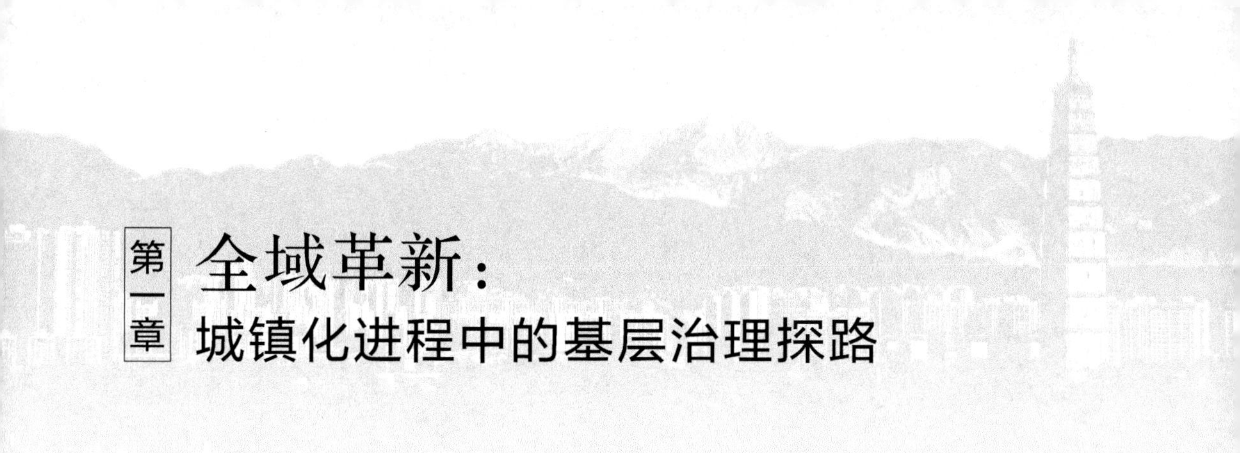

第一章 全域革新：城镇化进程中的基层治理探路

中国特色社会主义进入新时代以来，面对社会主要矛盾转变、城乡差距扩大、乡村发展活力不足、基层治理趋于同质等困境，如何在新型城镇化进程中推进基层治理、如何借助基层治理助力新型城镇化建设，成为地方实践中面临的机遇与挑战。

基于此，四川省邛崃市抓住作为改革试点的发展机遇，以资源要素顺向流动、合理集聚、优化配置为导向规划新型城镇化的战略蓝图，通过新型城镇化战略整合城乡空间、人才、资金等资源要素，打破区域之间要素流通壁垒，促进城乡社会治理；通过基层治理协调自然村落、老旧院落、集镇部落和城市聚落等不同城镇化样态下的多元主体关系，以党建引领、生态协同、文化融合、产业互促、服务联动等方式促进城乡融合，切实推动了新型城镇化与基层治理的双线发展，为实现新型城镇化进程中的基层治理创新提供了邛崃样本。

第一节　天府西控，邛崃新型城镇化的发展机遇

城镇化是实现现代化的必由之路，是促进区域协调发展、统筹城乡要素、推进乡村振兴的重要抓手。从党的十八大到党的二十大，新型城镇化建设经历了从“四化同步”到“以县城为重要载体”的历史脉络，见证了中国发展的实践步伐。作为毗邻成都市的县级市，邛崃市依托新型城镇化的制度安排、省域治理下的改革试点、时代发展中的实践倒逼以及城乡融合下的资源禀赋，迎来了推进新型城镇化战略的发展机遇，为打造统筹城乡的西控天府中心奠定了坚实基础。

一、政策支撑：新型城镇化的制度安排

党的十八大以来，国家高度重视新型城镇化发展，从顶层设计上为新型城镇化指明了方向。2012 年，党的十八大报告肯定了新型城镇化、信息化、新型工业化及农业现代化的“新四化”道路，强调未来新型城镇化要与信息化、新型工业化、农业现代化协调推进。① 2013 年，中共十八届三中全会提出，“城乡二元结构是制约城乡发展一体化的主要障碍。必须健全体制机制，形成以工促农、以城带乡、工农互惠、城乡一体的新型工农城乡关系，让广大农民平等参与现代化进程、共同分享现代化成果”。为此，要“推进城乡要素平等交换和公共资源均衡配置”“完善城镇化健康发展体制机制”，走中国特色新型城镇化道路②。2014 年，《国家新型城镇化规划（2014—2020 年）》编制完成并颁布实施，明确了未来城镇化的发展路径、主要目标和战略任务，

---

① 胡锦涛．坚定不移沿着中国特色社会主义道路前进 为全面建成小康社会而奋斗：在中国共产党第十八次全国代表大会上的报告［M］．北京：人民出版社，2012：20.

② 中共中央关于全面深化改革若干重大问题的决定［M］．北京：人民出版社，2013：22－24.

指出要“有序推进农业转移人口市民化”“推进大中小城市和小城镇协调发展”，“走以人为本、四化同步、优化布局、生态文明、文化传承的中国特色新型城镇化道路”①。2016 年，国务院印发《关于深入推进新型城镇化建设的若干意见》，指出新型城镇化工作依旧存在“农业转移人口市民化进展缓慢、城镇化质量不高、对扩大内需的主动力作用没有得到充分发挥等问题”，进一步强调要“以人的城镇化为核心，以提高质量为关键，以体制机制改革为动力，紧紧围绕新型城镇化目标任务，加快推进户籍制度改革，提升城市综合承载能力，制定完善土地、财政、投融资等配套政策，充分释放新型城镇化蕴藏的巨大内需潜力”②。

中国特色社会主义进入新时代以来，新型城镇化建设取得了一系列成就，农业转移人口市民化进一步提升，城市群的培育发展全面有序展开，中心城市承载力进一步增强，城乡融合发展进一步完善。③ 与此同时，新型城镇化建设的制约因素主要体现在城镇化率有待提升、城乡居民生活水平差距过大、大城市辐射带动作用尚弱、单位 GDP 能耗较高等方面。④ 而县城凭借县级行政单元的稳定性与县域治理的包容性，为新型城镇化建设提供了新的着力点，⑤ 以县城为支撑的县域治理成为新型城镇化建设的推进方向。2022 年 5 月，中共中央办公厅、国务院办公厅印发《关于推进以县城为重要载体的城镇化建设的意见》指出，“县城是我国城镇体系的重要组成部分，是城乡融合发展的关键支撑，对促进新型城镇化建设、构建新型工农城乡关系具有重要意义”⑥。2022 年 6 月，国务院审批通过的《国家新型城镇化规划（2021—2035 年）》将党的十九届五中全会提出的“推进以县城为重要载体的城镇化建设”作为我国新型城镇化的新着力点。同年 7 月，国家发改委印发《“十四

---

① 国家新型城镇化规划（2014—2020 年）[M]. 北京：人民出版社，2014：15 - 16.

② 国务院关于深入推进新型城镇化建设的若干意见 [M]. 北京：人民出版社，2016：1 - 2.

③ 陈姝兴，丁任重. 新时期中国城镇化发展若干理论与实践问题研究 [J]. 福建论坛（人文社会科学版），2021（12）：77 - 89.

④ 任杲，宋迎昌，张臬. 中国新型城镇化内涵特征、水平测度与推进路径 [J]. 宁夏社会科学，2022（5）：102 - 110.

⑤ 张琦. 新型城镇化的新着力点：以县城为重要载体的城镇化建设路径思考 [J]. 人民论坛，2022（18）：62 - 66.

⑥ 中共中央办公厅 国务院办公厅. 关于推进以县城为重要载体的城镇化建设的意见 [N]. 人民日报，2022 - 05 - 07（01）.

五”新型城镇化实施方案》，强调要增强小城市发展活力，推进以县城为重要载体的城镇化建设，推进县城产业配套设施提质增效、市政公用设施提档升级、公共服务设施提标扩面、环境基础设施提级扩能、县乡村功能衔接互补，分类引导小城镇发展，优化边境地区城镇布局。[①] 党的二十大报告指出，要深入推进新型城镇化战略，“推进以人为核心的新型城镇化，加快农业转移人口市民化。以城市群、都市圈为依托构建大中小城市协调发展格局，推进以县城为重要载体的城镇化建设”。[②]

二、发展机遇：省域治理下的改革试点

党的二十大报告指出，要“深入实施区域协调发展战略、区域重大战略、主体功能区战略、新型城镇化战略，优化重大生产力布局，构建优势互补、高质量发展的区域经济布局和国土空间体系”[③]。凭借毗邻省会的区位优势，邛崃市成为成渝地区双城经济圈、两项改革“后半篇”文章、国家城乡融合发展试验区、全国社区治理和服务创新实验区、四川省城乡社区治理试点等改革试验集成点，为推进新型城镇化提供了发展机遇。

（一）成渝地区双城经济圈加速区域一体化步伐

根据中央提出的成渝地区双城经济圈战略，四川省委十一届七次全会审议通过《中共四川省委关于深入贯彻习近平总书记重要讲话精神 加快推动成渝地区双城经济圈建设的决定》，指出要坚持以成渝地区双城经济圈建设为战略引领，以“一干多支”发展战略为重要支撑，强化川渝互动、极核带动、干支联动，促进成渝地区中部崛起、南翼跨越、北翼振兴，加快实现区域空间布局整体优化、功能体系整体完善、发展能级整体提升。[③]《成都市城市总体规划（2016—2035年）》提出，在成都市域范围内形成“一心两翼一区三

---

① 国家发展改革委．“十四五”新型城镇化实施方案［EB/OL］．（2022－07－12）［2023－10－30］．http://www.gov.cn/zhengce/zhengceku/2022－07/12/5700632/files/7e5eda0268744bebb5c1d4638e86f744.pdf.

② 习近平．高举中国特色社会主义伟大旗帜 为全面建设社会主义现代化国家而团结奋斗：在中国共产党第二十次全国代表大会上的报告［M］．北京：人民出版社，2022：31－32.

③ 中共四川省委关于深入贯彻习近平总书记重要讲话精神 加快推动成渝地区双城经济圈建设的决定［EB/OL］．（2020－07－16）［2023－10－30］．https://www.sc.gov.cn/10462/10464/10797/2020/7/16/aeacd34334494af6ae918837ae922ad5.shtml.

轴多中心”的城市空间结构，改变单中心集聚、圈层式蔓延的发展模式，构建网络化、多中心、生态型的城市发展新格局。成都市委十三届七次全会审议通过《中共成都市委关于坚定贯彻成渝地区双城经济圈建设战略部署 加快建设高质量发展增长极和动力源的决定》，指出要打破行政区划与传统城乡结构，探索构建“大都市区—区域城市—功能区—新型社区”四级空间体系，探索推动经济关联度高、地域相连的区（市）县共同构建区域中心城市。根据文件精神，邛崃市紧抓“撤县（市）设区”、创建东部沿海产业转移示范区、川渝现代农业高新技术产业示范区建设等重大政策机遇，健全空间规划等协同机制，提高区域中心城市综合承载和资源优化配置能力，争取能源、交通、应急储备、国家食品药品检测基地等重大项目落户邛崃。

“十四五”期间，西部地区以中心城市为核心的区域一体化步伐将不断加速，邛崃市作为成渝地区双城经济圈的重要组成部分，将迎来产业、人才、资金等更大范围内的合作机会。邛崃市结合成都建设国家中心城市定位，依托邛崃“天府南来第一州”的地理优势、“十字方针”交会地的政策优势、重要交通动脉纵贯的枢纽优势、优秀传统文化富集的资源优势，着力将邛崃打造成协同崇州、大邑、蒲江，联动雅安、康藏，辐射南亚、东南亚的成都西部区域新型产业中心、生活消费中心、医疗教育中心、商贸物流中心和综合交通枢纽中心，建设成都西部区域公园城市先行区、高质量发展引领区、优质公共资源聚集区、区域开放合作示范区和高品质生活宜居地，为实现成都“三步走”战略目标贡献邛崃力量，也为邛崃推进城镇化进程下的基层社会治理提供了发展机遇。

（二）两项改革“后半篇”促进邛崃城乡资源统筹

根据《中共中央 国务院关于建立国土空间规划体系并监督实施的若干意见》关于“各地可因地制宜，将市县与乡镇国土空间规划合并编制，也可以几个乡镇为单元编制乡镇级国土空间规划”和“以一个或几个行政村为单元，由乡镇政府组织编制‘多规合一’的实用性村庄规划”[①] 的部署要求，四川省委、省政府决定在县域内以片区为单元编制乡村国土空间规划，以规划引

---

① 中共中央 国务院关于建立国土空间规划体系并监督实施的若干意见［M］. 北京：人民出版社，2019：6－7.

领乡镇行政区划和村级建制调整改革（以下简称“两项改革”）“后半篇”文章，并印发《关于全省县域内片区划分的指导意见》，旨在构建“县城（驻地镇)—中心镇（一级镇)—其他乡镇（街道)—中心村—其他村（社区)”梯次带动的镇村体系，形成县域内“主干牵引、强支带动、多点支撑”的发展格局。

为进一步巩固深化两项改革成果，健全持续落实工作机制，推动解决一批重点难点问题，切实把改革成果转化为发展红利和治理实效，四川省下发《关于做好乡镇行政区划和村级建制调整改革“后半篇”文章的指导意见》和《关于做好乡镇行政区划和村级建制调整改革“后半篇”文章的实施方案》，进一步推动了城乡资源要素合理配置、镇村运行机制畅通、公共服务水平和基层治理能力提升、产业布局优化和新型城镇化体系完善，为邛崃市促进人口就地就近城镇化、构建适应人口和产业分布的公共服务体系、形成城乡融合的新格局奠定了坚实基础。

（三）国家城乡融合发展试验区推动邛崃乡村振兴

2019 年，国家发改委印发《关于开展国家城乡融合发展试验区工作的通知》，将四川省成都市作为国家城乡融合发展试验区之一，试验范围包括成都市温江区、郫都区、彭州市、都江堰市、崇州市、邛崃市、大邑县、蒲江县，面积约 7672 平方千米。[①] 根据《四川成都西部片区国家城乡融合发展试验区实施方案》，到 2025 年将试验区建设为长江经济带生态价值转化先行区、美丽宜居公园城市典范区、农商文旅体融合发展示范区、城乡融合发展改革系统集成区。

建立健全城乡融合发展体制机制和政策体系，是党中央依据我国城乡发展实际作出的重大决策部署，而规划建设国家城乡融合发展试验区是改革方法，也是地方难得的发展机遇。通过试验区建设，逐步建立健全有利于城乡融合发展的体制机制，实现城乡要素合理流动，可以争取多层面的政策红利，从而大大提升乡村基础设施水平和农民生活水平，吸引更多的资本、人才出城入乡，实现产业要素的正向流动。国家城乡融合发展试验区的建设既对邛崃市结合实际优化改革路径、创新政策工具提出了更高要求，更是实现城乡

---

① 关于开展国家城乡融合发展试验区工作的通知［EB/OL］.（2019－12－27）［2023－10－31］. https://www. ndrc. gov. cn/xxgk/zcfb/tz/201912/t20191227_1216773－ext. html.

要素合理配置、基础设施一体化发展、乡村经济蓬勃兴旺、农民收入持续增长的重大机遇。

（四）全国社区治理和服务创新实验区助力城乡融合

2019 年 3 月，邛崃市被民政部确认为“全国社区治理和服务创新实验区”，实验主题是“建立驻社区机关企事业单位履行社区治理责任评价体系”，旨在探索建立驻社区机关企事业单位履行社区治理责任清单、考核评价、结果运用机制，基本建立驻社区机关企事业单位履行社区治理责任评价体系，有效解决当前驻社区机关企事业单位参与社区治理动力不强、渠道不畅、深度不够、活力不足的问题，推动驻社区机关企事业单位和社区居民共商区域发展、共担社会责任、共享发展成果、共建美好家园，实现城乡社区发展治理能力显著提升，全力构建共建共治共享的基层治理新格局。

2022 年，邛崃市被确定为四川省城乡社区治理试点单位，临邛街道、文君街道被确定为“五社联动”机制创新试点街道；文君街道铁花社区、羊安街道永安社区被确定为“便民服务型”试点社区；临邛街道文昌宫社区、桑园镇西禅社区被确定为“社会组织参与型”试点社区。全国社区治理和服务创新实验区以及省级城乡社区治理试点为邛崃市探索符合邛崃实际的城乡社区治理模式、切实提升基层治理水平、形成城乡融合的新型城镇化格局提供了切入点。

三、现实需要：时代发展中的实践倒逼

在市场经济和信息技术快速发展的背景下，城乡差距扩大、人口流动加快、服务需求转变等因素成为推进城镇化和基层治理创新面临的实践挑战，同时也倒逼了邛崃市加快探索立足城乡、统筹城乡、服务城乡的城镇化之路的步伐。

（一）整体经济发展趋于滞后

尽管邛崃市依托传统优势产业，初步形成了现代产业体系的雏形，但与周边区（市）县相比，邛崃经济整体发展水平趋于滞后，经济带动力和辐射力较弱。一是经济总量不高。2019 年，邛崃地区生产总值在成都市 22 个区（市）县中排名第 20 位，在 9 个郊区新城中排名第 7 位，与崇州、新津、大邑、蒲江同处 400 亿元以下。崇州总量领先邛崃接近两年，破 400 亿元在即。

新津撤县设区，高速发展可期。邛崃市如果不能抢抓重大发展机遇、争取到重大投资项目，经济总量仍将继续落后。二是传统优势产业转型受阻。2019年，邛崃市第一大支柱产业——食品饮料产业主营业务收入仅增长0.7%，利税总额下降0.1%，绿色食品产业功能区企业户数减少7.7%，投资减少1.9%，传统优势产业发展后劲不足。其中，白酒产业主营业务收入下降49%，总产值在行业中的占比与“中国白酒原酒之乡”的地位不相匹配，与区域发展速度不相匹配。三是高新技术产业发展滞后。2019年，邛崃市规模以上工业高新技术产业主营业务收入占地区生产总值的比重为16.27%，高新技术企业13家，国家级、省级、市级研发机构15个，与周边的崇州、大邑等区（市）县相比，邛崃经济创新动能不足。四是金融业发展相对滞后。2019年，邛崃市全部金融机构各项存款余额为466.99亿元，贷款余额排名靠前，但是增长率排名滞后，金融业支撑产业发展的作用有下滑趋势。

（二）城乡居民收入差距较大

新型城镇化的目标是缩小城乡差距，这一目标首先体现在城乡居民收入差距的逐步缩小。然而在经济整体发展水平滞后的情况下，邛崃市经济发展对居民收入的带动作用不强，较大的城乡居民收入差距迫切需要推进新型城镇化建设。

从经济带动程度来看，2019年邛崃市景点接待游客数量为1631万人次，低于崇州市的1934.64万人次和大邑县的2005.26万人次，旅游景点的评价等级偏低、热点指数偏低、品牌显示度偏低，与邛崃的旅游资源不相匹配，反映出邛崃旅游景点吸引力还不够，游客的承载能力还不足。同时，邛崃农村居民人均可支配收入少于崇州、大邑、蒲江，说明农商文旅体融合发展对居民增收的效益体现不足。

从城乡居民收入差距来看，2019年，邛崃市社会消费品零售总额为101.32亿元，同比增长11.3%，与崇州市的115.7亿元和11.5%的增长率相比，邛崃集聚消费的能力还不足。邛崃市城镇居民人均可支配收入37694元，落后于崇州、大邑，低于成都市平均水平45878元；农村居民人均可支配收入22499元，落后于崇州、大邑、蒲江，低于成都市平均水平24357元，整体消费水平有待提高。城乡居民收入比为1.68∶1。2021年，邛崃市城镇居民人均可支配收入43661元，同比增长9.3%；农村居民人均可支配收入27045

元，同比增长10.4%。城乡居民收入比为1.61∶1。尽管城乡居民收入有所提高，但城乡居民收入差距依旧较大。

（三）人口支撑能力仍需加强

人才振兴是乡村振兴的重要内容之一，也是有效应对人口流动和农村空心化现象、推进城乡融合发展的重要举措。从人口净流出数量、老龄化率和常住人口密度来看，邛崃市人口支撑能力还有待加强。

一是户籍人口净流出。邛崃市常住人口每年略增，但户籍总人口连续三年下滑，相比成都每年常住人口、户籍人口净增超过20万人，说明邛崃通过宜居宜业争取人口流入的能力还需加强。二是人口老龄化逐年加剧。第七次全国人口普查结果显示，2020年全国人口中60岁及以上的老年人口总量为2.64亿人，占总人口的18.7%；[①] 而邛崃市人口老龄化逐年加剧，2020年60岁及以上的老年人口占比24.92%[②]，显著高于全国平均水平。三是人口支撑能力不足。从邛崃市经济最活跃的两个街道来看，2020年，羊安街道常住人口8.6万人，人口密度为694人/平方公里；临邛街道常住人口11.37万人，人口密度为1324人/平方公里，远低于中心城区人口密度，反映出新型城镇化重点区域缺乏足够人口支撑，推进城乡融合的后劲力量不足。

（四）公共服务有待提档升级

从医疗教育方面来看，邛崃市城乡公共服务还存在一定差距，公共服务整体水平难以满足人民日益增长的美好生活需要。一是优质医疗教育机构缺乏。2018年，邛崃市医疗中心医院成功创建三乙，2019年，邛崃市中医院、邛崃市妇幼保健院成功创建三乙，三甲医院数量虽然实现“零”的突破，但与周边的崇州、雅安等地相比，邛崃的优质医疗机构仍然缺乏，品牌效益不突出。基础教育方面，邛崃的基础教育办学优势不突出，2020年，邛崃一中、

---

① 国务院第七次全国人口普查领导小组办公室．2020年第七次全国人口普查主要数据［M］．北京：中国统计出版社，2021：7.

② 邛崃市统计局，邛崃市第七次全国人口普查领导小组办公室．邛崃市第七次全国人口普查公报：第四号［EB/OL］．（2021－02－15）［2023－10－31］．http://www.qionglai.gov.cn/qlsgzxxw/c150986/2022－02/15/1ae8f075a8f84edd9efb1143f58fae58/files/7434c2d7f27d40c7a15378d73afd7f33.pdf.

蒲江中学成功创建四川省一级示范性普通高中，而崇州的崇庆中学 2016 年成为四川省一级示范性普通高中，雅安的名山中学、雅安中学是四川省二级示范性普通高中；职业教育和高等教育方面，邛崃的职业教育和高等教育发展比较滞后，邛崃市有中等职业学校 2 所，在校学生 2100 余人，其中 1 所民办中职学校属于“空小散弱”学校，正在整改期间；建成都纺织高等专科学校 2023 年 11 月一期完工。二是服务人口流量小于崇州。2019 年邛崃市全年门诊、急诊人数 367.43 万人次，而崇州为 491.32 万人次，说明邛崃的医疗资源对本市及周边的服务能力弱于崇州。邛崃的人口基数与崇州相当，但是在校生人数少了将近 2.7 万人，说明邛崃的教育资源对本市及周边的服务能力弱于崇州。三是技术人才优势并不突出。医疗机构中，邛崃共有卫生专业技术人员 3916 人，其中研究生以上学历 80 人，副高以上职称 288 人，总体人才规模不及崇州，人才层次略好于崇州，但是领先优势并不突出。

四、资源支持：城乡融合下的资源禀赋

邛崃市隶属四川省成都市，属县级市，地处成都平原西南，是成都市郊区县（市），距成都市区 65 公里，面积 1377 平方公里。中华人民共和国成立后，邛崃先后归川西行署眉山专区、四川省温江专区管辖。1968 年 9 月，四川省温江专区改为四川省温江地区。1983 年，温江地区撤销，邛崃划归成都市。1994 年 6 月 6 日，经国务院批准撤销邛崃县，设立邛崃市（县级），由四川省直辖，以原邛崃县行政区域为邛崃市行政区域，四川省政府委托成都市代管邛崃市。截至 2021 年底，全市下辖 6 个街道办事处、8 个镇、117 个行政村、72 个社区（居委会），户籍总人口 64.94 万人。2021 年，全市地区生产总值完成 386.32 亿元，同比增长 8.6%；人均地区生产总值 64040 元，同比增长 8.8%；全年一般公共预算收入 31.08 亿元。全市城镇居民人均可支配收入 43661 元，农村居民人均可支配收入 27045 元。[①]

（一）“天府南来第一州”的地理优势

邛崃，古称临邛，筑城置县 2300 多年，是西汉才女卓文君的故乡，与益

① 邛崃市统计局．2021 年邛崃市国民经济和社会发展统计公报［EB/OL］.（2022－07－04）［2023－10－31］. http://www.qionglai.gov.cn/qlsgzxxw/c150986/2022－07/04/aabed8b11d5b4f768e43e5ee69b9b50b/files/5815f8b36529415 6a1b7babdfb191680.pdf.

州、巴郡、鹃城并称巴蜀四大古城，地处成都平原入藏门户，素有“天府南来第一州”的美誉，是国家生态文明建设示范市、中国优秀旅游城市、中国白酒原酒之乡、四川省县域经济发展先进县。

自然地理条件造就了邛崃丰沃的自然资源。一是山形地貌俊美，山地、浅丘、平坝呈三级阶梯状构造，其中西部山区约 570 平方公里、中部丘区约 495 平方公里、东部坝区约 312 平方公里；境内山丘屏列、岭谷交错，以天台山为代表的邛崃山系兼具丹霞、喀斯特地貌特征，最高峰南宝山玉灵峰海拔 2025 米；全域林地、花卉地交相植缀，森林覆盖率达 48.9%。二是河流水系发达，境内九水纵横、六泓相润，水系长达 245 公里，属岷江水系，既有天台山高山流水的奇观，也有白沫江静水流深的悠韵，水质常年保持Ⅲ类及以上，拥有极佳的全域亲水性。三是气候条件温和，地处北纬 30°26′，东经 103°28′，属于中纬度地带，亚热带季风气候，空气温和湿润，日照量少，长年温差不大，年平均气温 16.4℃，年降雨量 1058 毫米，空气质量综合指数常年保持成都市前列，空气质量达到国家二级标准。四是资源物华丰饶，有着 2300 多年历史的城市赓续留下了“一城一窑两井四塔”（临邛古城，邛窑，文君井、古火井，回澜塔、文笔塔、云居塔、西塔）等丰富历史遗珍，文君文化、南丝路文化、红色文化等独特人文印记，拥有名贵珍稀动物 50 余种（如大鲵、红腹角雉），植物 20 余种（如珙桐、红豆杉、银杏），并且被誉为亚洲最大的萤火虫观赏基地；邛酒、邛茶、邛竹闻名遐迩。

从区域面积看，邛崃市区域面积为 1377 平方公里，略大于周边的崇州市、大邑县，具备建设区域中心城市的地理承载空间。从常住人口和城镇化率看，全市常住人口为 602973 人，其中城镇的常住人口占比 53.53%，乡村的常住人口占比 46.47%。[①] 与 2010 年第六次全国人口普查相比，城镇人口比重上升 22.51 个百分点，具备中心城市需要的人口规模和城镇化条件。

（二）重要交通动脉纵贯的枢纽优势

邛崃地处成都平原西南部，位于成都市“半小时经济圈”，距成都市区约

---

① 邛崃市统计局，邛崃市第七次全国人口普查领导小组办公室．邛崃市第七次全国人口普查公报：第一号［EB/OL］．（2022－02－15）［2023－10－31］．http://www.qionglai.gov.cn/qlsgzxxw/c150986/2022－02/15/9f3dc191b2f74031b5abf44e252d3d3f/files/6a1a652ff90048dfaf8c0c28d6299b37.pdf.

65 公里、天府新区成都直管区约 33 公里，距成都双流机场约 50 公里、成昆铁路普兴火车站 40 公里，是川西地区重要的交通枢纽和西藏连接四川的重要物资集散地。从枢纽功能看，邛崃市公路里程达 2818.1 公里，其中等级公路 2818.1 公里，高速公路 66.67 公里，是从成都到雅安、甘孜及川西地区的必经之路。现有成雅铁路、成名高速公路、成雅高速公路、成温邛快速路、成新蒲快速路、新邛路等交通要道与外界相连，同时，川藏铁路是四川西向开放的第二条大通道，位于邛崃的客货运站将为邛崃带来人流、物流、信息流等枢纽资源。

随着“城市向东、辐射向西”外联交通大通道建设的逐步推进，以及“四轨、四高、六快”对外交通体系逐步建成，将进一步扩大邛崃交通枢纽功能，加快融入成都“半小时经济圈”，未来邛崃交通、物流将更加便捷。

（三）优秀传统文化富集的资源优势

邛崃市历史积淀丰厚，筑城置县已有 2300 余年，是巴蜀四大古城之一、西汉才女卓文君的故乡、世界上最早发现和使用天然气的地方、川藏茶马古道的起点，邛茶、邛酒、邛瓷名动天下。2020 年文化和旅游资源普查共整理文旅资源总数 1.827 万处，其中文化资源 1.6234 万处，非物质文化遗产项目 34 项、不可移动文物保护单位 625 处，各级文物保护单位 51 处（其中国家级 4 处、省级 12 处）；旅游资源 2036 处，包含优良旅游资源点 423 个（三级以上资源点），国家 A 级旅游景区 7 个，省级旅游度假区 1 个，省级生态旅游示范区 1 个。邛崃市成功创建中国优秀旅游城市、国家生态文化旅游融合发展试验区、国家全域旅游示范区创建单位、天府旅游名县命名县、四川省旅游标准化示范市、四川省乡村旅游示范市、四川省旅游强县、四川省全域旅游示范区、四川省乡村旅游强县等一批城市品牌，上榜“2020 中国县域旅游综合竞争力百强县”“2020 年度中国文旅融合创新发展典范”“2021 中国最美乡村百佳县市”。

邛崃市特色文化底蕴浓厚。临邛古城是四川省内古城中格局保存较为完整的省级历史文化名城，拥有环境优美、文化富集、民风淳朴的古城风貌，以南丝路文化、文君文化、邛窑文化、邛酒文化和红色文化为代表的邛崃文化是天府文化的重要组成部分。2022 年，邛窑考古遗址公园被国家文物局评为第四批国家考古遗址公园，平乐古镇 · 天台山景区 5A 创建已完成省级初评。

（四）现代产业互促共赢的经济优势

2021年，邛崃市实现全口径工业增加值123.32亿元，同比增长11.2%。规模以上工业企业162户，规模以上工业增加值同比增长12.5%，规模以上工业企业产品产销率为91.5%。全年规模以上工业企业实现利税21.48亿元，同比下降2.2%，企业亏损面为21.6%。优质白酒及食品饮料、生物医药、新能源新材料等重点行业实现规模以上营业收入203.37亿元，实现利税16.56亿元。工业园区共入驻规模以上工业企业129家，实现规模以上工业营业收入224.15亿元，年末全市工业集中度达93.7%。[①] 三大产业功能区围绕食品饮料、优质白酒、生物医药、新能源新材料、现代种业等主导产业发展强劲，现代产业体系初见雏形。邛崃市先后获得了国家生态市、中国优秀旅游城市、中国最大白酒原酒基地、中国白酒原酒之乡、中国食品工业百强县（市）、全国食品工业十大发展特色县、全国农业化工作先进单位、国家商品油料生产基地、全国粮食生产先进县、全国双拥模范城、四川省县域经济发展先进县和四川省林业产业强县、四川省现代畜牧业重点县、四川省食品工业十五强县、四川省乡村旅游强县等众多殊荣。

邛崃市与天府新区"总部+基地"合作招商，引进威高医疗设备产业园等重大产业化项目；与雅安雨城区等签订区域旅游合作协议，缔结友好景区；与天全县订立红色旅游盟约，深化城市西向交流协作；与甘孜州建立成甘园区主要经济指标考核机制，引进爱敏特新能源材料等项目，获得"2018年度四川省工业产业扶贫工作表现突出的产业园区"荣誉称号；对接内江市经济和信息化局，推动消纳邛崃磷石膏合作。通过不断加深与周边区域的合作协作，邛崃市夯实了在成都西部的区域影响力，也为邛崃市探索适宜本地发展的城镇化道路奠定了坚实的经济基础。

---

① 邛崃市统计局，邛崃市第七次全国人口普查领导小组办公室.2021年邛崃市国民经济和社会发展统计公报［EB/OL］.（2022－07－04）［2023－10－31］. http://www.qionglai.gov.cn/qlsgzxxw/c150986/2022－07/04/aabed8b11d5b4f7 68e43e5ee69b9b50b/files/5815f8b365294156a1b7babdfb191680.pdf.

第二节　因势而谋，规划新型城镇化的战略蓝图

党的十九大报告指出，新时代中国社会的主要矛盾已经转化为人民日益增长的美好生活需要和不平衡不充分的发展之间的矛盾。[①] 基于这一背景，推进新型城镇化成为破解新时代基层社会矛盾、激活城乡要素活力、重塑城乡关系、推进乡村转型的有效手段。为此，建立健全城乡融合发展体制机制和政策体系，加快推进农业农村现代化，提高公共服务水平和基层治理能力，成为有效化解基层社会主要矛盾的必然选择。2019 年，《中共中央 国务院关于建立健全城乡融合发展体制机制和政策体系的意见》明确提出，"以协调推进乡村振兴战略和新型城镇化战略为抓手"，"促进城乡要素自由流动、平等交换和公共资源合理配置"[②]。党的二十大报告强调，"坚持农业农村优先发展，坚持城乡融合发展，畅通城乡要素流动"[③]。作为推进新型城镇化的有效手段，城乡融合发展能够统筹城乡要素、促进资源合理配置、推动城乡公共服务均等化，为新型城镇化聚集资源要素。

基于此，邛崃市认真贯彻落实四川省委、成都市委两项改革"后半篇"文章工作部署，紧扣"四大任务"，统筹县域经济高质量发展、乡村全面振兴和新型城镇化建设，完整、准确、全面贯彻新发展理念，以片区乡村国土空间规划为主抓手，引导资源要素顺向流动、合理集聚、优化配置，不断激发城乡发展内生动力和活力，通过优化城乡格局、调顺管理体制、调优产业布局、强化公共服务，引领片区发展能级整体提升，推动城乡资源融合、治理

① 习近平．习近平谈治国理政：第三卷［M］．北京：外文出版社，2020：9.

② 中共中央 国务院关于建立健全城乡融合发展体制机制和政策体系的意见［M］．北京：人民出版社，2019：2.

③ 习近平．高举中国特色社会主义伟大旗帜 为全面建设社会主义现代化国家而团结奋斗：在中国共产党第二十次全国代表大会上的报告［M］．北京：人民出版社，2022：31.

融合、经济融合、社区融合。

一、优化城乡格局，推动城乡资源融合

邛崃市紧扣成都建设践行新发展理念的公园城市示范区工作部署，在“一核两翼、三区协同”的邛崃市域发展格局下，统筹人文、生态等特色资源禀赋和交通区位、产业发展等基础条件，顺向划定3个镇级片区及39个村级片区，着力推动城乡资源融合。

（一）做强镇级片区，形成“以强带弱、片区共荣”新态势

邛崃市统筹国家城乡融合发展试验区建设“六项改革”试验任务，综合考量人口集聚、基础设施、城镇空间、特色资源、交通区位等因素，推动资源要素向中心镇、村聚集，调适城乡格局，增强中心镇、村经济、人口等集聚承载和辐射带动能力。

一是以城乡交通串联资源要素。根据“中心镇、一般镇、中心村、一般村”的功能定位，以“建一条道路、塑一道景观、兴一带产业、美一片乡村、富一方百姓”的理念，实施城乡交通建设大会战，规划“十四五”期间建设改造乡村道路环线支线约600公里，串联构建县级10公里、镇级5公里、村级2公里公共服务生活圈，以中心镇、村引领片区一体化协调发展，构筑县域经济支点。

二是筑牢城市生态本底。以“三调”稳定耕地为基底，划定永久基本农田29.3万亩，谋划批次推进“即可恢复”“工程恢复”类园地复耕；综合考量生态环境敏感度、脆弱度等因素，将小南河石河堰水源保护地等纳入生态保护范畴，划定生态保护红线1162公顷；科学划分林地保护分区，构建4级林地保护体系，严格林地转为建设用地规模管制，确保林地保护规模不低于79万亩，森林覆盖率稳定在48.9%以上。

三是促进生态价值转化。统筹邛崃西部七镇资源要素，聚焦“绿色发展、和谐共处”，依托白沫江、文井江和十万亩川西竹海，打造竹文化生态产业园，规划实施龙门山生物多样性博览园、白沫江EOD等一批高能级项目，牵引形成“七星耀龙门”的振兴发展格局；在高兴示范村级片区，充分挖掘红色资源，以“红色引领绿色发展”为指引，匹配建设用地指标253亩，规划实施红色研学基地、红军医院旧址修缮等40余个项目。

（二）优化治理单元，展现“分类治理、集群发展”新风貌

邛崃市通过成立改革领导小组、全覆盖走访调研、制定配套文件和开展风险评估等措施，推动村（社区）体制机制改革稳步向前。

一是打造不同类型社区。根据村（社区）的不同优势与特征，邛崃市采取不同措施进行优化调整：建强城镇社区；调整城镇社区 30 个，实施“村改居”6 个；整合建制村；围绕解决“空壳村”等问题，采取“以大带小、以强带弱”方式，撤并建制村 77 个。打造产业社区：贯彻“一个产业功能区就是若干城市新型社区”的理念，围绕邛崃产业功能区建设布局，将地理位置相邻、产业相近的村（社区）进行调整合并，打造与主导产业相适应的新型产业社区，优化形成产业社区 21 个。

二是优化居民小组布局。2022 年，在打造不同类型社区的基础上，邛崃市进一步优化居民小组布局，促进资源进一步汇聚。例如，文君、临邛两个街道紧抓改革契机，对全市城市社区居民小组设置进行重新布局调整，从历史文脉沿革、产业发展规划、群众认同归属、基础设施布局等方面全方位优化调整，将原来的 553 个居民小组优化调整为 396 个，解决了部分居民小组空心化的问题，改变了部分小组因城市规划导致辖员面积及服务半径过大或过小的情况。部分居民小组通过与小区业委会、院委会交叉任职的形式，实现了院落、小区居民自治优化。通过小组优化调整改革，村（居）民小组布局更合理，服务半径得到进一步优化。调整前邛崃市村（居）民小组平均户数为 60 户，平均面积为 0.35 平方公里，调整后村（居）民小组平均户数为 100 户，平均面积为 0.58 平方公里，小组设置更为合理。通过本次优化调整，邛崃市共调减 1599 个村（居）民小组，减少 1599 个村（居）民小组长，每年可节约行政成本 1880 万元。

（三）强化工作方法，形成“富有特色、好用管用”新模式

邛崃市因地制宜优化村域空间布局，积极探索“镇村合一、多村合一、多规合一”规划编制模式，以“一张蓝图”确保片区规划易操作、能落地。

一是建立压茬推进的工作闭环。邛崃市采取“市委、市政府主要领导挂帅 + 市级分管领导包片指导 + 行业主管部门具体牵头 + 乡村规划师实际操刀”模式，建立“专家智库 + 本土乡贤 + 群众代表”开门问计问策制度，开展专

题研讨座谈30余次，发放调查问卷20000余份；引入同济设计院等10余个高水平规划编制团队，利用手机信令、NDVI等多元大数据分析新技术，优化双评估、双评价；按照“每月一调度、每月一拉练”的方式，形成动态研究、压茬推进工作闭环体系。

二是构建凸显特色的指标体系。将规划编制技术要求与邛崃地域特色相结合，差异化增设特色指标20余项。比如：羊安先进制造业发展片区，突出产业经济密度、创新浓度、品牌显示度等指标；临邛城区带动发展片区，突出重点文保单位利用率、特色酒庄品牌率、新基建目标数等指标；平乐生态涵养和精品文旅发展片区，突出碳汇目标、生物多样性、川西林盘保护等指标。

三是健全多规合一的规划体系。在严守永久基本农田、生态保护红线、城镇开发边界三条控制线的基础上，邛崃市紧密衔接“十四五”规划、国土空间总体规划、专项规划，适度提前编制县级、镇级片区专项规划，为多规协调预留空间。

二、调顺管理体制，推动城乡治理融合

为构建简约高效的基层管理体制，促进城乡治理融合，邛崃市制订了《邛崃市构建简约高效基层管理体制工作方案》，深入推进镇街管理体制改革，推进职能管理精细化、管理体制扁平化、编制配置集成化，努力推动基层治理体系和治理能力现代化。

（一）优化机构职能体系，推进职能管理精细化

邛崃市从镇街权责一致原则出发，采取强化职能定位、明确职责边界、优化权责关系等措施，推动资源、服务、管理向基层下沉，通过基层减负促进城乡治理相协调。

一是强化镇街职能定位。镇（街道）党（工）委是辖区内发展治理的领导核心，发挥着政治引领、组织引领、机制引领、能力引领的战斗堡垒作用。邛崃市进一步规范镇街功能定位，明确镇（街道）党（工）委主要承担对辖区基层党建、社区发展、公共服务、综合治理、营商环境、社区平安等职能，负责辖区内地区性工作、社会性事项、群众性事务的统筹协调。

二是扎实推进扩权赋能。邛崃市通过赋予镇（街道）对部门派出机构负责人考核任免、对派驻执法力量统一指挥调度、参与辖区内规划编制和事关

群众利益重大决策，以及综合事项的统筹协调等“五项权力”，制定出台完善人财物下沉基层、权责利高效匹配的制度机制，统筹推动资源、服务、管理向基层一线下沉。根据成都市统一的赋权目录及不同镇（街道）的实际需求和承接能力，探索“一镇街一目录”的差异化精准放权赋能，并逐步健全下放权力评估机制，适时开展扩权赋能分析评估，确保放得下、接得住、管得好、有监督。

三是推进基层减负增效。邛崃市取消镇（街道）承担的招商引资、协税护税职责及相应考核指标，推动镇（街道）履职重心向主责主业聚焦。统筹各类权责清单建设，进一步厘清职能部门、产业功能区、镇（街道）的职责边界，优化完善权责关系，确保责任链条无缝对接；建立规范下放基层事权事项的制度机制，推动各部门依法下放、宜放尽放、按需下放，不断向精准科学放权、减负增效的目标靠拢。

（二）深化体制机制改革，推进管理体制扁平化

针对城镇化进程中普遍存在的上级政府与基层沟通不畅、基层需求难以反馈等问题，邛崃市积极探索镇街体制机制改革，逐步理顺镇街与职能部门、村（社区）的职责关系，推动了基层管理体制向扁平化转型。

一是健全党的统一领导机制。邛崃市强化镇（街道）党（工）委在基层治理中的领导核心作用，健全镇（街道）对本地区重点领域、重大工作的领导体制机制；着力理顺镇（街道）与产业功能区对接和沟通衔接的运转关系，探索镇（街道）班子与产业功能区班子交叉任（兼）职，推动职能部门、功能区和镇街有机衔接；推行镇（街道）领导班子成员兼任内设机构负责人制度，促进了内部职责和相近业务有机融合，进一步提升了基层扁平化管理水平。

二是完善机构职能体系。邛崃市以“规、减、优”的方式优化重塑组织架构，积极探索“大科室制”，按照“以事定岗、以岗定责、以责定能”的原则，优化调整部门镇街内设机构，理顺镇街与职能部门“一对多”和“多对一”的机构职责关系。同时，邛崃市以职责板块划分为依据，规范设置基本科室，统筹一类事项或一件事情由一个科室负责，在机构限额内因地制宜设置特色科室，构建了“基本科室 + 动态科室”的机构编制资源配置新模式，有效破解了内设机构分工过细、科室任务不均衡、人员力量分散、工作效率

不高等问题。

三是优化派驻机构管理体制。邛崃市坚持把服务管理资源放到基层，除公安、检察、法院、司法、税务实行派驻体制外，其余部门设在镇街的派驻机构实行属地管理，与镇街内设机构或事业单位合署办公，业务工作接受上级部门指导监督，人员管理及日常考核由镇街负责；对于继续实行派驻体制的，纳入镇街统一指挥协调，主要负责同志任免应书面征求所在镇街或所服务镇（街道）党（工）委意见，并将镇街的评价意见作为考核评估的重要指标，切实推动了资源向基层下沉。

（三）统筹用活编制资源，推进编制配置集成化

基层人才流失的原因之一就是基层岗位待遇偏低，临时性岗位难以满足工作需求，对此，邛崃市探索制定符合基层实际需要的编制管理制度，推进编制配置集成化，进一步统筹了城乡人才资源。

一是完善编制核定标准。邛崃市坚持镇（街道）编制“专编专用”的原则，以镇（街道）人口规模、区域面积、经济发展三大要素为主要指标，综合镇（街道）类型、功能定位、交通条件、重大任务、村居数量等因素，积极推行“大科室”“大站所”制，制订用编用人计划，优先保障空编镇街按需补充人员，避免了上级部门变相占用镇（街道）编制的可能。

二是创新人员编制管理。开展统筹使用镇（街道）编制试点示范，重点在自然资源、乡村振兴、生态环境、综合执法等机构探索“编制分类管理、岗位综合设置、人员统筹使用、全员竞聘上岗”的用编用人机制，探索镇（街道）中层领导职数总量控制、动态调整和统筹调剂机制，班子成员兼内设机构负责人的可保留中层领导职数，赋予了镇（街道）更加灵活的用人自主权。

三是整合基层治理力量。邛崃市积极统筹市级编制资源精简下沉基层，鼓励从上往下跨层级调剂使用编制，加强镇（街道）之间、行政事业、编内编外人员的统筹，确保了工作力量适应镇（街道）发展治理需要；按照“严控总量、因事设岗、按岗核定、逐年减少、动态调整”的原则，建立第三方公司统一招聘、行业主管部门业务指导、镇（街道）集中管理使用的编外人员管理体系，整合网格员、协管员、社区工作者、志愿者等各类基层治理力量，统一纳入网格化管理体系，由镇（街道）统筹指挥调配和管理考核；建

立镇（街道）班子成员下村包片、基层干部下沉网格制度，切实推动了基层管理资源和工作力量向网格下沉。

三、调优产业布局，推动城乡经济融合

邛崃市坚持全域统筹、高位推进，在新型城镇化背景下统筹推进产业发展，合理规划产业布局，带动产业发展共享，通过产业发展搭建了城乡利益联结，促进了城乡之间互利共赢。

（一）统筹规划，奠定产业发展基础

邛崃市将产业发展与新型城镇化有效结合，注重在城镇化基础上统筹城乡产业布局，推动了产业发展与美丽乡村建设同步推进。

一是科学开展规划设计。邛崃市坚持规划先行，强化系统设计，重塑城乡产业布局和经济地理。首先，注重将乡村振兴和新型城镇化相结合。坚持城乡融合、区域一体、多规合一，统筹实施市域总体规划、土地利用规划等29项规划修编，优化提升乡村规划体系。其次，注重将行政区域调整与产业发展相结合。统筹考虑产业布局、基础设施建设、文化保护等要素，按照行政区划调整和体制机制改革的要求积极稳妥推进，着力形成中心城区、羊安新城双核引领、特色镇错位发展的城乡布局。最后，注重将全域发展与重点突破相结合。将市域划分为城市功能拓展、现代农业聚集、精品文旅融合、生态涵养保护四大片区，构建形成全域“四片协同”发展格局，并率先打造天府现代种业园、邛茶走廊、稻渔综合种养基地三大乡村振兴示范区。

二是建设美丽宜居乡村。邛崃市突出提升乡村风貌形态和群众生活水平，打造山清水秀、村美人和的乡村样态，为产业发展奠定基础。深入推进农村生活垃圾治理、污水治理、厕所革命等五大行动，截至2020年，累计启动130个“美丽四川·宜居乡村”建设，在全国率先推出无人值守垃圾回收站，改造农村户厕13551户，建成绿道网络220公里，开放运营省内首条自行车高速。坚持“特色镇+川西林盘+精品民宿”互为支撑，先期实施现代种业小镇、十方堂文创小镇等特色镇建设，引入社会资本打造郭山茶兰、高埂远村等25个川西林盘，依托土地综合整治推进10万亩大地景观再造，建成“椒兰山房”“竹上花楸”等精品民宿20家，平乐古镇入选全省第一批文旅特色小镇。

（二）循序推进，明确产业发展方向

邛崃市坚持以现代农业引领乡村产业振兴，抓好质量管控、品牌塑造等关键环节，提升综合效益和竞争力，突出现代种业的战略性、基础性核心地位，高起步建设天府现代种业产业园，进一步明确了现代产业的发展方向。

一是做优特色产业。邛崃市聚焦粮油及高端种业、茶叶、林果等特色优势领域，大力发展设施农业、循环农业、数字农业，推广“五统一”标准化生产模式，截至2022年，累计建成高标准农田21.6万亩、规模化标准产业基地66.5万亩，发展粮油规模种植21万亩、茶叶13万亩、猕猴桃10万亩，打造微牧农庄、嘉林生态农场等种养循环示范基地7个。紧扣全省现代农业“10+3”产业体系，着力培育以杂交水稻、油菜种业为基础，禽兽、水产、蔬菜等种业为突破的“大种业”格局，全力建设“四川省‘大种业’孵化器”“西南种业中心”“西南种业科技创新示范区”“国家级种业价值链示范区”，建设辐射西南、服务全国的国家级现代农业产业园。

二是做强龙头引领。邛崃市推行片区综合开发运营模式，创新“管委会+专业化运营公司”运营机制，探索构建“农户+村级土地股份合作社+种业园开发建设公司”的产业化联合体模式，按照总部科技引领、基地规模生产的思路，截至2022年，累计建成种业科研和生产基地2.8万亩，签约中化MAP、荣稻科技等6个产业化项目，基本形成“育繁推一体化”链条布局。建立“龙头企业（行业协会）+合作社+农户”农业产业化联合体经营模式，新建行业协会4个，培育成都市级以上重点龙头企业39家，发展夹关茶叶、牟礼稻渔联合体2个，全市农业产业化带户面积达88%，被中国农科院遴选为全国首批、全省唯一的乡村振兴科技合作共建示范县。

三是做亮产业品牌。邛崃市坚持开放融合发展，优化生态功能空间布局，重塑乡村形态，以“文创+农业”推动夹关“茶悦小镇”特色镇、高埂远村等精品林盘建设；以“旅体+农业”推动建成串联邛窑遗址、平乐古镇等消费场景的自行车旅游高速；以“康养+农业”打造天府红谷、陈大师林盘等高端康养项目；以“休闲+农业”建设微牧农庄、红珊瑚葡萄园等休闲农业基地；以“电商+农业”推动黑虎农庄、邛崃京东特色馆等的建设，2018年电商营业额同比增长5.6%，举办冉义油菜花节、乐渔节等节庆活动，加快推进农商文旅体融合发展。

（三）利益共享，推进城乡产业融合

邛崃市坚持与产业功能区建设相结合，着力为企业发展、居民生活提供服务保障，构建形成与主导产业相适应的新型产业社区，实现产业社区与村（社区）强强联合、融合发展。邛崃市采取“村级集体经济组织 + 龙头企业（合作社、家庭农场） + 社会投资业主”的方式，结合各片区资源禀赋，发展“土地经营型”“资产经营型”“资源开发型”“合作服务型”等模式，明确利益分配和监管机制，实现合作共赢；梳理两项改革后镇（村）国有、集体闲置资产，盘活各类闲置土地、房屋等资源，探索宅基地三权分置、有偿退出流转、平台公司收储归整等改革模式，促进资源价值转化；因地制宜发展都市现代农业、文化旅游产业、特色民宿产业等，持续推进集体经济壮大，拓宽农民增收致富渠道，各片区形成“一村一品、一镇一业”的现代产业发展格局，乡村发展内生动力持续增强。

四、强化公共服务，推动城乡社区融合

邛崃市坚持以人本为核心的服务需求导向，在统筹城乡资源、创新管理体制、调整产业布局的基础上，不断健全镇（村）公共服务体系，推动了公共服务供给与城乡居民个性化、差异化、多样化需求有机适配。

（一）依托智慧平台，强化政务服务

为提高行政审批效率、提升政务服务水平，邛崃市依托智慧信息平台，全面深化审批服务、做实做优服务平台、整合基层网格管理，进一步提升了镇街政务服务能力和群众满意度。

一是全面深化审批服务。邛崃市整合利用被撤并镇（街道）资源，统筹建设布局合理、功能完备、互联互通的镇（街道）综合便民服务中心，依托党群服务平台完善村社便民服务点和网上服务站点，规范基层便民服务事项和运行流程，推动同一事项在全市镇（街道）“全口径规范、无差别受理、同标准办理”，深入推进“最多跑一次”“一次不用跑”改革向基层延伸。深化审批服务便民化试点，整合镇（街道）和派驻机构审批服务事项，持续推动进驻镇（街道）便民服务中心办理，着力提升企业、群众办事便捷度和满意率。

二是做实做优服务平台。邛崃市统筹推进民生诉求、网络理政、智慧治理、数字城管等机构职能优化重组，优化双向“吹哨报到”工作机制，分类明确职能部门、产业功能区、派驻机构、镇（街道）和村社相应主体，构建网格员“巡查发现”、平台“受理派单”、牵头单位“下沉办理”、镇（街道）“反馈考核”的协同联动工作机制，切实消除监管空隙和盲点，理顺城乡运行综合管理架构。

三是深入推进网格化管理。邛崃市整合基层网格管理和指挥平台，将部门在基层设置的多个网格整合为一个综合网格，统筹网格内治安防范、环境保护、社会治理、安全应急等工作，规范网格服务管理标准，合理确定网格监管任务，统筹网格员力量配置，实行网格“定人、定岗、定责”工作，实现了“多网融合、一网统管、全域覆盖”的网格化管理格局。同时，深化基层智慧治理改革试点，健全集公共管理、公共安全、公共服务于一体的“一网统管、双线融合”的城市智慧治理体系，真正做到了“让数字说话、用数据决策”。

（二）聚焦群众需求，强化便民服务

在提升行政审批效率的基础上，邛崃市进一步聚焦群众实际需求，以完善基础设施、补齐服务短板、提升村（社区）工作人员素质、打造社区服务品牌等为切入点，不断推进城乡公共服务均等化。

一是完善公共基础设施，补齐服务短板。邛崃市严格执行两项改革“后半篇”文章公共服务配套导向，聚焦市民群众关心关注的医疗、教育、文体等公共服务配套和水、电、气、视、网基础性保障，进一步优化中心镇（村）公共服务配置。坚持以群众需求为导向，统筹考虑公共服务设施布局和服务半径，科学确定撤并村（社区）及管理幅度，促进公共资源配置最优化、市民可及性最大化。完善城乡公共服务供给机制，以 10 个二级场镇建设为抓手，扩大生产生活服务供给半径，着力打造“15 分钟基本公共服务圈”。

二是打造社区服务品牌，提升服务水平。一方面，邛崃市坚持优中选优，科学设置年龄、学历、负面清单等资格条件，会同纪委监委、政法等部门对 638 名人选进行资格联审，切实提升干部队伍综合素质。村（社区）体制机制改革后，新班子年龄、知识结构得到显著优化。截至 2022 年，邛崃市 189 个村（社区）“两委”干部平均年龄 43.2 岁，较改革前降低了 1.8 岁；大专

及以上学历 507 人，较改革前增加了 5.4%。另一方面，以党建引领城乡社区发展治理，实施基层党建“双强双创”行动计划，带领群众、发动群众参与基层治理，依托“社智在线”综合信息平台，实现智慧服务、智慧治理、智慧安防、智慧党建等场景在社区落地。推行“九步议事规则”社区协商制度，分类推动二级场镇、物业小区、老旧院落、农集区系统治理，打造“家有好邻”社区共建共享品牌，推动了城乡社区服务均等化。

第三节 乘势而上，城镇化背景下基层治理创新

党的二十大报告指出，要“健全共建共治共享的社会治理制度，提升社会治理效能”，“建设人人有责、人人尽责、人人享有的社会治理共同体”①。新型城镇化战略为基层治理提供了良好的物质、人才、资金等基础条件，进一步加速了邛崃市基层治理创新的步伐。自全国社区治理和服务创新实验区创建以来，在民政部、四川省民政厅和成都市民政局的大力支持下，邛崃市紧扣“建立驻社区机关企事业单位履行社区治理责任评价体系”实验主题，积极探索驻社区机关企事业单位履行社区治理责任清单、考核评价、结果运行机制，以解决居民的操心事、烦心事、揪心事为目的，以建立人人有责、人人尽责、人人享有的社会治理共同体为目标，确定资源共享、功能融合、服务协作的创建思路，努力把经验机制化、成果清单化、社区展示场景化，全力构建共建共治共享的基层治理新格局。以共谋共商聚智慧、共建共治汇力量、共担共享促发展，邛崃市聚势汇能构建发展治理共同体，系统提升了基层干部和居民群众的资源认知、参与共建、风险共担意识；聚焦基层治理“联动、放权、赋能、提质、减负、增效”，全面深化了基层减负提能增效，初步孕育出具有邛崃特色的基层治理经验。

一、突出示范创建，筑牢基层治理根基

党的二十大报告指出，要“坚持大抓基层的鲜明导向，抓党建促乡村振兴，加强城市社区党建工作，推进以党建引领基层治理，持续整顿软弱涣散基层党组织，把基层党组织建设成为有效实现党的领导的坚强战斗堡垒”。②邛

---

① 习近平．高举中国特色社会主义伟大旗帜 为全面建设社会主义现代化国家而团结奋斗：在中国共产党第二十次全国代表大会上的报告［M］．北京：人民出版社，2022：54＋67．

崃市聚焦基层党组织建设，通过党建引领基层治理，通过提升城乡环境营造社区氛围，将基层政治优势和环境优势转化为治理优势，为城镇化背景下的基层治理创新提供了坚实基础。

（一）“双强双创”强化党建引领

邛崃市聚焦基层党建“有形有态、有效管用”工作导向，突出“政治功能提升年”主题，实施强基础、强阵地、创特色、创品牌“双强双创”三年行动计划，按照“一年强基、两年提升、三年成势”总体安排，推进强基创先八项攻坚行动，不断增强基层党组织政治功能、提升组织力，着力以组织振兴引领乡村振兴、推动基层善治。邛崃市积极推动在居民小组、网格、小区（院落）新建党组织，推进商务楼宇、各类园区、商圈市场党组织覆盖，建强市、镇（街道）、村（社区）小区党组织联动体系，推动上级党组织联系下级党组织制度全覆盖。建强基层队伍，推动小区党组织书记或成员通过法定程序担任业主委员会主任或成员，符合条件的社区“两委”成员通过法定程序兼任业委会成员，村（社区）党组织书记通过法定程序担任村（居）民委员会主任、村级集体经济组织负责人制度，推进村（社区）“两委”成员交叉任职，初步建立了村（社区）党组织书记、村（居）委会主任“一肩挑”的教育管理监督制度。深化“党建引领、双线融合”社会治理机制，试点创新镇街现代治理体制机制，在羊安街道、固驿街道试点探索“四个一”管理机制改革。

在农村，邛崃市探索“五联五共”机制推进全域党建联合体建设，跨村组建片区基层党组织 40 个，引领带动 162 个村（涉农社区）组团发展；探索“一强三优”模式，着力破解乡村集中居住区治理难题。在城市，推进社区区域综合党委建设，推动在职党员到社区报到，以党建引领推动驻区机关企事业单位参与社区治理、解决社区问题，以区域化党建引领机关企事业单位履行社区治理责任；探索推进党建引领“微网实格”治理“五个一”专项行动，构建“微网实格 + 党员联户”治理体系。在机关行业系统，实施机关党建“组团共建、联动提升”，打造“崃山红税”等 10 个党建品牌；出台学校党建制度 23 条，建强学校领导班子、强化教师编制管理、优化师德师风；制订医疗机构党建工作方案，全面落实公立医院党委领导下的院长负责制。

（二）“六态共优”提升社区品质

通过编制《邛崃市城乡社区发展治理总体规划》，推动城乡社区业态强起来、文态兴起来、形态美起来、生态靓起来、心态和起来、质态优起来。

一是强化阵地建设。对照《成都市党群服务阵地基本规范（2.0版）》标准，完善三务公开栏、微党校、新时代文明实践站、党群服务中心标识标牌等基础设施，针对党群阵地卫生环境、党务宣传等内容开展专项督查，推动党群阵地建设规范化。针对阵地条件较薄弱的村（社区），开展点对点提升行动，改造提升党群服务中心阵地，建设党群服务站，提升党群服务的针对性和覆盖面。

二是完善基础设施。规划实施滨江小学及幼儿园、夹关学校改扩建等项目，新增学位2780个，引进成都锦城学院等两所高校，建成后预计招收35000名学生。加强天台山镇、夹关镇等医疗卫生场所改造，打造一批县域医疗卫生次中心，推动体艺健身中心等运动场馆提档升级，强化邛崃市数字图书馆服务功能，补齐镇（街道）文化体育设施短板。同时，邛崃市全力推动未成年人关爱保护，完成全国未成年人保护示范县创建的省级验收工作。

三是提升人居环境。总结推广试点小区“无违建”创建经验，组织小区违建自查巡逻队，常态化开展小区违建排查整顿，对农集区内违规设计、影响公共安全的乱搭乱建进行排查清理，提升小区宜居水平。实施农村城乡环境专项整治行动，组织开展党建引领城乡环境拉练活动，集中整治绿化卫生、垃圾收集、沟渠疏浚等典型问题。紧盯“水清、厕洁、村靓、路净、房美、田绿”目标，梳理三大类34项攻坚任务，明确整治要求和标准，建立市、镇、村、组统一的“网格化”管理机制，通过问题清单、督查通报等形式反馈给镇（村），推动镇（村）“依葫芦画瓢”并“举一反三”，在整改和实践中逐步提高整治标准和水平。截至2022年8月，邛崃市拆除杂物棚等579个，拆除危旧广告牌等346处，清理小广告等2351处，规范清理晾衣线800余条，清理房前屋后杂物2960次、农村垃圾367.9吨、河道沟渠562.2公里，农村户厕全覆盖“回头看”131158户。

（三）“三治结合”奠定自治基础

邛崃市通过“三治结合”实现民意、法律和道德的相辅相成，有力促进了邛崃经济社会的发展，为城乡居民自治奠定了基础条件。

一是以法治服务群众。邛崃市重点整合人民调解、法律服务、法治讲堂等功能，建成“村（社区）法律之家”。依托《法治邛崃》电视栏目、村村通广播、《今日邛崃报》、“为村”微信公众号（35.5万群众关注）等开展常态化法治宣传教育，创办《龙梅焘说法》《邛开心·崃学法》等群众性特色栏目，为群众提供“掌上法治教育”。聘用专职律师为村（社区）法治副主任或书记，明确法治副主任或书记协助村委处理各类涉法事务、推进基层民主法治建设、解答群众法律咨询等十项职责，通过法治建设，引导基层群众尊法、学法、守法、用法，形成遇事找法、办事依法、解决问题用法、化解矛盾靠法的良好局面。

二是以德治引领风尚。组建由老党员、老干部、德高望重的老人组成的道德模范评定委员会，吸纳新乡贤协助人民调解委员会开展调解工作，在法律基础上以德为鉴，对调解双方进行规劝。以中华民族传统美德为核心，积极做好德治宣传，营造良好氛围，持续开展“好儿媳”“好公婆”“五好家庭”“诚信经营户”“守法好公民”等评选活动，树立道德模范，引领道德时尚，以德为美。

三是以共治筑牢基层。邛崃市创新形成“三问三审三投入”的基层治理机制。“三问”，向群众问需求、向议事会问先后、向监事会问效果，提升居民参与度、满意度；“三审”，通过初审项目可行性、复审项目科学性、终审项目实效性，突出项目过程监管；“三投入”，引导政府投入资金或资源、企业和社会组织投入资本或服务、群众投入精力或金钱，促进社区多方共治治理格局形成。基于此，邛崃市以公共法律服务体系建设为抓手，以村（社区）法律之家建设为载体，统筹社治委、文化宣传、民政、扶贫、团委、妇联、残联等部门资源和力量，大力促进基层经济发展和社会治理，助推城乡发展。

二、聚焦居民自治，激发基层治理活力

党的二十大报告指出，“基层民主是全过程人民民主的重要体现。健全基层党组织领导的基层群众自治机制，加强基层组织建设，完善基层直接民主制度体系和工作体系，增强城乡社区群众自我管理、自我服务、自我教育、自我监督的实效”。[①] 近年来，邛崃市从健全自治组织、完善自治体系、推进

① 习近平．高举中国特色社会主义伟大旗帜 为全面建设社会主义现代化国家而团结奋斗：在中国共产党第二十次全国代表大会上的报告［M］．北京：人民出版社，2022：39.

网格化管理等方面入手，着力推进居民自治，有效提升了基层治理活力。

（一）建立健全基层自治组织

基层自治组织是推进居民自治的重要载体。邛崃市结合发展实际，建立健全各村（社区）基层自治组织，并在部分社区进行改革试点，探索建立小区自治组织，推动社区居民有效融入基层治理，为构建共治共享的治理格局奠定了组织基础。邛崃市各村（社区）建立了村民代表、村务公开监督小组、民主理财小组、议事会等自治组织，广泛征求村（居）民意见，形成村规民约、小区院坝公约，通过充分发挥自治章程、村规民约在基层治理中的积极作用，进一步弘扬公序良俗，促进法治、德治、自治有机融合。一方面，在农村社区，建立农集区党组织。党组织在所在村（社区）党支部的领导下开展工作，同时成立农集区议事会、监事会和业委会等自治组织。凡涉及公共利益的重大决策事项、关乎群众切身利益的实际问题和矛盾纠纷，原则上由农集区党组织、自治组织牵头，由群众协商解决。

另一方面，在城市社区，探索小区自治试点。邛崃市按照“以面代点”发散式管理机制，取消社区小组长职务，设置为“大管家”，以“大管家”为中心，以楼栋长、单元长、自治小组成员为各个点，发散开来，点到线、线到面，连成一片，形成用“一片人”治理代替“一个人”治理的社区自治管理模式。将原有的组长津贴分为两部分发放：一部分作为社区大管家的联络电话费，另一部分以物品或就餐等非现金形式对楼栋长、单元长、自治小组成员等热心群众进行奖励，进一步激发居民的主人翁精神。在居民小区自治组织建设基础上，设置居民小区议事会和监督委员会，形成小区议事会议事→小区居民代表大会决策→小区业（院）委会执行→小区社会组织协助→小区监督委员会监督的小区自治体系，使居民小区真正成为自我管理、自我服务、自我教育和自我监督的组织。

（二）深入推进基层民主协商

邛崃市充分发挥“小村规”的独特作用，撬动基层“大治理”，建立健全189个村（社区）红白理事会，桑园镇西禅社区建立红白理事会推进基层民主协商做法，被《四川日报》广泛宣传报道，并入选成都市社区营造宣传片。针对城区老旧小区（院落）多、矛盾纠纷量多类杂、社会事务参与力量单一等实际，邛崃市在考棚社区书院雅居、金桂社区天府临邛等小区（院落）开展试点，探索建立社区民主协商机制，畅通民意表达渠道，搭建民主协商平台，完善九步议事协商规则，形成“党建引领、多方参与、同向发力、事务共议、成果共享”的多方协商共治新格局。构建了由党组织引领组建的“15 + N”小区议事协商委员会，“15”为十五类议事成员，包含党代表、人大代表、政协委员、职能部门负责人、包片民警、法律工作者、物管公司代表等多方力量；“N”即涉及的利益相关方。将多方力量纳入协商议事中，并引导居民主动参与小区公共事务，分期分批逐步解决物业纠纷、小区环境改造、公共空间利用等方面问题，确保了公共事务协商在基层、矛盾纠纷化解在小区，逐步构建社区治理共同体。引导居民自发成立居民恳谈会、志愿巡逻队、调解工作室等并参与小区事务，打造“筑爱北鹭—共话”“邻聚·三点下午茶”等民主协商品牌，让居民享受到了民主自治的成果。

（三）着力拓宽基层自治渠道

邛崃市各街镇建立企业微信号，将街道、社区居委会、社区居民、辖区服务企业紧密联系起来，实现了双向交流、互联互通。在街道和社区网站开设“社区互动”，实行“网上问政”，居民可以随时通过微信聊天或发帖子的方式，参与讨论如何自治、小区绿化、停车管理等发生在身边的事。建立社区各类人员 QQ 群，居民可以及时了解社区事务工作动态，还可以反映问题、咨询政策、为社区自治献计献策。通过网络这种全新的邻里交际模式，拓宽了民意表达、参政议事、事务公开、办理回应的渠道，为社区居民参与基层治理提供了新的平台。

与此同时，邛崃市以网格化服务管理平台为载体，以网格员为纽带，整合驻村民警、人民调解员、议事会代表、楼栋（院）长等力量，组建网格协管队伍，形成“一格多人”格局，负责网格内居民信息登记、社情民意收集、社会治安巡查、应急管理、矛盾纠纷调解、政策法规宣传等，及时了解居民服务需求和诉求事项，指导和监督网格内的社会组织、业主委员会、物业服务公司开展工作，维护居民的合法权益。通过发挥人民群众在基层自治中的主导作用，邛崃形成了“有事大家商议、有事大家办理、有事大家管理”的良好局面，着力化解了基层治理中存在的困难和各种矛盾纠纷。

三、围绕高效便民，提升基层治理水平

党的二十大报告指出，要“完善志愿服务制度和工作体系”[①]。对于基层治理而言，完善多方参与的志愿服务体系是构建人人有责、人人尽责、人人共享的社会治理体系的重要支撑。基于此，邛崃市通过培育社区社会组织、搭建信息服务平台、整合社区资源等方式，不断提升基层治理的专业化、便捷化和集约化程度。

（一）依托社会组织，提升基层治理专业化

邛崃市建立“社区营造支持中心”和“社会组织服务中心”，动员多方力量参与社区治理，探索形成了“五社联动”的基层治理格局。邛崃市扎实开展“五社”主体要素建设，充分发挥街道社会工作服务站的枢纽作用，提升社区“两委”、社工的服务能力，建立社区社会组织联合会，组建“大爱文君”等志愿服务队，成立社区慈善资源发展中心；创新开展“五社”联通机制建设，探索街道“五社”联席会议制度、小区（院落）“五社”联通机制，明确“五社”主体职责，实现“以联促动”；深入开展“五社”行动机制建设，实施“五社联动”助力小区（院落）分类治理项目，编制《邛崃市“五社联动”参与小区（院落）分类治理工作指南》，构建镇（街道）—社区—小区（院落）三级治理体系，在商品房小区、老旧院落、拆迁安置小区等不同小区（院落）探索主体联动、服务协同、治理共享的小区（院落）发展新模式。针对基层治理中的痛点、堵点、难点，形成需求清单、资源清单、服务清单，开展公益创投项目，实现“五社”协力参与基层治理常态化和可持续化。

针对社区社会组织缺乏的问题，邛崃市打造社区社会组织共创空间，开展社区购买社会组织和社区社会组织服务清单试点，在促进社会组织服务与社区治理需求有机融合。以社会组织陪伴孵化成长计划为手段，建立线上、线下开放空间，为本土社会组织提供孵化培育、能力建设培训、团队建设、互助交流、党建指导等支持，激发本土社会组织参与社区建设的热情，促进

---

① 习近平．高举中国特色社会主义伟大旗帜 为全面建设社会主义现代化国家而团结奋斗：在中国共产党第二十次全国代表大会上的报告［M］．北京：人民出版社，2022：45.

本土社会组织良性发展，逐步培育及发展具有行业影响力的示范组织，并结合“五社联动”试点，在多方力量支持下推动社区社会组织和服务人才储备，为邛崃市社区治理及公益服务储备基础“细胞”。截至2022年，邛崃市共有社会组织338家，其中5A级社会组织3家、4A级10家，实施邛崃市社会组织扶持项目26个，扶持资金102万元，搭建“1+2+6”社会组织服务平台，镇（街道）社会组织服务中心覆盖率达到50%以上。夹关镇“文创临江”案例被成都市评选为首届党建引领社会组织参与社区发展治理优秀案例。

（二）依托信息平台，提升基层治理便捷化

邛崃市充分利用互联网技术，搭建各类信息平台，通过信息平台提供政务服务、公共服务和便民服务，不断创新完善基层治理体系，切实提升基层治理的便捷程度。

一是推进智慧社区建设。推进天府市民云邛崃特色门户，优化在线办事、景区购票、需求收集等服务功能，全覆盖开通应用“社智在线”平台，拓展社区管理服务应用，打造社区智慧化场景服务。开展“智慧+代办”服务，集成更多符合居民实际需求的网上办事、信息沟通、教育缴费、智慧小区服务、幼儿安全接送、生活消费等特色便民服务，丰富智慧社区、智慧小区场景应用。

二是持续深化全域“为村”治理模式。近年来，邛崃市和腾讯公司合作，利用“为村”信息平台，创新实施全域“为村”工程，探索实践线上线下相结合的“为党建、为服务、为治理、为产业”的“两轨四为”工作模式，搭建数字乡村治理平台。在挖掘村庄历史沿革、文化名人、特色产业、美食美景等资源的基础上，组织开展线上智慧旅游活动，广泛发布“每日一景”等话题，通过“为村”社交圈向全国推广，打造“村庄为村互联网名片”，提升乡村知名度。

三是建立智慧建设立体化运行体系。探索构建“城市大脑、镇街中脑、社区小脑、小区微脑”多脑互动协同的城市现代治理模式，全力推进市—镇（街道）—村（社区）“三级数智”平台建设，积极推进智慧小区建设，在文君街道、临邛街道、固驿街道试点“数智实战”平台，在文君街道花间雅居、高埂街道八卦小区、固驿街道仁寿新居试点建设智慧小区。

四是服务保障社区疫情防控。新冠疫情期间，邛崃市及时发动网格员、

综治巡逻员、平安志愿者等“红袖套”队伍参与疫情防控，协助专业力量做好宣传劝导、入户排查、体温测量、场所消毒、重点卡口设置等基层疫情防控工作，及时发现上报涉疫情问题隐患，纠正企业、商户、个人的疫情防控不规范行为，网格员上报涉疫情事件633件；发挥“网格E家”微信矩阵作用，加强“健康成都”“成都发布”“成都政法”等媒体宣传，及时向群众传达疫情防控最新情况，线上发布宣传类信息4.6万余条。

（三）依托资源整合，提升基层治理集约化

为提高资源利用率，推动基层治理向集约化方向发展，邛崃市坚持“三投入”，整合政府、企业、社会组织和群众资源，凝聚多方力量，共筑社区发展，有效突显了共建共治的基层治理格局。

一是引导政府投入资金或资源。立足确保基层党组织有资源、有能力为群众服务，2018年以来，73个项目共投入资金33.92亿元；落实党费资金300余万元，用于商会大厦、“好生活・惠邻e站”、义渡社区等党群服务综合体建设，对6个村（社区）党群活动服务中心服务功能进行优化，着力打造15分钟便民服务圈；完成棚户区改造项目3个、城中村改造项目4个，打造特色精品街区8条，整治完成背街小巷40条，建成社区绿道32.5公里、邛州绿道115.5公里。

二是引导企业和社会组织投入资本或服务。统筹推动社区资源联动，加强基层党组织与驻区单位的互联互促，组织基层党组织与驻区单位党组织签订责任书，积极动员驻区单位参与社区建设；引导驻区单位向居民开放公共服务设施，推动实现基层党组织与驻区单位组织共建、活动共联、资源共享。例如，冉义镇义渡社区引入企业投资2000余万元，采取集体建设用地合作开发方式，开发建成农贸市场，并配套修建了社区党群服务综合体；德赢行投资管理集团和邛崃市文投平台公司合资成立的有美堂公司共投资9000余万元，打造邛崃市“有美巷子特色精品街区”，被评为“成都市最美街道”。

三是引导群众投入精力或筹资。着力构建智慧的引领服务体系，强化党的组织体系建设和党组织政治功能发挥，大力开展“三问三亮”活动，引导党员不忘初心、牢记使命，积极亮身份、亮承诺、亮实绩，发挥示范引领作用；大力开展党员志愿服务，划分党员责任区、设立党员先锋岗，以党员的

先锋模范作用来引导群众积极参与花木认领、阳台增绿等背街小巷整治项目，切实把党组织的主张转化为群众的自觉行动，构建起“政府主导、公众参与、法治保障”的项目管理体系。截至2022年，邛崃市居民在党组织引导下，为推动社区发展治理，自筹资金38.1万元。

第四节　以治促优，以基层治理推进新型城镇化

《"十四五"新型城镇化实施方案》将"提升社区治理水平"作为推进新型城镇化战略的重要举措，[①] 这一规范表明新型城镇化与基层治理具有内在耦合性。一方面，新型城镇化是基层治理的社会基础。新型城镇化是工业化、市场化和信息化的综合体，促进了一定区域内资金、人口、信息等要素的快速流动，能够为基层治理提供必要的物质基础、公共空间、信息平台、多方主体，推动基层治理向现代化转型。另一方面，基层治理是新型城镇化的有效手段。新型城镇化战略的目标是构建城乡统筹、生态宜居、和谐发展的城乡一体化格局，基层治理能够有效破解新型城镇化进程带来的农村人口外流、基层矛盾频发、乡村文化消弭、原有共同体破散等后续难题，真正实现以人为核心的新型城镇化。

基层治理与新型城镇化的耦合性为邛崃市推进新型城镇化提供了具体思路，邛崃市对标经济、政治、文化、社会、生态等新型城镇化的基本维度，以基层治理为切入点，通过党建引领、生态协同、文化融合、产业互促、服务联动等方式促进城乡融合，实现区域协调发展，初步探索了以基层治理推进新型城镇化的有效路径。

一、新型城镇化进程的表现形态

根据县城功能定位、区位条件、经济水平等不同要素，可以将县域内推进新型城镇化建设划分为不同类型：按照功能定位将县城划分为经济强县、

① 国家发展改革委．"十四五"新型城镇化实施方案［EB/OL］.（2022－07－12）［2023－10－30］. http://www.gov.cn/zhengce/zhengceku/2022－07/12/5700632/files/7e5eda0268744bebb5c1d4638e86f744.pdf.

农产品主产区县城、重点生态功能县城和人口流失县[①]；按照城镇化程度将县域城镇化划分为高度半城镇化、中度半城镇化和低度半城镇化[②]；按照城乡互动关系将城镇化划分为城乡分立型城镇化、城乡融合型城镇化和城乡支持型城镇化[③]。基于上述研究，综合考量邛崃市新型城镇化建设的功能定位、区位条件、经济水平和城镇化进程等因素，将邛崃市推进新型城镇化进程中的表现形态概括为以自然村落为基础的原始型城镇化、以老旧院落为基础的传统型城镇化、以集镇部落为基础的过渡型城镇化和以城市聚落为基础的现代型城镇化四种类型。需要强调的是，这一划分主要依托生活共同体的聚集样态和其在城镇化进程中的阶段类型进行划分，标准界定具有一定的模糊性，因此上述基层治理不同表现形态之间并非完全独立的状态，亦无绝对的优劣之分。

（一）以自然村落为基础的原始型城镇化

伴随市场经济的迅速发展和工业化进程的快速推进，以及在合村并居、村改居、易地搬迁、土地开发等因素的作用下，我国自然村数量大幅减少。根据国家统计局公布的数据[④]，截至2021年末，我国大陆常住人口城镇化率已达到64.7%。这意味着自然村落中的常住人口越来越少，同时也意味着自然村落房屋空置率的提高和空心化水平的加剧。尽管新型城镇化强调农村人口向城镇转移，但这一导向并不等同于农村人口全部市民化和自然村落的消亡，在新型城镇化进程中，自然村落依旧扮演着重要角色，以自然村落为基础的原始型城镇化依旧是新型城镇化演进过程中的表现形态之一。

在以往新型城镇化推进过程中，自然村落往往被视为城镇化的对立面，绝大多数自然村落面临被瓦解、合并、搬迁的局面，而得以幸存的自然村落

---

① 郭珍，曾悦．不同类型县城推进新型城镇化的难点与路径［J］．郑州大学学报（哲学社会科学版），2022，55（4）：55－60＋127－128.

② 朱云．县域城镇化实践的差异化类型及其形塑机制［J］．城市问题，2021（12）：38－47.

③ 易卓．城乡资源结构视角下农民城镇化的实践类型与路径选择：以北京、山东、河南三省（市）农民进城为例［J］．中共福建省委党校（福建行政学院）学报，2021（2）：128－135.

④ 国家统计局．中华人民共和国2021年国民经济和社会发展统计公报［EB/OL］．（2022－02－28）［2023－10－31］．http://www.stats.gov.cn/xxgk/sjfb/zxfb2020/202202/t20220228_1827971.html.

则面临基础设施落后、自然环境弱化、人口外流加剧、村民参与环境整治积极性不高等问题，进而引发乡村治理危机，制约了新型城镇化的整体进程。以自然村落为基础的原始型城镇化强调村庄在村落布局、居住方式、生活习惯、社会结构、乡土文化等方面呈现最为原始的自然村落样态，但又区别于以往自然村落的“边缘化”治理，而是依托自然环境、宗族血缘、乡土文化等优势，将现代性有机融入乡土社会。与其他表现形态相比，受市场经济和信息技术的冲击最小，从新型城镇化的演进历程来看，这一形态属于城镇化进程的初始阶段。

（二）以老旧院落为基础的传统型城镇化

改革开放以来，我国城市社区管理体制经历了从单位制到社区制的转变。在城镇化的快速推进下，城市社会逐渐形成了规模庞大的单位老旧小区，老旧院落既是城镇化推进的结果，也是新型城镇化建设的重要支撑，以老旧院落为基础的传统型城镇化是自然村落向城镇化转变的初级阶段。老旧院落具有较强的社会价值、经济价值和文化价值。一是老旧院落具有较强的社会属性，作为单位人的共同体，老旧院落居民的社会地位与素质特征具有相似性，为老旧院落搭建了较为稳固的社区邻里关系网络。二是老旧院落具有较强的经济属性，老旧院落大多位于城市中心，成片聚集且占地面积较大，与棚户区、商品房小区相比，老旧院落的公共空间具有较高的利用价值，能够为社区治理提供宝贵的空间资源。三是老旧院落具有较强的文化属性，老旧院落产生于城镇化进程快速推进阶段，见证了城市的产生与发展，保留了城市居民最本真的生活形态，在长期交往和单位发展的共同作用下，老旧院落的市井文化更为浓厚，为居民参与社区治理提供了文化基础。然而，在实践探索中，老旧院落居民参与社区治理还存在参与组织薄弱、参与意愿淡薄、参与方式被动、参与内容有限等诸多问题，成为提升老旧院落治理水平的重要障碍。① 因而以老旧院落为基础的传统型城镇化面临转型升级的机遇与挑战。

（三）以集镇部落为基础的过渡型城镇化

在城镇化的演进过程中，一部分城中村、近郊农村、城乡接合部等区域

① 任燕，任育瑶．单位老旧小区治理中居民有效参与的困境与出路［J］．西安财经大学学报，2022，35（4）：95－107.

凭借地理区位、交通要道、政府旧址、物资齐全等优势，成为固定的集市和商品交换场所，并逐渐演变为具备新型城镇化特征的集镇部落。集镇部落是指具有一定规模、聚集在建制镇以及乡政府所在地（狭义上的乡镇）且主要从事非农活动的人群聚落。① 以集镇部落为基础的过渡型城镇化成为传统农村向现代城镇转型的过渡形态，而地域上“乡头城尾”的优势赋予了集镇部落典型的文化双重性和中介性特点，使得集镇部落凝集了乡土性与现代性的双重特性，更能适应城镇化的未来走向。②

与此同时，以集镇部落为基础的过渡型城镇化发展还存在诸多挑战。一是人员结构复杂。由于过渡型城镇化是在集贸市场、小商品经济的基础上发展起来的，涉及企业、合作社、小商贩、普通居民等诸多群体，增加了日常管理的难度。二是矛盾纠纷多样。人员结构复杂必然带来利益需求的差异，特别是基于村庄合并、农民上楼、村居转变等因素发展起来的集镇部落，其管理运行面临基层治理与经济发展的双重压力，在此基础上产生的矛盾纠纷更为复杂多样。三是文化基础薄弱。在现代化和市场化的冲击下，一方面，集镇部落的乡土性特征逐渐消弭，群体间的利益关系取代了乡土社会的熟人关系；另一方面，集镇部落的群体要不断适应现代化冲击所带来的文化、角色、关系等因素的转变，进一步削弱了集镇部落治理所依赖的文化基础。

（四）以城市聚落为基础的现代型城镇化

城镇化进程带来市场经济的快速发展和土地性质的转变，推动了商品房小区、搬迁安置小区等生活共同体的形成，具有现代属性的城市聚落应运而生。以城市聚落为基础的现代型城镇化是完全依赖于市场经济和城市化建立起来的生活共同体，其现代性更为凸显。这一类型城镇化的治理优势在于：一方面，一般而言，城市聚落的居民个人素质较高，具备一定的参与公共事务的能力和水平，为个体理性参与基层治理创造了条件；另一方面，城市聚落的配套设施较为完善，在物业公司和业委会的参与下，城市聚落存在居民自治、小区自治的可能性。

---

① 吴忠民．集镇社区服务研究［J］．山东大学学报（哲学社会科学版），1996（3）：88－95＋81．

② 魏智慧．乡土性与现代性：集镇社区动员机制的可行性分析［J］．社会科学战线，2016（8）：194－201．

尽管与自然村落、老旧院落和集镇部落相比，城市聚落的现代属性最为明显，但以此为基础的城镇化依旧面临多方主体失灵、“熟人社会”消失、集体行动缺失等多重困境。[①] 城市聚落中的居民缺乏老旧院落居民之间的业缘和地缘联系，彼此之间相互独立，居民异质性程度较高，城市聚落的“陌生人社会”特质对于塑造公共精神形成考验，开展居民自治的难度大、成本高。在此背景下，物业公司逐渐成为基层治理的主体，然而囿于物业公司的管理能力有限和谋取利益的价值导向，物业公司与业主之间的矛盾冲突屡见不鲜，进而导致居民个人为集体利益而行动不足，甚至出现损害社区集体利益的行为，[②] 制约了城市聚落向未来社区的转型。

二、新型城镇化建设的基本维度

城镇化是一个复杂的综合性社会变迁过程[③]，不仅包括农村人口向城镇的转移[④]，还涉及一定地域范围内生产结构、生活方式、景观特征等由乡村性向城市性的综合转变。[⑤] 中国特色新型城镇化道路是集以人为本、四化同步、优化布局、生态文明、文化传承等理念于一体的城镇化，涵盖了经济、政治、文化、社会、生态等多个维度，这些基本维度也为推进新型城镇化建设提供了有力抓手。

（一）新型城镇化建设的政治维度：基层党建

《“十四五”新型城镇化实施方案》指出，“坚持党对基层治理的全面领导，强化和巩固党建引领基层治理作用”[⑥]。基层党建是应对以县城为载体的新型城镇化、社会治理重心下移的重要举措，也是构建以人为核心的新型城

① 黄辉祥，程坤．商品房小区治理中的治理共同体及其构建：基于武汉市S小区治理实践的个案研究［J］．社会主义研究，2022（4）：132－140.

② 陈标，艾凌．社区居民集体行动：困境育激励［J］．开放导报，2017（6）：17－19.

③ 卢福营，徐璐．街乡共治：城乡融合背景下的基层治理创新：基于浙江省云和县的调查［J］．杭州师范大学学报（社会科学版），2021，43（4）：122－127.

④ 辜胜阻．非农化及城镇化理论与实践［M］．武汉：武汉大学出版社，1993：1.

⑤ 王婧，李裕瑞．中国县域城镇化发展格局及其影响因素：基于2000和2010年全国人口普查分县数据［J］．地理学报，2016，71（4）：621－636.

⑥ 国家发展改革委．“十四五”新型城镇化实施方案［EB/OL］.（2022－07－12）［2023－10－30］．http://www.gov.cn/zhengce/zhengceku/2022－07/12/5700632/files/7e5eda0268744bebb5c1d4638e86f744.pdf.

镇化、满足居民需求的有效回应。基层党建工作的政治红线始终是引领基层各类群体、各类组织自觉贯彻党的主张，确保新型城镇化和城乡融合的正确方向。[①] 作为基层政府与居民沟通的桥梁，基层党组织能够弥合行政性与自主性的边界，为新型城镇化建设提供政治保障。城镇化发展为基层党建工作带来了新形势与新挑战，原有的以单位为载体和平台的党建模式被打破，党建服务对象更加多元、党建环境更加复杂多变、党建工作者整体素质不高等挑战随之而来。[②] 由此，新型城镇化对于基层党建提出了新的要求：一是统筹区域党建，推动政治资源共享；二是统筹多方主体，构建共建共治格局；三是统筹资源要素，实现资源合理配置。

（二）新型城镇化建设的经济维度：产业发展

《“十四五”新型城镇化实施方案》强调，要“发展县域经济，构建以现代农业为基础、乡村新产业新业态为补充的多元化乡村经济”，“促进城乡产业协同发展”。[③] 产业发展是乡村振兴战略的重要内容，亦是推进新型城镇化建设的有力手段。产业发展与新型城镇化具有内在耦合性，一方面，新型城镇化建设为产业发展提供了必要的资金、劳动力、基础设施等要素，推动了产业结构优化升级，县域经济发展活力得到充分激发；另一方面，产业发展能够有效促进农村人口向城镇转移，从而促进人口城镇化发展。可以说，产业发展既是新型城镇化的必然结果，同时也是新型城镇化的建设要求。与一般产业发展相比，新型城镇化背景下的产业发展更侧重于乡村产业和农民互惠，强调通过产业发展促进城乡资源流动，带动农民增收致富，缩小城乡居民收入差距，切实推动以城带乡、城乡融合和共同富裕。推进新型城镇化战略，要求县城进一步深化农村金融体制改革、加强区域间产业协调发展、扩大产业发展受惠面，激活城乡融合的发展动能。

---

① 邢继雯，谢志强．协同推进新型城镇化与城乡融合发展的思考［J］．理论视野，2022（3）：63－68.

② 钟发亮，刘磊．城镇化进程中创新社区党建工作研究［J］．广州大学学报（社会科学版），2018，17（10）：66－73.

③ 同①.

（三）新型城镇化建设的生态维度：生态文明

《“十四五”新型城镇化实施方案》指出，“加强生态修复和环境保护”，“推进环境基础设施提级扩能，建设垃圾、污水收集处理设施，加强低碳化改造，打造蓝绿公共空间”①。新型城镇化是物质文明与生态文明共同发展的可持续城镇化，城市快速扩张导致城市人口的急剧膨胀和公共空间的持续压缩，对于城市生态环境提出严峻考验。新型城镇化战略的“新”即体现在城镇化的可持续与良性发展上，在生产方式上倡导绿色、节能、低碳，在生活方式上倡导文明、节约、简单，② 在强调产业经济发展的同时，不忽视生态环境的保护，不以牺牲生态环境为代价换取经济发展。推进以县城为重要载体的城镇化建设，需要充分考虑县域内资源环境的承载能力、环境容量、规模大小和适度边界，尤其要注意对乡村生态环境的维护，保持农村的乡土性。践行生态文明保护能够整合区域生态资源，将生态优势转变为城镇化发展优势，进而促进产业优化升级、基础设施完善、社会文明提升、生态环境改善，充分彰显绿色、协调、可持续的发展理念。

（四）新型城镇化建设的文化维度：文化传承

《“十四五”新型城镇化实施方案》明确提出，要“推动历史文化传承和人文城市建设”③，这为构建富有文化底蕴的新型城镇化提供了政策支撑。城镇化的持续推进带来农村人口市民化、合村并居、村居转变等变化，同时也带来个体角色和关系的转变，一定区域内的个体异质性特征使得个体的利益需求多样化，增加了矛盾纠纷发生的潜在风险。新型城镇化战略的最终目标是实现人的城镇化，在提高居民经济收入的基础上，不断提高居民综合素质，推动个体发展与城市发展有机适配。当前我国城镇化率已经突破60%，但人口市民化并不等于人口城镇化，城镇化率的提升表明人口属性的转变，而非人口素质的提高，由此，如何提高人口素质、真正实现人的城镇化，成为下

---

① 国家发展改革委．“十四五”新型城镇化实施方案［EB/OL］．(2022－07－12)［2023－10－30］．http://www.gov.cn/zhengce/zhengceku/2022－07/12/5700632/files/7e5eda0268744bebb5c1d4638e86f744.pdf.

② 牛飞．“两条腿”并行发展下的新型城镇化建设［J］．人民论坛，2020（22）：92－93.

③ 同①.

一步城镇化建设的重点内容。文化传承能够有效提升居民个体的文化素质、自我认同和社区接纳程度，促进社区文化网络的形成，为各类组织、个体之间的和谐交往提供良好氛围。现阶段文化传承还面临载体缺失、主体缺位、介体缺乏等困境，对新型城镇化战略形成考验，同时也倒逼县城进一步加强文化建设工作。

（五）新型城镇化建设的社会维度：公共服务

《“十四五”新型城镇化实施方案》指出，“增加普惠便捷公共服务供给”，“优化社区综合服务设施。统筹发展生活性服务业，开展高品质生活城市建设行动，打造城市一刻钟便民生活圈”①。新型城镇化区别于传统城镇化的一个显著特征是更加关注人口市民化过程中的公共服务保障。② 城乡居民享有的教育、医疗、养老等公共服务的水平和差距直接反映了新型城镇化的实际效果。因此，以人为核心的新型城镇化强调在城镇发展过程中注重满足居民需求，通过打造宜居、便捷的生活共同体逐步实现城乡公共服务均等化。尽管现阶段城乡之间公共服务水平还存在一定差距，但在实际探索中越来越多的县域将公共服务作为推进城镇化的重要支撑。一方面，现代型城市聚落凭借完善的基础设施、配套的物业公司、便利的区位条件等优势，初步形成了多方参与的公共服务体系，为推进城乡公共服务均等化提供了有效借鉴；另一方面，乡村社会通过吸纳本土人才、加强宣传教育、政府购买服务等方式，逐步探索适合农村居民需求的公共服务体系。

三、以基层治理推进新型城镇化

新型城镇化与基层治理的内在耦合为以基层治理推进新型城镇化的实践路径提供了支撑。在城乡融合的目标导向下，以基层治理推进新型城镇化战略就是要构建党建引领、生态协同、文化融合、产业互促、服务联动的融合型治理模式，通过各类要素的融合最终促进城乡融合发展。按照这一思路，

---

① 国家发展改革委．“十四五”新型城镇化实施方案［EB/OL］.（2022－07－12）［2023－10－30］. http://www.gov.cn/zhengce/zhengceku/2022－07/12/5700632/files/7e5eda0268744bebb5c1d4638e86f744.pdf.

② 樊士德，柏若云．外商直接投资对新型城镇化的影响［J］．中国人口科学，2022（4）：60－73＋127.

邛崃市根据发展需要和自身实际，结合邛崃城镇化背景下存在的传统村落、老旧院落、集镇部落和城市聚落等不同城镇化形态，逐步探索出适宜不同形态城镇化的发展路径，充分发挥了融合型治理对于新型城镇化的推动作用，实现了新型城镇化与基层治理的双线发展。

（一）以党建引领统筹治理要素，实现基层社会融合治理

坚持党的领导是中国特色社会主义的本质特征，也是基层社会治理的政治前提。坚持党建引领，需要充分发挥基层党组织的政治领导、思想引领、群众组织、社会号召等价值功能，将党的政治优势转化为城乡发展优势。因此，在基层治理中，基层党组织要切实发挥好引领示范作用，着力统筹区域内各类治理要素，激发党员干部的创新活力和担当精神，为构建党领群治的治理格局和资源合理配置的城乡一体格局奠定有力的政治基础。四川省邛崃市聚焦基层党建“有形有态、有效管用”的工作导向，坚持党建引领、人民至上、立足实际，实施强基础、强阵地、创特色、创品牌“双强双创”三年行动计划，按照“一年强基、两年提升、三年成势”总体安排，通过建立区域化党建、落实“双诺双评”、开展“五融”党建等方式，全域统筹基层治理要素，不断增强基层党组织政治功能、提升组织力，着力以组织振兴引领乡村振兴、推动基层社会融合治理。

（二）以生态协同凝聚治理理念，实现自然村落村民自治

生态宜居是乡村振兴战略的重要支撑，也是传统生活共同体向现代转型的环境基础。通过人居环境整治和生态环境保护，传统乡村社会能够凝聚乡村治理力量，推动乡村产业发展，重塑传统村落风貌。对于区位偏远、样态原始的自然村落，人居环境整治能够为村民参与公共事务提供切入点，从而激发乡村治理活力，奠定文旅产业基础，带动传统村落向城镇化靠拢。邛崃市立足区域生态资源和人文底蕴，以生态保护为前提，以绿色发展理念为指导，以因地制宜为原则，通过挖掘村落乡愁元素、推进生态宜居乡村建设、实现生态价值转化、发展乡村生态旅游等措施，逐步优化村落人居环境、激发自然村落发展活力、塑造生态旅游品牌，实现生态保护与乡村旅游的相互促进，将生态优势转化为基层治理优势和经济发展优势，打造出自然与人文互嵌、传统与现代交融的生态旅游村寨，走出了一条各美其美、美美与共的

乡村治理之路。

（三）以文化融合重塑治理规则，实现老旧院落民主协商

中共中央、国务院印发《关于加强基层治理体系和治理能力现代化建设的意见》，指出要建立自治、法治、德治相结合的基层治理体系。[①] 道德文化是城乡基层治理的重要议题，文化融合发展是基层治理向现代转型的价值导向。针对当前城镇化进程加快所带来的熟人社会瓦解、文化基础薄弱、居民素质不高等问题，要充分发挥道德文明软治理的功能，借助文化发展重塑基层治理规则，化解矛盾纠纷，实现基层民主自治。四川省邛崃市在推进老旧院落改造过程中不断发掘院落文化内涵，保证院落改造既综合考虑院落设施条件和院落居民切实需要，又兼顾保留院落原有特色文化氛围和嵌入新文化氛围，因地制宜推进特色文化院落打造工作。文化和治理的有效融合，使得邛崃市在推进老旧院落治理过程中，将院落作为自治基本单元，居民通过民主协商的方式决定院落内的公共事务，民主选举产生居民自治组织，提供准物业化服务，实行自我管理、自我教育和自我监督，保障居民参与院落治理权利的“还权”、“赋能”和“归位”，提高居民自治的能力，同时实现多主体参与院落治理的院落治理格局，加强了城镇化进程中的社区治理基础，也为全国老旧院落治理提供了成功的创新实践。

（四）以产业互促联结治理力量，实现集镇部落互利共赢

经济发展状况是衡量新型城镇化进程的重要指标，促进城乡融合的关键在于通过深化体制机制改革，实现城乡之间各类经济要素的自由流动，构建以城带乡、城乡互补的产业协同发展格局。为此，要持续深化农村金融体系改革，打破城乡要素壁垒，通过资本下乡、盘活资源、利益联结等多种形式，促进县域内特别是“半城半乡”区域产业协调发展，并以此为依托吸纳多方主体参与基层治理。在新型城镇化进程中，邛崃市准确把握产业融合发展理念，以党建为引领，以群众需求为导向，以农业龙头企业为抓手，创新服务机制。打造种植业特色小镇，探索产供销一体化模式，提高农业全产业链服

---

① 中共中央 国务院关于加强基层治理体系和治理能力现代化建设的意见［M］．北京：人民出版社，2021：2.

务水平。通过产业发展强化利益联结，凝聚治理合力，有效促进了现代农业发展和农民增收致富，提升了集镇部落治理效能，初步探索了产业融合发展与新型城镇化建设紧密结合的实践路径。

（五）以服务联动构建治理格局，实现城市聚落共建共治

城市社区建设的新目标是实现居民自治，建成多样化的、充满生机活力的、以群众自我管理为主的新型社区。[①] 作为现代化和城镇化的典型产物，城市聚落更加强调提升公共服务水平，凸显新型城镇化以人为本的核心理念。这就要求城市聚落率先探索真正满足居民需求的现代服务体系，进一步整合社区资源，打造服务联动共同体，并逐步推进专业社工机构和公益服务理念向镇村延伸，促进城乡公共服务均等化。邛崃市积极响应国家治理现代化要求，以申报参与治理试验区项目为切入点，有效联动“五社合力”，围绕关爱儿童、共享超市、三级社工和社区助老四个维度，有效开展社区治理与居民服务。通过善治打造了和谐的社区氛围、提供了贴心的社区服务、推动了广泛的社区参与，切实提升社区居民幸福感与获得感；通过将政府传统“单向输血式”转变为多方联动供给服务，活化了基层治理的共建共治，也真正让居民获得治理成果的共享，为城镇化进程下城市聚落的未来发展提供了有效借鉴。

① 费孝通．居民自治：中国城市社区建设的新目标［J］．江海学刊，2002（3）：15－18＋206．

第二章 一核聚力：党政组织的统筹搭台

中国式现代化是党领导的社会主义现代化，党的基层组织是实现基层治理现代化的重要支撑，推进中国式现代化必须加强基层党建工作，为推进国家治理体系和治理能力现代化奠定基础。面对百年未有之大变局、面对“黑天鹅”“灰犀牛”，必须把基层治理摆到社会治理、国家治理体系中更加重要的位置，把党建引领贯穿基层治理全过程，提升基层治理水平，夯实国家治理根基。

四川省邛崃市全面贯彻党中央重要决策及省市相关会议文件精神，聚焦基层党建“有形有态、有效管用”工作导向，进一步强化党建统领“一核聚力”，坚持党建引领、人民至上、立足实际，实施强基础、强阵地、创特色、创品牌“双强双创”三年行动计划，按照“一年强基、两年提升、三年成势”总体安排，不断增强基层党组织政治功能、提升组织力，着力以组织振兴引领乡村振兴、推动基层善治。本章着力梳理邛崃市在基层党建方面具有特色的创新典型案例，呈现出邛崃党政组织统筹搭台的好经验、好做法、好举措。基于对典型案例的深入分析，以期全面展现邛崃党建引领基层社会治理的发展态势，为各地基层党建创新提供借鉴和参考。

第一节　建立区域党建，整合共治资源

基层党组织是党在基层社会的战斗堡垒，是党的全部工作和战斗力的基础。改革开放四十多年来，我国经济社会高速发展，新型城镇化进程不断推进，城乡社会结构和利益格局发生深刻变化。在此背景下，基层党组织规模不断扩大，传统基层党建所依赖的基层社会逐渐被解构，基层党建工作创新势在必行。党的二十大报告指出，坚持中国共产党领导是中国式现代化的本质要求。[①] 完善基层治理体系，必须坚持把党的领导作为根本保证，把党的领导贯彻到基层治理全过程、各方面。聚焦四川省邛崃市，经济的快速发展加快了邛崃市的城镇化进程，城镇化发展变迁在基层治理的动力机制及权力结构上体现为城乡一体化党建趋势。如何在城镇化背景下提高基层党建质量，发挥党的基层组织引领带动基层治理的作用，避免党建与基层治理“两张皮”，成为一项亟须破解的重要理论命题和实践课题。

一、区域化大党建的发生逻辑

城镇化进程的推进意味着人口集中程度高、人口流动频率大，这对基层党组织建设机制提出了更高的要求。新型城镇化背景下城乡人口、技术、资金等资源的融合趋势，要求基层党建工作向区域化大党建方向探索，以党建融合推进城乡融合发展。区域化党建是指以街道党工委为核心、社区党组织为基础，按照区域统筹理念横向整合区域内党建资源，提高党建引领基层治理整体效能的做法。[②] 党的十八大以来，以习近平同志为核心的党中央高度重

① 习近平．高举中国特色社会主义伟大旗帜 为全面建设社会主义现代化国家而团结奋斗：在中国共产党第二十次全国代表大会上的报告［M］．北京：人民出版社，2022：23.

② 唐文玉．从单位制党建到区域化党建：区域化党建的生成逻辑与理论内涵［J］．浙江社会科学，2014（4）：47－54＋156.

视党建对基层社会治理工作的引领机制建设。2018 年 11 月 6—7 日，习近平总书记在上海考察时强调，要加强党的基层组织建设，把资源、服务、管理下沉基层、做实基层，把每个基层党组织建设成为坚强战斗堡垒。[①] 这一定位将党建引领助推基层治理创新推向新高度。《中共中央 国务院关于加强和完善城乡社区治理的意见》再次强调，“继续推进街道（乡镇）、城乡社区与驻区社区单位共建共补，深入拓展区域化党建”。[②] 区域化党建成为新时代巩固党的执政基础和完善城乡社区治理体系的重要一环。

临邛街道是邛崃市政治、经济、文化中心，距今已有 2300 多年的历史，是巴蜀四大古城之一，素有“临邛自古称繁庶，天府南来第一州”的美誉。截至 2020 年 6 月，临邛街道辖 13 个社区、11 个行政村。《2021 年邛崃市人民政府工作报告》中指出，2020 年邛崃市常住人口城镇化率和户籍人口城镇化率均突破 50%。大规模的城镇化进程既有力推动了邛崃经济社会的发展，也给基层党组织设置、干部能力建设、党员教育管理等带来挑战。此外，临邛街道地形分为山地、丘陵和平坝，境内最高点海拔 662.7 米，最低点海拔 188.7 米，空间跨度大，给基层治理带来一定难度。

城镇化的发展加速了临邛街道人口的流动，在城乡接合地区，大量“村改居”社区的村民变居民，城乡二元结构被打破，基层党建面临流动党员情况复杂化、基层党组织凝聚力待提升等问题。为克服传统单位制党建的不适应、整合辖区零散资源、引导多方主体有序参与社会治理，探索区域化大党建成为顺应时代潮流与满足临邛街道内在要求的实践课题。临邛街道聚焦基层党建“有形有态、有效管用”工作导向，健全区域化党建配套制度，整合区域资源，强化基层党组织引领和服务功能，着力破解基层党建工作中的重难点问题，走出具有临邛特色的区域化党建之路。

二、区域化大党建的实践举措

临邛街道通过组织联动、产业联兴、治理联抓，不断提高基层党组织的组织力，提升群众满意度，充分发挥基层党组织的战斗堡垒作用和党员的先

① 习近平．坚定改革开放再出发信心和决心 加快提升城市能级和核心竞争力［N］．人民日报，2018－11－08．

② 中共中央 国务院关于加强和完善城乡社区治理的意见［M］．北京：人民出版社，2017：2．

锋模范作用，积极探索党建引领基层治理和新型城镇化的有效路径。

（一）党建织网，加强组织联动共建

为真正把区域化大党建织牢织密，把根扎实扎深，临邛街道多措并举，在摸清街道驻区单位情况的基础上，探索搭建区域化大党建平台，实现组织联动共建。

一方面，与驻区单位加强联系与沟通。一是摸清驻区单位基本情况，特别是党建工作信息，社区工作人员实行分组、分片区对驻区单位进行走访，在与企业负责人、职工“拉家常”中采集信息，熟悉情况；同时，宣传推进社区区域化大党建的重要作用，增强驻区单位党组织负责人对社区区域化大党建工作的理解和认同。二是与驻区单位保持经常性的联系和沟通，建立“上门走访→了解诉求→解决问题→及时反馈”的联系服务机制、“社区→单位”双向服务机制，让驻区单位切实感受到社区的存在，为开展党建共建工作打下基础。

另一方面，搭建区域化大党建平台。一是建立组织架构。组建由社区党组织负责人为书记、驻区单位党组织负责人为党委委员的社区综合党委，形成以社区党总支为核心，开发商、业委会、物业公司等为主体，企业、学校、事业单位、“两新”组织等驻区单位共同参与的治理模式，凝聚区域党建强大合力。二是开展结对共建活动。通过与驻区单位党组织沟通交流，结合调研摸底情况，制订结对共建方案，签订共建协议，结对共建方案报街道党工委备案，按照方案与驻区单位党组织开展活动，充分发挥自身优势，落实互帮互助措施，广泛开展共建活动。三是建立区域化大党建工作联席会议制度。由社区党组织牵头组建社区党建联席会，吸纳驻区单位党组织为成员单位，并报街道党工委备案管理，成立以社区党委领导的“一会三委”自治组织，建立开放式议事会制度，聚焦民生服务、社区治理、产业振兴，成立民生委员会、治理委员会、共建委员会；定期召开党建联席会议，协调相关事项，研究推进工作。

（二）服务联供，促进治理联抓共享

临邛街道建立健全以党组织为联席的服务联供的区域化大党建格局，通过积极发挥街道、社区党委的纽带作用，统筹发挥社会力量的协同作用，不

断强化基层党组织的服务能力，探索综合服务体系，在纵向上打通成链，横向上统一成面，实现治理联抓共享。

首先是积极发挥街道、社区党委的纽带作用。由社区党委牵头，组织开展居民代表大会、议事会、坝坝会、党员大会，入户走访建立居民需求问题清单，根据居民需求问题清单，与召开区域化党建工作联席会的多家驻区单位签订服务协议书，服务内容接受区域化党建工作联席会的监督和指导，同时根据居民的实际需求，驻区单位不断拓展业务范围、优化服务。

其次是不断增强基层党组织的服务能力。一是提升基层党组织的监督力。根据居民需求问题清单展开服务，并接受居民的优差评，社区党组织及时对接受服务的居民进行回访，根据居民反馈的问题与服务项目运行的实际状况不定时召开党委扩大会议，具体问题具体分析，提出建议，对服务项目及时进行整改。二是提升基层党组织的服务力。结合驻区单位实际情况，组织共建党组织开展志愿服务活动，并成立以单位为主体的志愿服务队，明确服务团队活动清单，开展常态化服务。

最后是统筹发挥社会力量的协同作用。依托区域化党建联席会，在辖区内外进行业务拓展，凝聚社会力量。一是守护百姓健康。与辖区任氏骨科医院合作开展“健康义诊”、“健康讲座”和“共享药箱”公益共享项目，医院提供专业的医疗人员和与义诊相关的医疗物品，开展关爱孤寡老人、留守儿童、特困群体的服务活动，并定期为“共享药箱”增添和更换药物。二是开放活动空间。利用建平学校离社区近的优势，与建平学校达成“场地共享、服务居民”共享项目合作，开放操场、篮球场、足球场等。三是成立生活性服务企业。与成都市尉洪建设有限公司合作，立足居民生活实际，创新推出生活服务类经济体，成立便民服务型企业，其运行模式、业务范围充分采纳群众建议，开展小区免费体检服务。同时积极发挥共建单位的优势，参与制订服务协议书的拓展方案，借助共建单位的力量，打造社区服务品牌。

（三）资源联享，营造产业联兴共谋

临邛街道以产业为突破口，通过选拔和培养优秀人才，发展壮大集体经济，重塑区域发展空间，营造产业联兴共谋，进一步拓展了区域化大党建的内涵和外延。

首先突出主体吸纳，选拔和培养优秀人才。一是拓队伍。以区域经济为

理念，临邛街道整合前进社区及周边村（社区）资源成立前进片区综合党委，梳理选拔致富能手、发展能人、农民经纪人等优秀人才进入综合党委班子。二是抓培养。以基层党组织书记55岁以上的村（社区）为重点，定向培养正职后备人才，充分利用“互联网＋”，通过微信、QQ、网站等互联网平台，探索开展网上微课堂进行理论培训和经验传授。三是搭平台。临邛街道每年拨付专项经费，用于后备人才培养和服务群众工作，按照“双向自愿”原则，通过党组织选派、退休干部返聘、社会公开招聘、“两新”党组织交流等方式建立党务人才库，为综合党委储备和输送党务人才，分期分批组织企业家、党务工作者、党建指导员等到广东、浙江、福建、上海等地考察学习，提升党务工作者的政治素养和工作能力。

其次是优化资源配置，发展壮大集体经济。一是片区党委牵头，确定适宜项目。临邛街道党工委、片区综合党委定期分层召开专题党（工）委会、项目调度会、联席工作会，以片区为单位制订3～5年项目实施计划，选定具有牵引性和代表性的项目作为片区党委运行的切入点。二是片区党委领办，建强经济组织。马湖村整合周边钟山社区、响水村资源，由综合党委领办，成立古驿纸房旅游资源管理公司和马湖村经济合作联合社，负责旅游开发、产业发展和集体经济分配、投资等事宜。前进社区围绕“人、地、钱”等要素资源优化配置，探索创新“3T”利益联结模式。以COT（投资→运营→移交）方式整合农户和集体资金入股参与片区公司运营；以ROT（重整→运营→移交）方式集约土地资源入股龙头企业保底分红；以BOT（建设→运营→移交）方式改建经营农房。三是片区党委引导，培育项目品牌。马湖村由村集体经济组织，大力发展订单农业，打造“马湖印”特色品牌，形成集吃、住、游、购等于一体的乡村旅游消费新场景。

最后是重塑区域空间，科学确定发展定位。临邛街道根据片区发展定位制定总体规划，为破解低水平同质竞争难题，将辖区划分为城北片区和城西片区，以全域谋划引领一域发展，以自身角色服务全局发展。一是城北优化城市空间格局。依托旧城资源，以产业发展和重大项目建设为契机，优化城市北部地区的城市空间结构，加强城市基础设施和市政设施配套建设，加强公建项目配套建设，提升旧城区的城市空间格局。二是城西片区突出生态价值导向。明确农商文旅体融合发展定位，以西江村创建未来乡村示范为牵引，以人文徒步旅游为载体，串联红旗村最大的红枫林种植基地以及千亩水产养殖基地、万亩经果林等优势资源，实现片区错位协同、竞相发展的良好态势，推动形成功能协同、整体成势的发展格局。

三、区域化大党建的实践效能

共建的力量来自人民、共治的智慧出自人民、共享的成果为了人民。临邛街道以全国社区治理和服务创新实验区建设为契机，以区域共建为基础、区域共治为关键、区域共享为目标，将社区、驻社区单位、居民联动起来，推动组织形式、治理方式、服务方式的转变，发挥了基层党组织的示范引领作用，助推了社区凝心聚力共发展，形成了多方参与党建联合体，共同把居民期盼实化为具有邛崃特质的美好生活图景。

（一）以区域共建为基础，发挥基层党组织示范引领力

临邛街道坚持以区域共建为基础，推动组织的有效覆盖，通过党建的示范引领，形成了共建的良好局面。一是进一步夯实了基层党组织的核心引领作用。区域化综合党委牵头，联合“两新”党组织、非公企业等，召开联席会议，制订问题解决方案，以志愿活动引领辖区居民主动参与社区建设；建立社区建设政企联动机制，强化了基层党组织在各领域的核心引领作用。二是进一步加强了基层党组织的先锋示范作用。通过党建结对和骨干入驻，驻社区单位积极参与制定99个微公约，覆盖8大类30余个治理场景，提供场地设施开展共建项目111个，提供活动和服务资源1331次。以社区策划项目、驻区单位主动认领、居民积极参与的方式，落地实施18类169个社区公益项目，涵盖为老、助残、妇女服务等多个领域，推动结对组织更加直观地了解和感受到党组织的先进性，进一步激活了居民主人翁意识和多方主体协同治理责任感，提高了党组织的向心力和凝聚力。

（二）以区域共治为关键，助推社区凝心聚力共发展

临邛街道坚持以区域共治为关键，以提升居民的获得感、幸福感、安全感为工作导向，实现了社区凝心聚力共同发展。一是实事联抓，推动对居民需求的精准回应。综合党委领导驻社区单位与社区共建协议清单、驻社区单位履责清单、社区公益服务项目清单、社区社会组织培育清单、社区微公约清单、公益积分兑换清单、问题解决清单、社会反响清单，从治理机制评估

的产出、结果和影响三个维度衡量驻社区单位履行社区治理责任效能，居民对驻社区单位履行社区治理责任的效能直接进行评价，促使驻社区单位更好地落实、响应居民需求。二是难题联解，聚焦现实利益问题。建立集体经济收益“433”分配机制，年收入的40%投向有发展潜力的产业，30%用于民生工程，30%用于城乡环境综合治理，切实解决了一些关系居民切身利益的问题，提升了居民的幸福感和社区凝聚力。

（三）以区域共享为目标，形成多方参与党建联合体

临邛街道坚持以区域共享为目标，通过充分发挥基层党组织和驻区单位作用，推进城乡结对共建，形成了多方参与的党建联合体。一是充分发挥基层党组织战斗堡垒作用和驻区单位党组织协同作用，形成了区域党建联盟体。在街道、社区层面打造区域党建联盟，组建精准联结社区与驻社区机关企事业单位的区域化综合党委26个，实行区域党委兼职委员制度，共有78名驻社区机关企事业单位代表兼任了区域党委委员。开展社区、驻社区机关企事业单位共建集中攻坚，统筹区域党建资源，建立区域党建服务站16个，289家机关企事业单位和社区签订了共建协议，初步构建起了区域统筹、资源整合、优势互补、共建共享的区域化党建共同体。二是推进城乡结对共建，形成了城乡共建共同体。组织468个城乡基层党组织进行精准结对；结对双方党组织共同协商研究制订结对共建工作推进方案，签订《结对共建协议书》；建立结对共建工作季度督查、半年总结的工作制度。聚焦队伍建设，以“为村”平台为载体，结对双方党组织党员开展学习讨论；建立“双报到双报告”制度，明确结对党组织党员每季度至少共同开展一次组织生活；深入推进党员“微积分”管理，将结对双方党组织党员以“微积分”方式开展量化考核，推动了城乡资源共享，为构建多方共治的基层治理格局奠定了良好基础。

四、区域化大党建的经验启示

临邛街道在关键上聚焦项目合作，在基础上强化区域整合，依托区域化大党建有效解决了机关企事业单位以往存在的与社区“来往较少”及参与基层治理积极性不强、动力不足、参与形式单一等问题，为基层党组织建设提供了一定的经验启示。实践表明，区域化党建从根本上考验的是党组织的政治引领力与组织动员力，要从强化政治引领、强化项目合作、强化区域整合

方面破题，以区域党建推动城乡发展融合。

（一）理念聚焦，强化政治引领是区域化大党建的建设核心

临邛街道充分发挥党组织的政治引领作用，通过构建区域化大党建推动辖区内党员力量共同发展，巩固了党组织在基层各领域的领导核心地位，提升了党组织的号召力。实践表明，伴随党建引领基层治理的深入推进，聚焦理念、强化政治引领是区域化大党建的建设核心。

一是坚持思想先行。内化于心才能外化于行，构建区域统筹、资源整合、优势互补、共建共享的区域化党建共同体，要树立“区域化党建一盘棋”思想，培育党员群众的区域共同体意识，形成共同的价值观念和价值追求。二是坚持机制为要。搭建起纵横联动的区域化党建工作组织体系，健全定期联系、党建联建、项目合作等机制，推动资源下沉“横向到底、纵向到边”，提高区域治理社会化、民主化、协同化水平。三是坚持服务为重。按照重心下移、权责一致原则，赋予街道党（工）委相应职责职权，在制订街道党（工）委权责清单时，突出街道党（工）委的社会服务职能，通过发挥综合党委的引领作用，进一步促进基层组织活动联办、阵地联用、事务联商，牢牢把握为群众办实事这个根本落脚点。

（二）目标聚焦，强化项目合作是区域化大党建的建设关键

临邛街道以服务项目为依托，动员驻区党组织签订服务协议书，引导辖区企业单位提供志愿服务，助力企业单位提升知名度、扩大影响力，推动辖区单位与基层治理共同发展。实践证明，区域化党建以区域化平台为依托，以共建联建项目为抓手，实现服务社区、服务群众、区域合作的长效发展关键在于构建科学合理的项目合作，为区域化大党建提供有效载体。

一是坚持基础数据“明”。建立需求清单、履职清单、项目清单，需要深入调查研究，厘清区域内党建资源的整体情况，全面掌握各驻区单位和居民群众的需求情况，进而形成合理的资源需求适配方案。二是坚持项目合作“实”。针对区域发展和社会治理的重难点问题，探索适宜的供需对接机制，促进资源供给与需求精准对接，在自愿基础上形成联建项目。三是坚持激励保障“足”。在区域化党建中，注重对多方主体因势利导，通过对多方主体利益诉求的适当满足和实现，激发其参与区域化党建的积极性和主动性。就此

而言，一方面，作为牵头单位的综合党委要着力突破以自我为中心、仅是落实政治任务的观念和认知局限；另一方面，相关牵头单位应当注意将多元化资源整合与盘活，促进区域化党建工作与上级党委、成员单位、普通党员、社会公众之间的利益相链接，构建资源可调配、补充的良好局面。

（三）空间聚焦，强化区域整合是区域化大党建的建设基础

临邛街道按照区域统筹（这个区域既可以是城乡地域的结合，也可以是行业领域的结合）理念横向盘活区域的党建资源，以提高基层治理整体效能的现代化党建思路，突破了以往基层党建的空间阻碍，为推动城乡资源自由流动提供了前提条件。实践表明，区域化大党建的“区域化”并不等同于“属地化”，针对区域化党建建设，应聚焦空间，强化区域整合的建设基础。

一是弹性规划区域党建。区域化党建并没有打破“单位制党建”，在实践中并不必须与行政辖区挂钩，这意味着可以在不打破原有社区规划的前提下，根据治理任务需要，构建区域党建，而不局限于某一地区或某一行业，可以在更大区域内将与基层治理相关的部门单位纳入党建联席会议，从而实现资源的高效配置。二是灵活整合区域资源。一方面在内部打破街道社区、驻区单位、“两新”组织党建相对分离的状态，将党建资源进行整合；另一方面在外部链接市场资源、社会资源、公益资源、群众资源等向内集聚，吸纳进区域化党建的结构中，与其他治理主体或组织进行资源流动、资源交换。

第二节　管理流动党员，凝心强基聚力

市场经济的迅速发展加速了人口流动，同时，流动党员的数量也逐年递增。流动党员呈现范围越来越广、流动越来越频繁的趋势。这一趋势在一定程度上加大了基层党组织开展流动党员管理工作的难度，同时也削弱了基层党组织的活力与影响力。在新型城镇化进程中，加强流动党员管理是加强基层党建引领、顺应新形势的内在要求。邛崃市高埂街道加强流动党员管理工作，创新流动党员管理方式与方法，发挥流动党员先锋模范作用，为实现基层社会治理现代化提供了改进方向和创新思路。

一、新时期流动党员管理的逻辑成因

党的二十大报告指出，“注重从青年和产业工人、农民、知识分子中发展党员，加强和改进党员特别是流动党员教育管理”。[①] 伴随市场经济的发展，流动党员数量不断增加，这类群体无法在属地接受党组织的管理，成为基层党建面临的新挑战。加强流动党员管理不仅是新时代强化党员管理、全面从严治党的重要内容，而且是做好基层服务、提升基层治理能力、实现基层治理现代化的有效方法和有益探索。[②] 纵观中央到地方各级党组织，镇街是流动党员管理的主要力量，但也存在流动党组织设置不规范、管理人手不足、流动党员与党组织缺乏联系等问题，影响着基层党建工作的开展。因此，在镇街层面探索如何通过强化流动党员管理，发挥流动党员先锋模范作用，不断增强党组织凝聚力，具有较强的现实价值。

---

① 习近平．高举中国特色社会主义伟大旗帜 为全面建设社会主义现代化国家而团结奋斗：在中国共产党第二十次全国代表大会上的报告［M］．北京：人民出版社，2022：68.

② 游岸．为流动党员构筑精神家园［J］．人民论坛，2018（4）：105－107.

邛崃市高埂街道毗邻西藏，而西藏的工资水平相对较高，因此高埂街道的很多居民选择前往西藏务工，其中不乏党员。西藏地势宽阔，人员比较分散，再加上流动党员的特殊性，导致管理工作存在诸多难题。一方面表现为流动党员的归属问题，主要包括人户分离、组织关系与工作地的分离、暂居地与工作地的分离等，这些分离问题使得高埂街道党员管理工作缺乏组织约束力，难以有效联结党组织与流动党员，致使部分流动党员游离在党组织管理之外。同时，流动党员与管理主体之间并不具备领导与被领导的关系，因而导致责任不清、配合有误、管理效果差、无人管理等情况出现，流动党员成为"隐形党员"，出现"离家又离党"的难题。另一方面，在大量外流的务工人员中，流动党员的思想觉悟较高、工作能力较强，可以有效团结群众、发动群众、带领群众，但流动党员的作用发挥受到了一定限制，大部分流动党员不能参加本地的治理工作，对本地的经济发展与相关建设也比较忽视，抱持事不关己的态度，出现"光流出、不引入"的难题。

流动党员在社会建设和经济建设中发挥着重要作用，如何更好地让流动党员在流动中能享受党员权利，履行好党员义务，体现党员的政治性、先进性、纯洁性，是迫切需要解决的问题。为强化流动党员党性、充分发挥其助推家乡发展的作用，高埂街道加强流动党员管理，通过抓管理强引导、抓措施强定位、抓帮带强突破，消除流动党员管理上的"空白点"，让流动党员"离家不离党"，充分发挥其作用。

二、高埂街道流动党员管理的实践做法

高埂街道针对流动党员管理难的现状，积极探索加强流动党员群体教育管理的有效方式，通过摸底数强管理、常联系增引力、勤帮扶活资源，让流动党员"有家""回家""顾家"。

（一）摸底数强管理，让流动党员"有家"

高埂街道通过摸底数强管理，以全面排查流动党员情况、双向确定核准流动信息、部门协同甄别信息，实现对流动党员的全覆盖、大排查，在此基础上，大力推进流动党支部建设，及时强化党员管理，着力做好权益保障，实现精细化管理，让流动党员"有家"。

一方面，全覆盖、大摸排。一是专项推进"摸清家底"。在掌握流动党员

原有数据的基础上，开展全覆盖摸排，通过行业走访、企业发动、社区登记、电话沟通等方式，逐一翻查人事档案，全面排查流动党员，逐人建档立卡，实现联系方式、家庭住址等情况“五个清”。二是双向确认“核准信息”。对排查出的流动党员，通过电话问询核实登记党员外出务工、本地就业等信息；对“电话失真”的流动党员，统筹街道、社区（村）力量开展访查工作。三是部门协同“消除盲区”。对存疑党员通过公安机关信息网、人社系统就业专网、社保缴费信息网等平台发布“召集令”，查实户籍地、联系方式，甄别核对信息。

另一方面，精细化强管理。一是大力推进支部建设。在市委组织部的指导下，街道主动与流动党员建立联系，对流动党员的流向单位及地域分布、所在党组织等情况进行核实，逐级建立《流动党员动态管理台账》，做到知去向、知现状。同时，在流动党员相对集中的西藏建立山南、昌都两个流动党支部，管理流动党员20余名，发展党员3名，服务上万名邛崃籍农民工。二是强化党员教育管理。充分利用微信群、QQ群等媒介，积极开展网上互动交流，安排专人向流动党员传达学习进度安排、学习重点和党支部工作开展动态，同时针对无流动党组织依托，但流动党员较集中的地方，建立功能性学习党支部，借助网络平台，充分用好网络学习平台，做好流动党员学习管理，切实把流动党员“串在线上、连在网上”，确保每名流动党员都能参与组织生活。三是着力做好权益保障。在西藏昌都流动党支部活动阵地建设农民工维权站，免费为农民工提供权益保障服务，在创先争优中给予流动党员一定名额。在村（社区）党组织换届选举和党员教育管理工作中，发布《致流动党员的一封信》，通过手机短信、电话、微信等多种方式向流动党员告知换届大会时间，确保流动党员的选举权和被选举权得到保障，引导其积极参加所在地党组织、党支部组织的各项学习教育活动。

（二）常联系增引力，让流动党员“回家”

高埂街道通过常联系增引力，以“人性化”管理常沟通、“跟踪式”培训提素质，实现用关怀凝聚人，以“积分制”考核激发流动党员活力、“凤还巢”投资提供机遇，实现用政策激励人，让流动党员“回家”。

一方面，用关怀凝聚人。一是“人性化”管理常沟通。每名流动党员一本《流动党员活动证》，每名社区（村）干部联系一名流动党员，每月与流动党员通一次电话，每个季度对流动党员家属进行一次家访，每个重要节日给流动党员寄一封慰问信，每年年底对流动党员进行一次民主评议。利用每年传统节假日期间流动党员集中返乡的有利时机，积极开展座谈会与慰问活动，与流动党员谈心谈话，掌握他们的思想动态，了解他们的学习、工作和生活情况，及时帮助他们解决存在的问题，认真听取他们对党组织的意见和建议。二是“跟踪式”培训提素质。建立流动党员行前教育、集中补课和返乡培训等制度，充分利用流动党员回乡办理证件、接转组织关系、回乡过节等时机，对返乡流动党员进行定向免费培训。

另一方面，用政策激励人。一是“积分制”考核激发活力。推行“积分制”考核，将流动党员履行党员义务、服务支部建设、服务家乡发展等考核指标用数字进行量化，将党员积分与党内关爱和福利待遇挂钩，激励流动党员发挥先锋模范作用。二是“凤还巢”投资把握机遇。积极宣传相关政策，让流动党员在外务工的同时，把握政策机遇，支持家乡建设，改善高埂街道投资软硬环境，加强与高埂街道在外创业党员的联系沟通，制定《高埂街道投资机会清单》，向流动党员和企业家介绍街道优惠的投资政策、迅猛的发展趋势以及未来发展规划，吸引他们回乡创业。同时，建立相关激励机制，对于发展势头好、带动能力强、社会贡献大的龙头企业，按照相关规定给予优惠政策和奖励，进一步扩大回乡创业的吸引力，吸引外出创业人员回乡创业。

（三）勤帮扶活资源，让流动党员“顾家”

高埂街道通过勤帮扶活资源，以政治上关心、生活上关怀实现对流动党员的帮扶；引导流动党员助力家乡的同时，协同帮助在外务工人员；充分发挥流动党员的优势，为家乡建设出谋划策，让流动党员“顾家”。

一是多帮扶。一方面是政治上关心，通过流动党员示范岗、流动党员标兵评选和流动党员先进典型宣传等活动，强化流动党员的荣誉感和责任感，激励流动党员自觉发挥带头示范、化解矛盾和凝聚群众的作用。另一方面是生活上关怀，开通服务热线，实施结对帮扶，帮助流动党员解决子女入学、抢种抢收、重大疾病等生产生活中遇到的各种问题。流动党支部邀请法律援助、心理卫生、劳动保护等方面的专家，组成“专家咨询服务团”，深入流动党支部，举办座谈会、培训会等，帮助流动党员解决实际困难。

二是引资源。一方面是助力家乡，利用好外出务工党员在外奋斗的经验和资源优势，将适合街道发展的项目、技术和信息带回来，积极支持家乡基础设施建设、集体经济发展等，助力乡村振兴，为家乡青年劳动力提供就业岗位1000余个。另一方面是协同共助，充分整合流动党员的专业技术、信息资讯等资源，建立优秀大学生、创业经商达人、专业技术员等网络人才库，组建流动党员志愿服务队，采取“线上线下”相结合的方式，为在外务工人员提供信息咨询、技术咨询等网络志愿服务。

三是献良策。充分发挥流动党员在视野、信息、资金等方面的优势，流动党员党支部利用春节、清明、中秋等传统节假日，组织返乡流动党员开展“谈见闻、共谋家乡发展”主题活动，聘请一部分流动党员当招商引资和技术引进的信息员、情报员、顾问委员等，让流动党员为家乡建设出谋划策。同时结合讲党课等活动，建立稳定后方的党组织联动机制，进一步开阔流动党员视野，激发群众致富积极性。

三、高埂街道流动党员管理的实践成效

高埂街道以破解流动党员管理难题为导向，通过创新组织设置、创新管理方式、创新服务平台，使流动党员“流动不流失”“主动不被动”“忘忧不忘本”，较好地激发了流动党员为家乡贡献力量的热情，为强化基层党组织政治引领、凝聚基层治理合力夯实了基础。

（一）创新组织设置，使流动党员“流动不流失”

高埂街道积极探索流动党员组织设置，通过设置流动党员党支部，对接流动党员管理，让流动党员“流动不流失”。

一是设置流动党支部，使流动党员“有家”。在基层离不开党组织的领导，党组织作用的发挥离不开全体党员。党员不听从指挥，党员不履行义务必定造成党组织弱化、虚化、边缘化，就不可能有号召力和领导力。高埂街道大力推进流动党员支部建设，及时强化党员管理，有效改变了流动党员难以参加党内活动、难以支持党组织工作、难以完成党组织安排的任务的局面，强化了基层党组织在流动党员中的领导核心作用。

二是设置对接管理，使流动党员“有家人”。高埂街道通过让流动党员“有家”和尽责等多种有效设置，进一步规范了流动党员的管理教育，建立了强化流动党员党性观念培育和理想信念教育的长效机制。特别是开展的“两

学一做”学习教育活动从全覆盖到常态化，让每一名党员的先进性和纯洁性都得以提升和增强。

（二）创新管理方式，使流动党员“主动不被动”

高埂街道积极创新管理方式，通过严格落实组织生活制度，灵活统一管理，确保流动党员“主动不被动”。

一是严格落实组织生活制度，使流动党员找到归属感。通过加强教育，流动党员参与党组织“三会一课”活动的积极性进一步增强，流动党员主动向组织报告参会，部分因为工作原因不能及时参会的也主动通过微信群参与支部事务讨论，个别党员还通过邮件提前发回个人意见。例如，山南流动党支部通过远程视频方式多地互动集体学习党课，加强了对流动党员的多元化管理。

二是灵活统一管理，使流动党员找回责任感。以往外出务工经商的流动党员长期在西藏工作，动向辗转不定，流动党员的去向少有人问津。高埂街道通过“全覆盖、大摸查”，了解了各支部每一位流动党员的动向，尽一切努力让流动党员有组织、有归属。这种做法得到了众多流动党员的认同，让他们感受到了组织的关心，重拾了党员的责任感，而以书面形式向党支部作思想汇报、实行补过组织生活制度等方式，灵活解决了流动党员参与党建难的问题。

（三）创新服务工作，使流动党员“忘忧不忘本”

高埂街道积极创新服务平台，通过做好在外务工人员服务工作、“凤凰还巢”引导工作，让流动党员“忘忧不忘本”。

一是为在外务工人员做好服务工作，促使“异乡人忘忧”。山南、昌都两个流动党员党支部自成立以来，把流动党员服务管理工作纳入支部建设的重要内容，定期研究讨论流动党员管理举措，不断丰富服务内容、提高服务质效。主动了解生活困难的流动党员的具体情况，并主动给予关心，及时解决流动党员工作、教育、生活中面临的实际问题，增强了流动党员的归属感、幸福感。近年来，两地共同组织流动党员向生活困难人员送温暖活动 9 次，让身处异乡的打工人能够安家安心。

二是做好“凤凰还巢”的引导工作，使“异乡人不忘本”。一方面确定《高埂街道投资机会清单》，通过流动党员党支部向在外经商党员介绍高埂街道发展前景，并通过座谈会，为有意向的企业家介绍具体投资项目，吸引流动党员参与火星片区未来社区建设。目前已有2名流动党员有意愿参与林盘打造，1名流动党员愿意将自家农家乐经营权交由集体统一招商。另一方面落实街道经济工作推进会精神，动员流动党员回邛注册公司。2021年10月，成都市未来赛道企业管理有限公司与山南市雅砻商业广场实业开发有限公司签订《"结算型企业"投资协议书》，目前已完成在邛工商注册，实现了街道经济1000万元的目标额。

四、高埂街道流动党员管理的经验启示

新时代的流动党员管理必须以新党章为遵循，坚持解放思想、实事求是、与时俱进、求真务实。从邛崃高埂街道的流动党员管理来看，从乡镇（街道）和村（社区）的层级机制入手，从服务和保障的机制出发，从激励和制约的功能机制优化，探索建立既符合当前流动党员自身特点，又符合未来发展趋势的管理模式，进一步加强管理、凝聚合力、夯实责任。

（一）镇街和村社是流动党员管理的重要层级

高埂街道通过街道统筹，规范流动党员管理，引导各村（社区）主动加强对流动党员的联系和教育，发挥了街道在流动党员管理工作中的统筹作用。实践表明，在流动党员管理层级机制中，管理的责任和重心在镇街和村社一级，要充分发挥镇街统筹引领作用，打通流动党员管理"神经末梢"。

一是充分发挥镇街统筹作用。镇街党组织是基层党建的重要力量，是基层组织和社会经济的管理者，提升镇街党组织对流动党员的管理能力，充分发挥镇街党组织的基础性作用十分重要。高埂街道的实践表明，镇街党委要切实增强对流动党员管理工作的重视程度，不断开拓探索，完善适合本乡镇（街道）流动党员管理的有效办法。通过做好流动党员登记工作，建立完善城乡一体的流动党员数据库，做到人数清、结构清、分布清，实行动态管理制度，及时了解流动党员的基本情况、思想状况、缴费信息、活动次数等，做到动态监管、及时更新。二是打通村社管理服务末梢。一方面，村社党组织要积极抢抓流动党员节假日返乡的有利机遇，开展党员教育，提升流动党员身份意识，经常对流动党员家庭进行走访慰问，让他们感受到党组织的温暖。另一方面，将村社党支部管理权限上提，由上一级基层党委把握，上下联动，

合理统筹，强化管理，使每一位漂泊在外的流动党员能够有条件参与活动，正确行使权利，认真履行义务，积极发挥先锋模范作用。

（二）加强服务与平台保障是流动党员管理的重要内容

高埂街道针对流动党员所需所想，提供精准服务，完善组织保障，解除流动党员外出务工的后顾之忧，进一步密切了与流动党员的联系，彰显了基层党组织的凝聚力。实践表明，在流动党员管理机制方面，应不断增强基层党组织的服务意识，搭建流动党员保障平台，适应流动党员管理的发展需要。

一是增强党组织的服务意识。2020 年 6 月 29 日，习近平总书记在十九届中央政治局第二十一次集体学习时的讲话中指出："要提高党员发展质量，加强党员教育管理，使广大党员在改革发展稳定中充分发挥先锋模范作用。"[①]为此，要深入推进服务型党组织建设，树立问题导向、服务导向和创新导向，以流动党员实际需要为根本出发点和落脚点，制定系统化的服务制度和管理方案，保障流动党员权利，促进其履行义务。同时要注重分类管理，对于不同年龄、不同行业、不同文化水平的流动党员，有针对性地提供管理和服务。二是提供相应的保障平台。要搭建沟通联系平台，经常性关心流动党员的相关情况，以便于流动党员参加党的组织生活；搭建服务交流平台，充分利用流动党员在信息资源方面的优势，鼓励有条件、有能力的流动党员积极为本地区经济社会发展建言献策、捐资出力，"反哺家乡"，促进基层治理。

（三）全面摸排与多线联络是流动党员管理的重要方式

高埂街道通过全覆盖、大排查，及时获取流动党员详细信息，并多线教育联络，确保流动党员管理精细化。高埂街道静态管理与动态联系相结合的方式，实现流动党员"流而不失"。实践表明，在流动党员管理制度机制方面，应大力开展流动党员去向摸排、多线教育联络工作，着力将每名党员纳入党组织的有效管理。

一是定期"地毯式"摸排。建立摸排机制不仅有利于党组织摸清党员底数，更是组织主动找党员、体现党组织温暖的表现。高埂街道的实践表明，

---

① 习近平．贯彻落实新时代党的组织路线 不断把党建设得更加坚强有力［J］．新长征（党建版），2021（1）：4－7．

对流动党员的“地毯式”摸排要紧紧抓住“摸清党员底数、查找失联党员”这两个关键环节，集中时间、集中人员、集中精力对流动党员进行摸排核查，建立台账，实时动态更新，确保对每个流动党员实现个人信息清、流动原因清、从业情况清、联系方式清。二是进行“多线程”联络。一方面采取“电话访、微信联、入户查”等方式，做好流动党员的日常管理和动态管理。另一方面通过线上线下相结合强化学习充电，如通过对在外流动党员依托“学习强国”、微信公众号等平台学习，打造全方位的“互联网+党员教育”模式；同时利用好节假日返乡时机，进一步开展好党员教育培训，引导流动党员在组织、思想、作风、纪律等方面始终保持共产党员先进性。

第三节　落实“双诺双评”，促办民生实事

党员公开承诺是创先争优的重要工作方法，是实践证明能激发基层党组织和广大党员创先进争优秀内在动力的有效手段。邛崃市火井镇在推行党员公开承诺制度的实践中，多措并举落实“双诺双评”制度，在服务群众、基层治理等方面发挥了积极作用，增强了党组织的凝聚力、向心力，使党的政治优势得到充分发挥，探索出具有本地特色的基层党建之路。

一、“双诺双评”开展的现实逻辑

党的二十大报告指出，“必须坚持在发展中保障和改善民生，鼓励共同奋斗创造美好生活，不断实现人民对美好生活的向往”。[①] 带领人民过上好日子，实现共同富裕是党对人民许下的庄严承诺，要实现这一承诺，需要每一名党员干部对标党的二十大精神，以实际行动对民负责、为民干事、为民谋福。公开承诺是党员外化于行、内化于心的重要工作方法。公开承诺制度是指基层党组织和党员结合本地本单位实际，对照职责任务和岗位要求，将履职尽责、发挥作用、服务群众等事项向社会和群众作出公开承诺，并采取有效措施保障承诺事项的落实，自觉接受社会监督的制度。

在各种复杂利益关系和人际关系的冲击下，部分党员干部思想意识有所滑坡，严重影响了基层党组织的政治形象和战斗力。例如，当前部分地区存在党员干部“为官不为”的现象，热衷于表面功夫而不注重工作实效，把主要精力放在完成上级部门安排的行政任务、各类统计数据和书面报告上，不关心群众的实际诉求，对群众反映的问题敷衍以对，在群众心目中留下“唯

① 习近平．高举中国特色社会主义伟大旗帜 为全面建设社会主义现代化国家而团结奋斗：在中国共产党第二十次全国代表大会上的报告［M］．北京：人民出版社，2022：46.

上不唯下”的不良印象。此外，部分党员在参与基层治理时存在思想上没下沉、行动上假下沉等问题，要么以工作忙、没时间等理由推脱基层党组织的任务安排，极少参与基层治理事务；要么人虽到场，但多敷衍了事、被动应付，较少为基层治理建言献策、主动作为，既影响了党员队伍的形象，又影响了党员在群众中的带动力。因此，党员承诺制度势在必行，其实质就是要破除“隐形党员”问题，唤醒党员意识，增强党员荣誉感、自豪感和责任感，切实发挥党员干部在基层治理中的示范带动作用。

火井镇地处邛崃市西南部，全镇总面积115.4平方公里，下辖8个行政村、1个涉农社区。火井镇以全国社区治理和服务创新实验区创建为契机，结合实验区建设要求与本土发展优势，创新探索了“党员公开承诺制”新模式，全镇9个村（社区）23个党支部700余名党员向党组织和党员群众作出“双向承诺”，接受“双向监督”，积极开展“双诺双评”，组织广大党员干部亮身份、践承诺、当先锋、办实事，有力推动了党员承诺践诺，促进党员提振精神、锤炼作风、履职尽责、干事创业，使党组织建设焕发了新的活力。

二、火井镇“双诺双评”的实践路径

为进一步夯实党组织战斗堡垒作用，充分发挥党员先锋模范作用，邛崃市火井镇积极推进“双诺双评”工作，以“双向承诺”明确和公开工作责任，以“双向述职”总结和报告工作进展，以“双向评议”监督和评测工作绩效。

（一）实行“双向承诺”，明确和公开工作责任

火井镇以签订《承诺责任书》的形式向各村（社区）党组织，同时向镇党委和党组织全体党员群众就全年工作目标作出“双向承诺”。履职承诺既要围绕全镇工作大局，在坚决执行上级党委和政府的路线、方针、政策和完成镇党委、镇政府制定分配的各项工作目标和任务上作出承诺，又要从发展实际情况和党员群众需求出发，在办实事、谋发展和加强自身建设上作出承诺。

首先是科学提诺。在提出承诺内容之前，所有村（社区）“两委”成员通过深入群众、广泛听取党员群众意见和建议，了解民情民意，归纳梳理出党员群众最关心的热点难点问题和亟须解决的实际问题。在此基础上，召开村“两委”会议进行集体讨论，主要在经济发展、民生工程、党的建设、社

会稳定、精神文明建设、自身建设六个方面提出目标任务，形成《承诺提议书》。

其次是集体审诺。村（社区）通过召开党员群众代表会议，对《承诺提议书》进行讨论，提出修改意见和建议，各基层党组织在吸纳各种意见和建议后认真修改《承诺提议书》，形成最终定稿并公示承诺内容。由火井镇党委精心指导，严格把关，确保承诺内容符合政策、符合实际、切实可行、避免走形式。

再次是公开承诺。党组织书记代表村（社区）党组织正式签订《承诺责任书》，向镇党委和基层党员群众作出公开承诺。《承诺责任书》依托村（社区）公示栏等载体予以公布，接受群众监督。一是会议公开。承诺的事项经领导班子集体讨论通过后，召开全体党员大会，公开承诺内容、完成期限、预期目标等。二是公示栏公开。在村党群服务中心、小区、院落等地将党组织和党员的承诺内容以及党员姓名、照片等予以公示。

最后是扎实践诺。党员根据承诺的内容和任务，切实履行职责，践行好承诺事项。一是建立目标责任制。党组织书记作为第一责任人，把党组织承诺的事项按照工作分管权责落实到每位班子成员，并建立目标责任台账。二是建立定期检查制。坚持一月一提醒、一季一点评、半年一检查、一年一总结，对落实不力的个人及时进行督促整改。对党员个人的承诺，党组织书记通过谈心谈话的方式引导党员认真践诺。三是建立跟踪服务制。党组织书记、党小组组长经常走访党员服务对象，对党员的践诺情况进行不定期检查督促，及时推广好的典型、经验和做法，并指出存在的问题和努力的方向；对未兑现承诺的，责令其进行整改。

（二）实行“双向述职”，总结和报告工作情况

“双向述职”要求村（社区）党组织班子既要向火井镇党委述职，又要向党员群众述职，上级党委和当地群众从不同角度对述职进行审议。“双向述职”每年一次，采用述职大会的形式，先由各村（社区）召开党组织班子向党员群众述职的大会，然后统一召开各村（社区）党组织向镇党委述职的大会。

首先是撰写述职报告。党组织书记负责主持述职报告的起草，包片领导进行指导。述职报告基本对照《承诺责任书》的承诺事项和《履诺具体方

案》中对履诺进度的要求，对一年来的工作进行客观总结，对于履行承诺不到位的事项进行分析，查找原因，并提出解决问题的办法和措施；对于遇到困难确实需要群众和镇党委提供帮助的，积极争取他们的支持；对于因客观原因造成目标不能完成的，做好解释工作，争取群众的理解。其次是召开党组织班子向党员群众述职大会。会议由村党组织书记代表村党组织就班子的工作进行述职，述职发言结束后，村（社区）党组织班子成员接受党员群众的质询，并当场进行回复或解释。最后是召开党组织班子向镇党委述职大会。各村（社区）党组织采取集中述职的方式，由镇统一组织召开述职大会，镇党委书记根据实地调查和党组织书记述职发言等综合情况，对各村（社区）的履职履诺情况进行评价。

（三）实行“双向评议”，监督和评测工作绩效

火井镇要求村（社区）党组织班子既要接受镇党委的考评，又要接受来自基层党员群众的评议，对党组织在执行政策、服务群众、为民办实事等方面进行综合评判，从而对党组织在促进村（社区）和谐稳定发展方面的努力和成绩给予立体科学的评价，真正达到“以评促述、以述促履”的目的。

首先是党员群众对党组织工作进行评议。在党组织班子向党员群众的述职大会上，全体村（社区）干部要分别就各自的工作成绩、自身的作风建设等向党员群众进行汇报，并按照满意、基本满意、一般、差四个档次接受评议。在述职发言和质询回复结束后，通过下发民主测评表，参会的全体党员、群众代表按照“好、较好、一般、差”四个档次对党组织班子的履职履诺情况进行满意度测评，公示测评和评议结果，并上报镇党委备案。

其次是镇党委对党组织工作进行评议。召开集中述职大会，在述职发言、领导点评结束后，通过下发述职评议表，参会的镇中层以上干部、各村（社区）党组织书记、党员代表和群众代表按照满意、基本满意、不满意三个档次对党组织班子的履职履诺情况进行满意度测评，按照优秀、称职、基本称职、不称职四个档次对村（社区）党组织书记进行评议，并将结果反馈到各村（社区）党组织。

最后，注重评议结果运用。为确保“双诺双评”的建立不流于形式、取得实效，火井镇党委将评议结果作为考核村（社区）党组织工作和村（社区）干部的重要依据，与评先评优、绩效考核等挂钩，对于评测和评议结果

排名靠后的党组织和干部，进行提醒谈话。

三、火井镇“双诺双评”的实践成效

“双诺双评”成为火井镇促进党员提振精神、确保党员履职尽责的重要手段，“双诺双评”的制度优势也逐步显现：通过科学定诺突出“两大重点”、严格评诺把握“三个坚持”、扎实践诺做好“四个导向”，进一步强化了党员意识，发展和维护了群众利益，构建了基层善治格局。

（一）科学定诺突出“两大重点”，有利于进一步强化党员意识

火井镇突出党内职责目标承诺和业务职责目标承诺两大重点，进一步强化了党员意识。一是抓好党内职责目标承诺，有利于进一步强化党员形象。“双诺双评”活动拓展了党员公开承诺的范围，重点发挥党员作用，将党员承诺扩大到村（社区）“两委”和党员的共同承诺，促进了村（社区）“两委”和党员干部共同发挥作用。基层党组织成员承诺事项侧重统筹落实责任、教育责任、监督责任、示范引领责任；普通党员侧重政治素质、执行纪律、道德品行、发挥作用，切实增强了承诺的针对性和实效性，履行了党员义务，发挥了党员作用，重塑了党员形象。

二是抓好业务职责目标承诺，有利于增强党员干部服务意识。火井镇各村（社区）党组织针对本村（社区）实际情况，将群众最关心的问题作为承诺的重要内容，提高了党员联系群众、服务群众和做好群众工作的本领。通过开展承诺，党员干部提出承诺事项和奋斗目标，并积极履行职责，进一步增强了责任意识和服务意识，为基层党组织和党员保持先进性提供了方式方法。全镇23个党支部700余名党员进行了承诺，承诺兑现率达到98%。

（二）严格评诺把握“三个坚持”，有利于维护和发展群众利益

火井镇坚持标准从严、公示承诺、严评承诺，确保了“双诺双评”开展效果，激发了“双诺双评”开展活力，促进了党员“履行评诺”中争优，更好地维护和发展了群众利益。

一是坚持标准从严，确保了“双诺双评”开展效果。火井镇对党员个人的承诺事项逐条进行审核把关，对不符合要求、内容空洞、联系实际不紧密、可操作性不强的，有针对性地提出修改意见，重新确定承诺事项。在火井镇，

无论是基层党组织还是党员开展公开承诺都坚持了实事求是的原则，严格按照相关环节和步骤规范操作，有助于“双诺双评”活动进一步具体化、务实化。2022 年火井镇累计承诺事项 1600 余件、实现践诺事项 1500 余件，确保了“双诺双评”开展效果。

二是坚持公示承诺，激发了“双诺双评”开展活力。火井镇以党组织为单位召开党员公开承诺会议，党员逐一进行公开承诺，签订承诺书 700 余份，并在党群服务中心、小区、院落设置党员承诺公示栏，主动接受党员群众监督，实现了党内监督和群众监督相结合，以点带面，扩大宣传面和影响力，让先进党员有了荣誉感、后进党员有了危机感、一般党员有了紧迫感。

三是坚持严评承诺，促进了党员“履行评诺”中争优。把承诺、践诺工作落实情况纳入党员干部个人年终述职和考评，每季度召开党员大会通报承诺执行情况，促使基层党组织和党员互学互比，奋力赶超，走在前列；引导基层党组织和广大党员高度重视公开承诺，积极主动地承诺、践诺；充分发挥了“双诺双评”的激励引导作用，不断激发党员干部承诺、践诺的内在动力，党员在评诺的结果中增长了本领，提高了素质，树立了形象，一批优秀的年轻党员崭露头角，其中 47 人被列为村级后备干部。

（三）扎实践诺做好“四个导向”，有利于构建基层善治格局

火井镇扎实践诺做好“四个导向”，进一步推动了基层党组织全面进步、全面过硬，密切了党群、干群关系，提高了群众满意度，提升了基层治理成效，构建起基层善治格局。

一是导向基层党组织建设，进一步推动了基层党组织全面过硬。实行“双诺双评”明确了责任主体，党组织书记作为第一承诺人，发挥示范带头作用，其他班子成员切实履行“一岗双责”，做好党内职责和业务职责，推动了基层党组织全面过硬。党员经常性教育管理机制促使党员积极开展党员志愿服务活动，引导党员立足岗位作贡献、争先锋，进一步增强了党组织凝聚力、战斗力，激励了党员主动融入中心、服务大局。

二是导向党群关系，进一步密切了党群、干群关系。火井镇广大基层党员立说立行，使党员的思想得到了升华，作风发生了转变，宗旨观念得到了增强；使群众看到了党的形象，听到了党的声音，感觉到了党的温暖，从而密切了党群、干群关系。

三是导向群众态度，进一步提高了群众满意度。在“双诺双评”实施过程中，基层党员大都把调处邻里纠纷作为先进性承诺之一，将矛盾化解在基层，维护了基层社会和谐稳定；部分基层党员承诺为农户提供技术指导或走访困难群众等，赢得了群众的信任，提高了群众的满意度，也增强了党员服务群众能力。

四是导向基层治理，切实提升了基层治理成效。“双诺双评”通过用情履诺、闭环评诺，在基层治理的“末梢神经”上集中发力，切实提高了基层治理的领导力、反应力、执行力，打通了基层治理服务群众的“最后一公里”。全镇党员干部围绕疫情防控、村（社区）发展治理、乡村振兴、集体经济等各项工作积极承诺、履诺，已完成承诺事项1500余件，引导党员带头示范，以党风带民风转变，切实提升了基层治理成效。

四、火井镇“双诺双评”的经验启示

“双诺双评”是党员公开承诺制的一种创新形式，把先进性体现在党员的行动中，使党员和群众打成一片，形成强大合力。火井镇通过搭建有效载体、密切联系群众、实现党领群治，为党建融合助力基层治理提供了切入点，成为推进基层党建的有效借鉴。

（一）搭建有效载体是党员承诺的前提条件

火井镇通过建立有效的双向承诺、双向述职、双向评议制度，推动基层党组织和党员干部明确公开工作责任、总结报告工作进展、监督评测工作绩效，充分发挥了基层党组织的引领示范作用和基层党员的先锋模范作用。实践表明，把握党员群众的关注点，坚持实事求是的原则，通过党员承诺找到发挥党员作用的有效载体，是党员公开承诺的前提条件。

一是把握党员群众的关注点。党员公开承诺的关键在于内容实在、方法简便、易于实行，因此，从一般的小事实事出发，围绕调处邻里纠纷、救助失学儿童、孝敬公婆等方面，找到为群众服务的支点，由党员根据自己的实际情况主动申报承诺内容，调动党员为群众服务的积极性，使党员承诺永葆旺盛的生命力。二是坚持实事求是的原则。根据党员实际确定承诺内容，做到既实在具体，又因人制宜，量力而行，尽力而为。在实践中注重教育引导，充分调动党员履行承诺的自觉性，加强督促检查，保证承诺兑现。同时要考虑党员在履行承诺过程中会遇到的困难和问题，为党员践诺创造良好条件。三是搭建有效的平台载体。制定完善的服务机制和合理的考评激励制度，创造优良的服务环境，让每名党员把身份亮出来，与群众充分交流沟通、谈心谈话，竭尽全力帮助群众解决实际困难。

（二）密切联系群众是党员承诺的根本要求

火井镇将群众最关心的问题作为承诺的重要内容，并将群众意见作为评议基层党组织和党员干部工作绩效的重要依据，提高了党员联系群众、服务群众和做好群众工作的态度和能力，增强了群众的参与感和满意度。实践表明，密切联系群众是党员承诺的根本要求，要以人民群众为中心，依靠群众，通过党员承诺增强基层党组织的凝聚力，体现党的先进性。

密切联系群众是中国共产党战胜各种困难和风险，不断取得事业成功的根本保证。坚持党的群众观点、群众路线，不断增进与群众的感情，是保持基层党组织先进性的落脚点。一是从党员着手。党员承诺不仅要对群众有感情，自觉地从政治的高度、全局的高度、事业成败的高度增进对群众的感情，而且要把这种感情具体内化为“谋民利、济民困、解民忧”的自觉行动，把解决群众生产生活中遇到的困难和问题当成“分内事”。二是从群众着手。衡量党的先进性的重要标准之一就是联系群众紧密性的程度，党员承诺增强了群众对村级事务和党员工作的认识，增强了群众的参与意识和监督意识，有利于提高群众对于基层党组织工作的认可度和配合度，从而增强基层党组织的凝聚力。

（三）实现党领群治是党员承诺的基本目标

火井镇探索党员公开承诺制度，通过基层党组织和党员公开承诺与及时履诺，带动广大群众参与基层公共事务和公益活动，形成了党领群治的治理格局，为构建现代基层治理体系、推进新型城镇化建设奠定了基础。实践表明，实现党领群治是党员承诺的基本目标，为此，要虚心接受群众意见，坚持不懈履行承诺，着力建设服务型党组织。

一是在群众评判中实现党领群治。评价党员作为不能只凭借上级意见和自我感觉，而应当倾听广大群众的意见，通过群众意见反馈及时调整改进基层党建工作。发挥基层党建的功能作用，将基层党组织的组织优势转化为基层治理效能。二是在坚持不懈中实现党领群治。按照党员承诺的要求，党员绝不能有松口气、歇歇脚的念头，更不能居功自傲、盲目自满。党员公开承诺需要长期坚持，如此才能使群众更加信任、拥护和支持我们党，才能真正为群众办实事、做好事、解难题。三是在推进服务中实现党领群治。基层党组织只有密切联系群众，转变工作作风和工作方式，从单纯执行上级任务的“命令型”党组织转变为满足群众需求的“服务型”“引导型”党组织，才能广泛赢得群众的信任和支持，夯实党的组织根基，逐步形成党领群治的治理格局。

第四节　开展“五融”党建，引领乡村振兴

农村基层党组织的凝聚力直接影响着党的路线方针政策和决策部署贯彻落实的效果，乡村振兴各项政策，最终要靠农村基层党组织来落实。当前，我国农村社会正处于深刻变化和调整时期，一些农村基层党组织软弱涣散等问题仍然存在，制约了党组织政治优势和组织优势的发挥，影响乡村振兴发展。将基层党建更好地嵌入农村治理，实现党建引领力、整合力、组织力，是基层党建工作必须面对和做好的工作。孔明街道郭山村位于邛崃市西南部，距城区 10 公里，与临邛街道、平乐镇、大同镇毗邻，生态环境优美，具有发展乡村旅游的生态基础。郭山村结合自身优势，以全国社区治理和服务创新实验区建设为契机，立足实际，坚持问题导向，以党建引领农村基层发展，以创新思维制定发展目标，以党组织为纽带实现党建融合发展，助推乡村振兴，谱写未来乡村发展新篇章。

一、“五融”党建的实施背景

党的二十大报告指出，要增强基层党组织的政治功能和组织功能，“激励党员发挥先锋模范作用”，“保持党员队伍先进性和纯洁性”。[①]《中共中央 国务院关于实施乡村振兴战略的意见》中也明确提出，“扎实推进抓党建促乡村振兴，突出政治功能，提升组织力，抓乡促村，把农村基层党组织建成坚强战斗堡垒。”[②] 可见，农村基层党建是构筑乡村振兴战略阵地的关键。

---

① 习近平．高举中国特色社会主义伟大旗帜 为全面建设社会主义现代化国家而团结奋斗：在中国共产党第二十次全国代表大会上的报告［M］．北京：人民出版社，2022：68.

② 中共中央 国务院关于实施乡村振兴战略的意见［M］．北京：人民出版社，2018：19.

（一）新时代农村基层党建的内在要求

新时代乡村社会发展面临新形势与新挑战，全面推进乡村振兴，对农村基层党建提出了新的要求。一是要发挥好基层党组织领导核心作用。这就要求农村基层党组织做好乡村振兴的引领者、村民自治的护航者和利益关系的协调者，在乡村建设发展中发挥组织力，牢牢把握工作的主动权和领导权，有效统领乡村各类社会组织，领导群众积极投身乡村建设。二是要提升党员干部综合素质。党员干部是农村基层党建工作的核心，全面实施乡村振兴战略，重点要突破“人才瓶颈”，打造高素质、高水平的农村基层党员队伍，以新思维更好地推动乡村振兴战略落地生根。三是要提高基层党组织创新能力。乡村振兴内涵的丰富性决定了农村基层党组织工作的全面性，要使乡村振兴战略在农村长久“扎根”，农村基层党组织必须结合农村实际，以创新思维制定发展目标，以创新工作方法激发乡村活力，以新面貌全面贯彻落实乡村振兴战略。

（二）郭山村农村基层党建的现实困境

中国共产党高度重视农村基层党建工作，农村基层党组织扎根在农村，最了解群众的诉求，是党在农村全部工作和战斗力的基础，是乡村振兴战略落地生根的领导力量。然而，实践探索中农村基层党组织仍面临自身建设、党员队伍、制度建设以及经济基础等方面难以解决的问题。聚焦郭山村，在实验区建设之前面临的现实困境主要包括：一是基层党组织致富牵引力不强，乡村人才不足，村党组织引领发展的本领还不够强；二是缺乏响亮的党建特色品牌，党建品牌与地方特色产业、资源禀赋等的结合还不够紧密，缺少独具特色、主题鲜明的党建品牌；三是农村集体经济组织运行不规范，村级集体经济组织资产管理制度、财务管理制度尚不健全，同时大部分村集体经济组织领头人缺乏市场经营理念，集体经济组织管理人业务素质有待提升，项目包装储备不足，集体资源资产盘活渠道不畅，发展壮大方式略显单一。基层党建困境使郭山村难以满足乡村振兴和新型城镇化建设的需求，在此背景下深化农村基层党建工作具有必要性与现实性。

二、“五融”党建的实践做法

郭山村充分发挥基层党组织战斗堡垒和前沿阵地作用，聚焦“融景”“融业”“融治”“融心”“融文”五个方面，着力打造精品旅游、培育精细农业、推动群众自治、对接群众需求、传承“孔明”文化，切实推动乡村治理工作走深、走细、走实。

（一）突出“融景”功能，打造精品旅游

郭山村突出“融景”功能，以生态与景区相融、林盘与民宿相融，打造精品旅游。一是生态与景区相融。作为邛崃市相对贫困村之一，郭山村坚持走“绿水青山就是金山银山”发展之路，探索生态价值转化。启动川西林盘风貌整治，把握茶兰林盘拥有的良好生态本底，大力推动基础设施建设、人居环境整治、风貌景观塑造、特色庭院打造等工作，着力打造特色林盘与茶兰景区交相辉映的聚落形态，努力把良好的生态资源转化为发展优势。二是林盘与民宿相融。村集体经济组织党员带头人紧锚茶兰种植园的乡村旅游发展本底，秉承“景观化、景区化、可进入、可参与”的理念，村党总支积极动员群众发展乡村旅游，由党员带头引导群众以租赁、有偿退出宅基地等方式参与民宿和文创项目开发。引入社会资本打造“椒兰山房·叠院”“椒兰堡”等文旅项目，改造农户庭院，引导农户完善配套设施，提升内部功能，增强接待能力，努力形成乡村旅游消费场景，完善旅游配套设施。

（二）突出“融业”功能，培育精细农业

郭山村突出“融业”功能，采取“合作社＋农户”方式，按照“企业＋基地”理念，树立特色产业品牌，带动合作社发展。

一是采取“合作社＋农户”方式，党组织领办合作社。为打消村民对成立合作社的疑虑，郭山村党总支召开党员大会和村民代表大会，组织党员、部分群众去典型合作社学习交流，了解怎样建合作社、村党支部领办合作社的优势、种植粮食作物的发展前景等，党员、群众代表以点带面加入合作社，激发广大村民的参与热情。郭山村党总支坚持“抓党建促增收”目标，对村党总支领办合作社全方位服务，划定党员产业示范带动区，实施统一选种、统一采购、统一服务、统一储存、统一销售的“五统一”模式，对青藤椒全

程托管。此外，结合党总支领办特点，完善合作社章程相关条款，明确社员的权利和义务，成立社员（代表）大会、理事会、监事会等机构及各项规章制度，严格落实财务会计管理制度，加强对合作社内部财务的规范化管理，合作社的经费均由社员大会通过、理事会统一管理，具体由理事长、财务理事长负责统筹，财务日清月结、当月公开。

二是按照“企业+基地”理念，树立特色产业品牌。郭山村发挥村党总支联合作用，联合企业、合作社，利用“微党校”“农民夜校”平台开设青藤椒种植的教学课程，重点培养党员能人骨干；引导农民种植青藤椒 800 余亩，成立藤椒合作社，通过引入社会资本组建藤椒油厂，开发出“麻达香”“万花针”等藤椒油国家商标品牌，形成集茶叶采摘、炒茶、品茶、售茶于一体的生态绿色观光产业链，打造特色体验项目和特色产品。

（三）突出“融治”功能，推动群众自治

郭山村突出“融治”功能，通过推行“三个自我”、营造“三个氛围”，聚焦群众自治。

一方面，推行“三个自我”。一是自我约束，党总支引导白兰花小区 55 户住户选举产生业主委员会，制定物业收费标准，讨论形成《小区公约》，在物业使用、管护方面订立行为规范；二是自我管护，针对老旧小区体量小、住户少，物业公司不愿入驻的实际，全体业主共同达成小区管护约定，确定 6 个巷道负责人，为住户划定管护责任区，按照门前“包卫生、包秩序、包绿化”的原则，落实管护和清扫责任；三是自我评价，按照小区管护约定，每月组织一次责任区管护评分，对达到管护标准的业主给予一定物质奖励。

另一方面，营造“三个氛围”。一是营造文明生活氛围，完善《郭山村民公约》，87 名党员联名发出《重树文明新风倡议书》，党员干部带头开展文化讲堂，引导群众破除陈规陋习，追求现代文明生活方式；二是营造崇尚典型氛围，传承好家训、好家规、好家风，用身边的人和事来教育和感动身边的人；三是营造和谐邻里氛围，发动群众策划举办邻里活动，以活动为载体，以兴趣爱好为动力，引导组建“趣缘”自组织。

（四）突出“融心”功能，对接群众需求

郭山村突出“融心”功能，通过开展暖心服务、公益志愿服务，对接群

众需求。一是开展暖心服务。升级改造郭山村党群服务中心，统一功能室标牌，取消上墙的内部制度，重新布局便民服务、微党校、农村书屋等十个服务功能，最大限度为群众提供活动场地；通过设置综合服务窗口，承担政务服务事项办理；通过去行政化、去办公化、去形式化，更换传统办公桌，拆除柜台，增设群众休憩空间，使便民服务更加人性化、亲民化。与此同时，更新党员学习方式，建立党支部班子成员、骨干党员结对联系流动党员、年老体弱党员机制，通过在线互动、定期辅导、“送学上门”等方式，开展思想交流、学习教育，为年龄大、身体羸弱、行动不便的党员创造学习条件。二是开展公益志愿服务。组建“趣缘”等群众自组织和志愿服务队，建立并实施“爱心储蓄，情系郭山”公益积分奖励机制；引入润叶社会工作服务中心，开展社区社会工作、老年社会工作、儿童社会工作。开展传统节日、每周六儿童书画班等社区文化活动，农村环境治理等城乡可持续营造活动，以及以绿道环保为主题的公益活动，以差别化、个性化的品牌公益活动精准对接群众需求、丰富群众生活。

（五）突出“融文”功能，传承“孔明”文化

郭山村突出“融文”功能，通过再现文化场景、提升活动形态，传承“孔明”文化。一是再现文化场景。孔明街道遗留有许多与诸葛亮有关的遗址，如欢喜坡、铁掌坝、马刨井和郭山村三凤山的躲兵槽。郭山村利用过去废弃的垃圾场，覆土填方建成孔明八卦台，周边配以木栏杆，竖立2米高的卡通诸葛亮雕塑，地面铺装八卦图，背景墙则以农村木柴垒筑而成。绿道一面锈铁镶嵌“郭山村”路标，雕像一面锈铁镶嵌“智慧孔明”，通过党员干部和社区规划师参与设计，再现孔明驻军屯田、挖井酿酒等历史故事，深入挖掘“孔明”历史文化积淀、寻找“孔明记忆”。二是提升活动形态。开展以“孔明”文化为主题的“小诸葛”品牌系列活动，与邛崃市图书馆共同策划阅读推广活动，以“看得见的三国”为主题，以少儿阅读活动为主线开展阅读分享活动，共同探讨三国故事中的历史文化；开展“小诸葛”青少年创意设计大赛，包含小发明、小论文、智慧闯关和科技游园四个项目，举办独具郭山村特色的活动，以“零门槛”“分学段”“创新创意融于一体”为理念，积极推动科技教育普及提升。

三、“五融”党建的实施效果

郭山村通过“五融”党建，突出重点，集中力量扎实推进，在推进乡村旅游、乡村产业、村民自治、志愿服务、传统文化等方面取得了良好效果。

（一）党建与乡村旅游相融，实现乡村可持续发展

郭山村通过党建与乡村旅游相融，实现了传统乡村向精品旅游乡村转变，巩固了乡村可持续发展之路。一是党组织引领聚焦乡村旅游重点领域，实现传统乡村向精品旅游乡村转变。郭山村党总支把发展乡村旅游作为乡村振兴的重要载体，拓宽乡村旅游产业发展思路，将美丽乡村与旅游产业融合发展，挖掘郭山茶兰景区，集聚原始的林盘、茶、木等资源，构建了“高品质、有特色、自然美、可持续”的乡村旅游林盘景区，推动全域景观化。2020 年，郭山村被授予“成都市实施乡村振兴战略推进城乡融合发展先进示范村”称号，实现了传统乡村向精品旅游乡村的转变。二是党员带领凝聚乡村旅游发展合力，实现传统乡村生态价值转化。郭山村通过政治引领、思想引领、行动引领，把党员的思想、行动、力量、智慧凝聚起来。党员干部引导农户以租赁、入股分红、货币置换等模式参与民宿聚落和文创项目开发，遵循传统川西建筑布局和建筑技巧，对 38 户院落进行了景观设计、庭院改造，引导农户提升内部功能，增强了游客接待能力，提升了农房风貌，实现旅游接待 6.05 万人次，旅游收入达 588 万元，从而实现转化传统乡村生态价值，探索出绿色、生态、可持续的乡村发展路径。

（二）党建与乡村产业相融，架起乡村振兴致富桥

郭山村通过党建与乡村产业相融，将党建引领的组织优势转化为产业发展优势，壮大了村集体经济，实现了村民增收致富。一是“党组织 + 合作社”，让组织“活”起来。郭山村通过成立邛崃市益民农发花椒种植专业合作社，村全体党员入社，将党组织的政治优势、郭山村的资源优势和合作社的经济优势有机结合起来，引导农民土地入股，形成党组织与群众的利益联结机制，增强了群众对党支部的依赖感和归属感，提升了支部组织的凝聚力和战斗力。二是党建服务解难题，让百姓“富”起来。通过实施“五统一”标准管理，有效解决了农户经营分散、技术落后、资金不足等难题，合作社吸

纳周边100余名社员务工，2022年6月支付社员人工、机械费30万元，9月按照1200元/亩土地租赁费提前向社员分红，分红总额96万元，实现了村民增收致富。三是党建引领谋发展，让产业“旺”起来。党总支引领合作社积极带领村民找项目、闯市场，布局专家指导站，积极链接成都市级扶贫资金、邛崃市级单位帮扶资金和农户自筹资金，公开招标购买优质藤椒苗发放给农户，建成1家青藤椒油加工厂，受益农户达224户647人，壮大了乡村产业规模。

（三）党建与村民自治相融，激活乡村发展内动力

郭山村通过党建与村民自治相融，培育良好乡风，提升了乡村面貌，激活了乡村发展的内动力。一是党建引领人居环境整治，提升乡村面貌。村党总支召集住户多次商议并确定改造方案，对房屋立面进行修缮，完成主干道路彩化，建成石板绿道，完善了路灯、停车场等配套设施；就公共绿地破坏严重、菜地种植杂乱等问题，村党总支充分征求意见，将菜地打造成微绿地和花园景观，美化庭院，高质量、高标准进行全方位环境整治。截至2022年底，清理各类垃圾1500余立方米，拆除各类废弃牌匾、清理违规菜园10余处，乡村环境得到有效改善。二是党建引领家庭教育新风尚，培育良好乡风。引导群众开展邻里活动，在无职党员中评选优秀党员4名，评选文明家庭16户、“好儿女、好公婆”14位，引导村民崇德向善，见贤思齐，传播向上向善向美的社区精神，增强了村民的文明意识，激发了其参与基层治理的内在动力。

（四）党建与志愿服务相融，凝聚党群干群向心力

郭山村通过党建与志愿服务相融，搭建党群“连心桥”，凝聚起了党群干群向心力。一是密切了干群关系。在村党总支的领导下，郭山村志愿服务队着眼于群众所需所盼，积极创新活动载体，将服务送到群众心坎上。截至目前，为空巢老人解决实际困难30件，送教关爱留守儿童60余人次，用实际行动发挥党员的先锋模范作用，拉近了党群、干群关系，增强了党支部的组织力和群众的凝聚力，使治理效能大幅提升。二是提升了服务水平。截至2022年底，开展防溺水巡河巡查160余次，劝离儿童26人，开展环境卫生整治19次，“两诈”宣传720余人次，安装反诈App 172人次，为乡村振兴各项工

作注入了强大动力，志愿服务成效明显。同时通过表彰奖励，激发了广大党员志愿者的服务动力，推动了志愿服务的常态化发展。

（五）党建与传统文化相融，提升乡村文化软实力

郭山村通过党建与地域文化相融，挖掘传统文化，开展特色活动，提升了乡村文化“软实力”，为乡村振兴添动力。一是党建引领文化符号，传播了文化正能量。村党总支吸纳老党员、乡贤建议，深入挖掘“孔明”历史文化积淀，手绘三国文化墙 20 余面，增强了村民归属感和荣誉感，充分发挥了“孔明”历史文化在基层社会治理和文明乡风涵养方面的作用。二是党建引领挖掘特色活动，提升了村民素质。郭山村通过举办“小诸葛”文化活动，让小孩子沉浸式体验、感知，在潜移默化中增进了亲子关系，促进了家庭和谐、邻里和睦。同时以普及地域文化为主，以点带面，将文化的核心力量推广至全域覆盖，带动了全域文化发展，提升了村民整体素质。

四、“五融”党建的经验启示

郭山村以“五融”党建为突破口，整合乡村发展中的各主体力量，挖掘各类潜在资源，构建与乡村振兴相匹配的组织网络和资源网络，将基层党建的组织优势转化为基层治理效能，探索了党建引领乡村振兴的有效路径。

（一）注重加强各类要素，保持党的先进性

打铁还需自身硬。乡村振兴战略是一项具有全局性、系统性和复杂性的工程，要通过加强要素支撑，构建坚强的基层党组织，不断提升党组织的组织力。

一是织密外部保障体系。党组织的引领力和整合力离不开机制和平台的创建，完整的外部保障体系是建强基层党组织的重要支撑。郭山村党总支通过改造便民服务中心，引领聚焦乡村旅游重点领域，将农村党建的目标任务、工作重点进行实化和细化，确保农村基层党建各项工作落地落实。从郭山村的实践可以看到，政策制度的出台为党组织提供了行动目标和行动要求，而目标能否实现，要求能否落地，则需要创建平台和机制。二是强化内部队伍能力。党员是党组织的细胞，党员发展状况关系到党组织整体状况。因此，如何从党员干部和普通党员入手，全面增强党组织行动能力成为关键，要加

大对党员干部的培训，建立有效的党员激励机制，发挥党员先锋模范作用，完善普通党员嵌入基层机制，建立点对点的党员联系基层制度。郭山村通过在线互动、定期辅导、“送学上门”等方式，提高党员工作能力；对党员志愿者给予表彰奖励，提高党员干部发展动力；党员干部带头开展文化讲堂，建立党总支班子成员、骨干党员结对联系流动党员、年老体弱党员等模式。

（二）注重融入各项工作，提升党组织引领力

在建强基层党组织基础上，为充分发挥党组织引领乡村振兴优势，要将基层党建充分融入乡村治理各领域，以党建促发展，以发展促党建，实现基层党建与乡村发展各项工作相互促进。

一是将基层党建融入乡村经济，实现党建融合经济发展。党组织可以借助组织延伸，充分撬动各主体的优势资源，实现资源集聚化发展，以党的组织优势激发经济发展的规模效益，激活乡村内部一切积极发展因素，增强乡村振兴发展的持续力，从而转变“输血式”乡村振兴发展模式，形成内部可持续、不断迭代升级的“造血式”发展模式。郭山村在党建引领下，以农、文、旅融合为导向，统筹分散闲置的资产资源，通过合作社开拓村级经济来源，以盘活内部发展资源的方式，变“输血”为“造血”。二是将基层党建融入乡村文化，实现党建引领文化振兴。在推动乡村振兴过程中，要充分发挥文化“软实力”的作用，推动农村新业态发展，增加农村产出，实现产业兴旺。以党风引民风，形成风清气正的良好社会发展氛围，借助党建引领开发文化资源的经济效益。如郭山村围绕党建引领文化振兴，以地域文化为主线，推动广大党员在家风、民风建设中走在前面，构筑积极向上的乡村文化生态，开发域内“孔明”历史文化资源，打造乡村振兴亮丽风景线。

（三）注重引领各类主体，提升党组织整合力

农村基层党组织引领乡村振兴，依赖于基层党组织对农村各主体力量的整合。整合企业、人民群众、社会组织等各类社会力量，织密纵横联动的基层党建网络，成为提升基层党组织整合力的关键。

一是构建经济发展共同体。在推动乡村振兴过程中，农村基层党组织如何引领产业发展、发挥产业的资源和技术优势，成为助力乡村振兴发展的关键，为此要充分发挥党组织的红色引擎作用，如郭山村通过重点培养党员致

富骨干，村党总支领办合作社，构建乡村经济发展共同体，搭建利益联结凝聚治理合力。二是构建社会治理共同体。随着新型城镇化进程的加快，基层社会治理问题变得更为复杂多样，以基层党建引领乡村治理，能够有效应对转型期乡村治理的复杂格局。为此要强化基层党组织和党员嵌入，推动党建体系精细化、层级化，形成与社会治理发展相匹配的党组织体系，进而发挥党组织和党员在社会治理中的引领作用，如郭山村通过推行“三个自我”、营造“三个氛围”，激发治理活力。

第三章 生态协同：自然村落的生态铸魂

自然村落是一个包括农业生产资源、以农耕文化为主要生产生活方式的人口聚居群落。自然村落拥有景色秀美的田园风光，凝聚着人类千百年来筛选、积淀、继承下来的民风民俗，承载着中华民族历史悠久的农耕文明和传统文化。近年来，随着我国社会结构加速转型、城镇化进程加快推进，乡村社会遭受到一定程度的破坏，村庄建设规划缺失、乡村人口流失严重、村落内聚力涣散成为乡村社会发展的桎梏，一个个自然村落逐渐没落、衰败甚至消失。因此，如何挖掘自然村落潜力、焕发自然村落生机成为乡村治理工作的关键。

基于此，邛崃市深入贯彻落实国家的方针政策，积极转变发展思路，立足区域生态资源和人文底蕴，以生态保护为前提，以绿色发展理念为指导，以因地制宜为原则，开启了以生态发展助推自然村落乡村治理提质增效、乡村振兴落地见效的新探索。一是推进乡愁与生态融合发展。二是推进生态宜居乡村建设。三是探索生态资源价值转化路径。四是发展乡村生态旅游。

第一节　三步融合，促乡愁与生态并轨发展

2013 年 12 月 12—13 日，习近平总书记在中央城镇化工作会议上指出，城镇建设要体现尊重自然、顺应自然、天人合一的理念，依托现有山水脉络等独特风光，让城市融入大自然，让居民望得见山、看得见水、记得住乡愁。① 会议正式提出了“乡愁”的概念，在国家层面明确了乡愁的重要性。“乡愁”不仅仅是人们心中的一种情感，还作为一种独特的乡村资源推动乡村发展，针对城镇居民的思乡怀旧需求，将乡村地区的山水生态、农耕生产、历史文化等资源转化为相应产品，以产生经济、社会、生态效益。基于此，泉水村作为邛崃市羊安街道的“乡愁经济”试点村，认真贯彻党的二十大报告精神，根据邛崃市乡村振兴的发展要求，立足自然村落的资源优势，推行“乡愁”与“生态”并轨。泉水村通过深入挖掘本村乡愁元素，并结合天然的生态文化资源，逐步构建了一、二、三产业融合发展的乡愁产业体系，在保护生态环境的基础上推动乡村经济发展，绘制出外有景观映衬、内有文化涵养的美丽乡村版图。

一、泉水村推进乡愁与生态融合发展的现实逻辑

泉水村的“泉水”二字缘起清朝嘉庆年间，因平地涌泉水入斜江、邛水而得名。泉水村位于邛崃市羊安街道西面，紧邻天府新区新能源、新材料产业功能区，全村面积 2.6 平方公里，辖 6 个村民小组 615 户 2250 人，其中党员 74 名，是省级“四好村”、成都市乡村振兴示范村和成都市百佳示范社区。工业化、城镇化的推进不断加剧了教育资源、医疗资源、就业机会在地理空间上的“聚集效应”，相较于乡村，城镇对劳动力的流向产生了更强的向心

① 中央城镇化工作会议在北京举行［N］. 人民日报，2013－12－15（01）.

力。作为典型的自然村落，泉水村大量人口外迁，面临着乡村产业发展活力不足、生态资源严重浪费、传统文化加剧流失的难题，亟须转变发展思路，充分利用现有条件，走出一条既符合发展实际又彰显时代底色的“泉水”新路子。

（一）乡村发展面临棘手难题

近年来，随着我国城镇化进程不断加快，越来越多的人口远离乡村、拥入城市。泉水村周边村民逐渐搬迁至新城区，青壮年外出打工人口逐年增加，导致该村逐渐成为远近闻名的留守村，由此带来了诸多乡村发展难题。

一是乡村产业发展活力不足，生态资源严重浪费。产业兴旺是乡村振兴的重点和基础，也是乡村发展的核心动力。一方面，随着泉水村大量青壮年劳动力进城务工，乡村人口的年龄结构、性别结构严重失衡，留守在乡村的大多是老人、妇女和儿童。他们的综合素质相对较低，缺乏以产业振兴带动乡村发展的观念和意识，也缺乏产业管理技术和经营能力，再加上受根深蒂固的传统小农经济思想影响，村庄的留守人员往往选择按部就班地进行生产生活，不愿意接受新理念、新技术，对现有产业提质增效的愿望并不强烈，进而导致了对乡村产业发展的不积极、不上心。另一方面，信息化发展和社会变革导致村庄共同体的功能逐渐失调，乡村社会关系的疏离和大量人口的单向外移，使泉水村许多乡贤和青年人不愿再回到村庄。人才流失使泉水村建设缺乏“带头人”和“智囊团”，缺乏先进的技术和经验支持，村庄内闲置的土地房屋、天然的绿色农业、传统的民俗文化等生态资源不能被有效盘活，常常处于资源浪费的困境中，乡村的生态资源无法转化为良好的经济效益和社会效益，泉水村可持续发展严重受阻。

二是传统文化流失加剧，文化生态资源利用率不高。乡村传统文化是乡村之魂，是美丽乡村建设的软实力。随着城镇化进程的推进，自然村落文化资源自身传承保护较弱，致使泉水村传统文化被忽略、被“边缘化”，出现了一定程度的衰落趋势。一方面，泉水村传统文化的传承主体缺失。在过去，村内的老人会将村庄历史悠久的文化传统、民俗风俗传授给年轻一代，邻里之间广泛传唱乡村歌谣。但如今，村庄空心化导致泉水村文化传承人才队伍薄弱，且部分村民对乡村传统文化的价值认识存在偏差，传统文化传承后继无人、日渐式微。另一方面，泉水村对传统文化的保护力度不够。泉水村在规划乡村建设时忽略了对乡村记忆、历史建筑和传统文化遗存的保护，集中表现为重硬件设施、轻文化特色。由于长期空置、年久失修、保护不力，许多别具特色的庙宇、祠堂、碑刻、戏楼、旧址等处于被遗弃、被闲置或被摧毁的困境中。在生活愈加便捷的今天，一些诸如手工刻章、磨剪子、吹糖人等民间传统工艺，以及诸如舞蹈、皮影戏、戏曲等民间文化艺术也正从大众的视线中慢慢消失。

（二）乡愁经济展现强大效能

乡愁，是中国发展的记忆，是联系传统和现代、城市和乡村的纽带。在传统村落与现代城市的碰撞磨合中，乡愁作为一种独特的资源发挥着重要的治理价值，即乡村发展乡愁经济实现产业振兴和农民增收。从广义上来看，乡愁经济就是以市场为导向，以乡愁传统文化元素为内核，结合各类乡愁资源，融合多种经济形式，从而促进乡村产业发展，实现乡村振兴的一种复合型经济理念。这种新型的经济发展模式从根本上转变了乡村以往仅仅立足于传统农业生产和工业化推进的发展思路，主张将本土特色融入乡村经济发展的各个环节，有利于促进乡村经济的多样性与稳定性发展，能够为泉水村破解乡村发展难题提供新思路。

一方面，发展乡愁经济能够强化村民的村庄共同体意识。发展乡愁经济的两大主体分别是留下来的“村里人”和走出去的“城里人”。对于泉水村留下来的人来说，伴随乡愁经济发展而来的文化活动更加丰富、生态环境更加宜居、邻里关系更加融洽、社会秩序更加有序，不仅能够丰富他们的精神世界，更能增强他们对村庄的归属感和认同感，强化村庄共同体意识，从而更加热情主动地参与乡村发展工作。对于走出去的人来说，乡愁经济的发展能够使他们重新联结家乡，吸引他们重返故土找寻儿时的记忆，感受到从前一直忽略的乡土文化。另一方面，发展乡愁经济能够保护传统文化，推进产业振兴。乡土文化、乡土特色、乡土优势是发展乡愁经济的重要资源，将泉水村自然风光、民俗文化、闲置土地、现代农田、乡贤能人等资源充分整合，形成独具特色的乡愁经济发展新模式，不仅使泉水村传统文化得到保护与传承，还能促进泉水村产业的转型升级，使村民的收入水平和生活质量得到进一步提升。

二、泉水村推进乡愁与生态融合发展的核心议题

泉水村人解放头脑、拓宽思路，充分发掘本地资源，探索乡愁新经济业态，通过“凝聚乡愁，经营乡愁，留住乡愁”三步法，将泉水村的区位资源、生态资源、空间资源、文化资源等统筹转化为农康文旅协同发展的动能，践行出“活化乡愁，转化业态，优化发展”的乡村治理新路子。

（一）以基层党建为引领，凝聚乡愁

农村基层党组织是党在农村全部工作和战斗力的基础，是乡村建设中的中坚力量和决定性因素。泉水村抓牢抓好基层党建，为发展乡愁经济打好坚实基础，为推进乡村发展汇集强大动力。

首先，乡村发展凝聚新力量。泉水村党总支通过下设青创、惠民、农场和文明志愿 4 个党支部，与成甘工业园开发建设有限公司、爱敏特新能源技术有限公司、爱尔眼科等“两新”党组织结对，横纵合力，构建了牢固的组织架构（见图 1）和优秀的组织队伍，拓宽了本土党员视野，并将“两新”活力引入了乡村治理工作。

其次，充分发挥党员的模范带头作用。泉水村党总支积极邀请外出务工党员回乡创业，利用家乡特色资源和现代信息技术，发展家乡经济，共谋致富之路。多名返乡党员加入农场支部，先后成立以“古色果香”家庭农场为代表的合作社、农场共计 20 个。党员带头汇集乡愁资源，带动村民搜集家乡的老物件、老建筑、传统文化共计 100 余件（条）。

最后，带动广大村民一同为乡村发展出谋划策。泉水村竭力挖掘培育新乡贤，定期开展乡贤沙龙，更新产业发展思路，形成一系列科学性高、可操作性强的发展方案。定期举办开放式坝坝会，汇集民意，开放议事，梳理需求和问题“两张清单”，找准热点、难点问题，党员、乡贤与村民一起共商发展规划，讨论形成了乡愁新经济发展思路。

（二）以农康文旅为依托，经营乡愁

农康文旅产业是乡村的优势产业，也是发展乡愁经济的关键要素。乡村虽然在资金、专业人才、科学技术、基础设施、公共服务、市场信息等方面存在短板，却拥有丰富的农业资源、康养资源、文化资源和旅游资源，这些

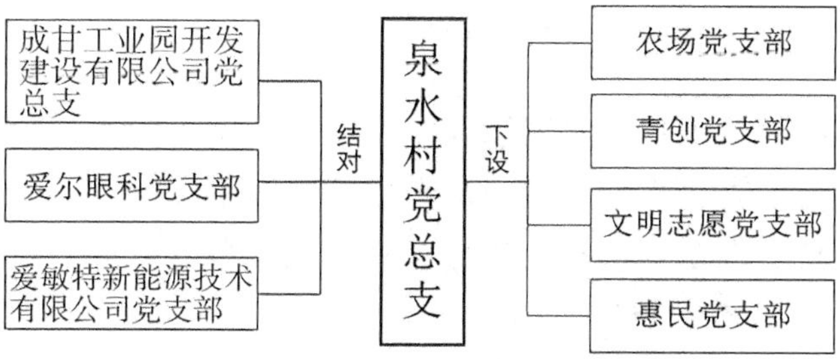

图 1　泉水村党组织架构

资源在突破传统农业发展难点、打造乡愁文化品牌、推动乡风文明等方面具有优势。泉水村重新挖掘和梳理现有农康文旅资源，突出产业支撑作用，逐步激活乡愁经济。

一是发展现代农业。泉水村积极整合土地资源，依托农业延伸产业链，推动传统农业转型升级，形成以集体土地流转入股合作的公司化果蔬种植农业发展模式，在此期间共培育特色农产品品牌 2 个，逐步提高了农产品附加值，提升了农业发展空间。二是探索老年康养。泉水村利用闲置房屋资源，收集并整合城乡老年人的健康颐养需求，新建老年中心以提供老年护理活动服务，同时与成都市第三人民医院签约合作，开展以常态化康复理疗、常见病治疗、慢性病治疗、养生为主的医疗服务，逐步形成医养结合的老年康养产业体系。三是培育文化产业。泉水村积极与“古色果香”家庭农场合作，深度挖掘乡愁文化，培育“文峡”“斜江河”两个系列文创品牌，开发“石牛坊”“宝器酒”“木缘情”等系列产品 7 个。同时大力发掘泉水新乡贤，通过乡贤引入“王宝器”等民俗文化资源。四是推广民俗旅游。泉水村立足于本村的独特院落样貌、村庄布局和建筑风格，进一步深化农村生态内涵，深度挖掘抽象、具象的乡愁元素，并结合本村特有的民俗元素逐步形成了以农业体验园、亲子农作物实践田、乡愁博物馆为载体，以融媒体为宣传手段的乡愁体验式旅游产业，吸引游客体验乡村文化。五是创新乡村体育。泉水村结合毗邻园区的特点，新建五人制标准足球场、开放式篮球场等公共设施，打造开放共享的活动阵地，积极策划乡村体育活动，开办义善缘少儿足球训练营，举办少年足球赛，逐步创新发展乡村体育经济。如今，通过资源转化经营，泉水村逐步形成了本村特有的集果蔬种植、特色康养、民俗文化、乡村旅游、乡村体育于一体的乡愁经济发展新模式。

（三）以多方参与为支撑，留住乡愁

乡村发展不仅仅是基层党组织和政府的事，普通村民、乡贤、党员、企业、社会组织等主体更要广泛参与、充分发挥作用，乡愁经济的发展同样也不例外。泉水村坚持多方参与的工作思路，汇聚多方力量，共同发力，以多种方式促进乡愁经济可持续发展。

一是动员村民参与，打造泉水乡愁特色。一方面，泉水村通过在小区成立院落管理委员会、环境和物业管理委员会，统筹盘活环境资源；在林盘建立管理小组，落实田间林盘环境提升工作；在小组建立“双生议事会”，将生产生活事务和乡愁经济事务整合，形成“不管大小，村内事大家一起谋划”的议事格局。另一方面，泉水村申请社区嵌入养老项目，开办助餐食堂，为附近居民提供居家养老服务，进一步提升老年康养服务质量；邀请民俗、艺术专家，指导组建社区文艺队、象棋队、腰鼓队等文创组织 5 家，定期开展各项文化活动，渲染乡愁气息；策划、提炼形成“小背篼”“泉水百叟宴”等多个乡愁文化品牌，开展小背篼公益行——“垃圾分类，生活美味”“拾彩添景・聚美小巷”系列环保公益活动，打造精致“微场景”，进一步提升乡村文化价值。

二是发动社会力量，为乡愁经济发展注入新的活力。泉水村邀请爱心企业、爱心人士、党员群众积极筹资成立了泉水村基金，强化公共资金储备；邀请专家参与乡村规划发展建设，活化“泉水故事”。

三、泉水村推进乡愁与生态融合发展的实践成效

乡愁不仅是乡村的文化形态，也是推进乡村发展的特色资源。作为以“乡愁”为要素带动乡村发展的新模式，乡愁与生态融合发展能够充分挖掘整合乡村农业、文化等生态资源和乡愁旅游资源，将“传统”与“现代”有机结合起来，形成一套产业发展体系。这不仅以商业供给的手段满足了城镇居民多样化需求，也改善了村庄环境，为村庄和村民带来了实质性好处。泉水村的“生态”与“乡愁”并轨之路推动了村强民富，拓展了新时代乡村振兴路径。

（一）环境更美，增进了村民生活幸福感

2021 年 12 月，中共中央办公厅、国务院办公厅印发的《农村人居环境整

治提升五年行动方案（2021—2025 年）》强调，“全面提升农村人居环境质量，为全面推进乡村振兴、加快农业农村现代化、建设美丽中国提供有力支撑”。[①] 泉水村坚持“环境整治在前，经济发展在后”的理念，依托乡愁资源和传统文化稳步推进乡村建设，给村民生活带来切实变化。

一是生活环境明显改善。通过乡愁文化的挖掘和生态内涵的凝练，泉水村实现了“改头换面”：村内道路干净整洁、房前屋后洁净有序、文明标语随处可见、房屋墙体上绘有社会主义核心价值观的精美壁画……整个村庄焕发出文明有序的新气象。通过推进“生态”与“乡愁”融合发展，泉水村不仅美化了村庄环境，提升了村庄宜居、宜业、宜文和宜游水平，更推进了泉水村美丽乡村共建、共赢、共享“三部曲”的实现。生活在这样一个景色秀美、基础设施完善、历史底蕴深厚的村庄，泉水村村民的幸福感和满足感大大提升。

二是生活质量大大提升。泉水村依托现有居家养老资源，以“无偿＋低偿＋有偿”模式探索“嵌入式”养老服务。开办“老年食堂”，率先试点实施社区老年人助餐服务，构建“15 分钟助餐配餐服务圈”，辐射羊安新材料新能源产业功能区，有效解决了老人日间照料问题，构建起养老、孝老、敬老的社会环境，实现“老有所养、老有所依、老有所乐”，切实提升村民获得感、幸福感、安全感。

（二）资源盘活，提升了乡村文化价值

乡愁是文化与经济的融合体，一头连着历史，一头连着未来。囿于以往重经济发展的理念和资源利用能力，泉水村忽视了对乡村文化的保护，造成传统文化的大量流失和生态资源的闲置浪费，使乡村文化处于逐渐萎缩、消失和无人继承的境地。泉水村通过重新挖掘乡村特色，盘活乡愁文化资源，其历史传统、农耕文明、乡土风情等乡愁文化资源得到有效开发与利用，成为新的生产要素，在生产经营过程中与其他生产要素产生“化学反应”，形成了特色鲜明的文化名片，彰显了泉水村的文化底蕴，进而实现以文化品牌效应带动乡村发展，乡村文化价值得到显著提升。同时，在乡愁文化资源整合和开发利用的过程中，村民对乡村文化产生强烈价值认同，文化居民、文化

---

① 农村人居环境整治提升五年行动方案（2021—2025 年）[EB/OL].（2021－12－05）[2023－10－31]. http://www.gov.cn/zhengce/2021－12/05/content_5655984.htm.

悦民、文化惠民的作用得到充分发挥，逐步推动乡土文化“软实力”成为乡村振兴的“硬支撑”。

（三）人才汇聚，激发了自然村落新活力

在工作压力大、生活节奏快的当下，“望得穿山水，也见得到产业；记得住乡愁，也看得到奔头”，已成为越来越多泉水村村民和回到村子发展的年轻人的共识。他们对泉水村有着深切的感情，愿意为村庄发展作出贡献，激发出乡村发展的新活力。

一是村民参与乡村建设的主动性和积极性逐渐提高。乡愁经济将产品收益以更科学的技术、更独特的村落文明反馈给乡村，让村民意识到自身对乡村发展的价值，从而增强其积极性与自信心。如今的泉水村，支部强、产业旺、环境美、村民富，对于村民来说，村庄不仅仅是生产生活的聚居地，还是他们的休闲场所和精神家园。村民对村庄的认同感和归属感增强，更加关注村内的公共事务和涉及产业发展的相关问题。同时，由于村党支部为村民建言献策成立了组织、构建了机制、提供了场地，村民们有了表达意见的渠道和场所，更加积极主动地参与乡村建设和生态保护，村民的主人翁地位得到充分发挥。

二是人才“引得回、留得住”。在三产融合发展的推进过程中，泉水村通过优美的乡村田园风光和富含家乡文化的产品、服务让乡愁生根，唤醒那些多年前“背井离乡”的人的家乡记忆，满足他们对田园生活的梦想，从而吸引精英归根，使大量的人才开始了返乡创业的征程。此外，由于村内各项配套设施完善，就业前景可观，越来越多的年轻人打消了外出务工的念头，将精力放在本村的产业发展中，昔日人口流失严重的泉水村如今重新焕发出勃勃生机。

（四）产业优化，带动了农民增收致富

2022年中央一号文件强调，要持续推进农村一、二、三产业融合发展，鼓励各地拓展农业多种功能、挖掘乡村多元价值，确保农业稳产增产、农民稳步增收、农村稳定安宁。[①] 泉水村通过不断探索乡愁与生态融合发展的模

① 中共中央 国务院关于做好二〇二二年全面推进乡村振兴重点工作的意见［N］. 人民日报，2022-02-23（01）.

式，有效带动了产业发展，提高了村民收入。

一是完善了乡村产业发展体系。由于多年的耕种经验和历史传统，以及自然条件和建设理念的束缚，过去泉水村仅依靠第一产业获取经济收入，因此经济发展落后，产业结构单一，产业布局不合理。如今依托乡愁元素和现代化技术手段，泉水村加快推进传统产业转型升级，重新规划村庄产业布局，转变了农业发展方式，提高了对乡村工业和乡村旅游业的重视程度，逐步构建了一、二、三产业融合发展的乡愁产业体系。

二是提高了村民的收入水平。泉水村在原有产业结构的基础上，成立了专业化农民合作社和股份有限公司，推动乡村特色精品生产、产业加工物流、休闲观光康养、民俗文化体验及其他新兴产业的发展，优化乡愁要素再生配置，创造了大量就业机会，帮助本村富余劳动力、就业困难人员实现了就近就业和灵活就业。泉水村集体资产由 2010 年的 60 余万元增长到 2020 年的 300 余万元，农民人均可支配收入由 2010 年的 6000 余元增长到 2020 年的 25369 元，实现了村民的致富增收。

四、泉水村推进乡愁与生态融合发展的经验启示

泉水村在推进乡村振兴的过程中紧紧抓住“乡愁”这一关键词，充分挖掘乡村振兴中的乡愁元素，以村庄原有的生态资源、文化资源为依托，以三产融合为途径，进行了乡愁与生态融合发展的成功探索，实现了人与自然的良性共处，为其他地区自然村落向新型城镇化过渡提供了可借鉴的经验。

（一）坚持本土特色与时代意蕴深度融合

不同地区的乡村有着自然环境条件、历史文化传统、经济发展基础等方面的差异性。泉水村立足于村庄乡愁文化特色和自然禀赋，生态与乡愁融合发展产生了良好效益。可见，乡村建设要因地制宜，充分挖掘本村乡愁资源，同时融入时代内涵，形成特点鲜明的“一村一策”。

一是立足于乡村实际，彰显乡村特色。一方面，要保持乡土本色，深度挖掘本土原汁原味的元素。各村庄对积淀下来的自然生态、文史典籍、民间故事、红色文化、农耕文化进行系统整理、挖掘和分类，形成独特的文化品牌、旅游品牌和农业品牌，有针对性地发展各类乡愁产业，盘活乡愁经济。另一方面，要注重对乡村文化的传承与保护。基层政府要高度重视乡村原有

的自然环境与文化特色，建立健全相关的约束和激励机制来加大对传统乡村文化的保护力度，从而有效抑制城镇化进程中破坏乡村文化肌理、过度商业化开发乡村文化产业的现象。同时，村“两委”、乡贤等乡村人才要充分发挥模范带头作用，积极向村民宣传乡村文化的独特价值，进一步提升村民的文化自觉和文化自信，逐步形成重视乡村文化、传承乡村文化、保护乡村文化的浓厚氛围。

二是与时俱进，彰显时代价值。村庄可借助抖音、快手短视频平台加大宣传推广，培育本土“网红”，或以短视频的形式吸引更多的城镇居民和“在外游子”来乡村旅游，抑或以直播带货的形式拓宽农产品销售渠道，为村庄带来经济性收入。同时，在设计文创产品时引入“网络热词”等当下流行元素、“尊老爱幼”等新时代乡风文明元素和“团结互助”等社会主义核心价值观元素，在弘扬传统文化的同时，也谱写出自然村落农村现代化的时代乐章。

（二）坚持党建引领与村民参与互联互动

支部引领强核心，党的领导一直是扎实推进我国乡村振兴工作的核心，中国共产党具有植根于社会基层的组织网络和强大的组织力。推进乡愁与生态融合发展，最根本的就是要充分发挥基层党组织的引领作用，带动村民积极参与乡村建设，从而提供组织保障和动力支撑。

一方面，党建引领是发展乡愁经济的关键推手。要实现乡愁资源和乡村振兴的有效衔接与良性互动，最基本的就是要发挥地方党委和政府的引领作用。① 首先，需要做好规划指导。地方党委和政府应加强对不同村庄特点的挖掘，做到既有整体性的统筹规划，也有差异性的特色呈现。村党支部要在广泛决策的基础上提出对乡愁经济发展的总体要求和建设规划，为农康文旅等乡愁产业的推进提供方案性指导。其次，要强化组织带动作用。地方政府部门应为自然村发展乡愁经济提供项目、资金、智力等方面的支持，村党支部的干部、青年党员要以高度的自觉性和积极性投身于乡愁资源的开发与利用，并身体力行地带动村民参与其中。

---

① 黄振华，陈梓清．记得住乡愁：乡村振兴的路径选择：基于云南大理的实践与思考［J］．党政研究，2022（2）：93－100.

另一方面，村民参与是发展乡愁经济的内生动力。基层党组织应注重对村民参与机制的构建。首先是建立认同机制，要发挥村内老党员、老干部、老教师、土专家等乡贤的影响力、号召力，支持和引导他们带领村民关注村庄发展、参与村庄事务，担负起传承乡村文化、推进乡村建设的使命。其次是建立自治机制，即通过议事协商等自治方式使村民参与乡愁经济发展的规划建设，在此过程中村民的主体地位得到了体现，这不仅有利于形成可行性更高的发展方案，而且有利于提升乡村建设行动的正当性。

（三）坚持生态保护与产业振兴和融共进

《农业农村部关于拓展农业多种功能 促进乡村产业高质量发展的指导意见》强调，要“坚持生态优先、绿色发展，实现保护与开发并举、生产与生态并重”，进而“推动农业高质高效、乡村宜居宜业、农民富裕富足”。[①] 泉水村的生态与乡愁融合发展之路充分体现了当地将生态保护置于乡村建设工作的首位，强调了在保留村落原有样貌底蕴的同时，推进乡村产业振兴。

一是坚持保护优先理念。失去了山清水秀、天蓝地绿的乡村人居环境和景观特色，离开了淳朴真实的民风民情，没有了以绿色食材为原料的风味特产，就丧失了发展乡愁经济的根基。因此，在发展乡愁经济时，要时刻谨记保护乡村的绿水青山和田园风光，保护传承多年的村庄布局和建筑风貌，在保持生态平衡的基础上绘就一幅自然与人文交相辉映的唯美画卷，使村落永葆生机。

二是培育具有地方特色的乡愁产业体系。借鉴新时代融合发展、跨界创新的理念，以留住乡愁、赞美乡愁、守护乡愁为主线，以乡村农康文旅资源为特色优势，以食、住、行、娱、购为方向打造乡创产品，在保护乡村生态的基础上进行合理开发。同时，不断完善产业要素，逐步形成集民俗旅游、美食品鉴、休闲观光、农业体验、节会博览、文创产品加工等于一体的乡愁产业体系，以产业振兴带动乡村发展。

---

① 农业农村部关于拓展农业多种功能 促进乡村产业高质量发展的指导意见［EB/OL］.（2021－11－19）［2023－10－31］. http://www.gov.cn/zhengce/zhengceku/2021－11/19/content_5651881.htm.

第二节　三色引领，优化宜居场景凝聚民心

党的二十大报告强调，全面推进乡村振兴，“统筹乡村基础设施和公共服务布局，建设宜居宜业和美乡村”。[①] 生态宜居乡村建设既是习近平总书记“绿水青山就是金山银山”理念的延伸，也是新时代推进乡村可持续发展的重要探索。生态宜居中的“生态”是以尊重、保护自然为前提，坚持绿色发展，通过保护生态环境、挖掘生态资源、发展生态产业，推动乡村物质财富与生态财富共同增长、生活水平与生活质量同步提升；生态宜居中的“宜居”是通过改善人居环境、营造充满人文关怀的乡村氛围，让村民安居乐业，获得归属感。通过生态保护与人居环境改善的协同推进，生态宜居乡村不仅能达到生产、生活和生态的有机统一，实现乡村的宜居、宜业和宜游，还能将城市的科技、资金、人才等资源引入农村，促进城乡融合发展，缩小城乡差距，推进农村农业的现代化。基于此，邛崃市高埂街道火星村将生态宜居作为乡村建设工作的重点，在总结生态宜居乡村建设难题的基础上，借鉴我国其他地区的实践经验，并结合自身生态资源优势和红色文化内涵，探索红色文化、绿色场景、特色产业相结合的“三色引领”模式，创新性地走出了一条生态与人文、活力、经济相耦合的建设之路，绘制了一幅百姓富、生态美的新时代乡村画卷。

一、我国推进生态宜居乡村建设的既往探索

乡村生态宜居建设是提升农民生活质量的关键举措。为保证乡村振兴战略有效实施、加快推进农业农村现代化建设进程，中央制定出台了生态宜居

---

① 习近平．高举中国特色社会主义伟大旗帜 为全面建设社会主义现代化国家而团结奋斗：在中国共产党第二十次全国代表大会上的报告［M］．北京：人民出版社，2022：32.

乡村建设的相关政策，各地也随即开展了丰富多样的实践探索，为火星村开展生态宜居乡村建设提供了指导借鉴。

（一）生态宜居乡村建设的理论基础

生态宜居乡村建设是乡村振兴的重要任务，也是推动农村、农业高质量发展的现实需要。在政策层面，中央陆续出台多项相关政策，为地方推进生态宜居的美丽乡村建设实践提供了顶层指引。

党的十六届五中全会高度重视生态文明的重要性，提出要按照“生产发展、生活富裕、乡风文明、村容整洁、管理民主”的要求，扎实推进社会主义新农村建设。① 党的十八大报告也涉及了生态宜居这一概念的相关内容，即生活空间宜居适度和生态空间山清水秀，这是将生态环境与生活宜居相融合的新建设理念。② 党的十九大报告首次提出了乡村振兴战略，并将生态宜居作为乡村振兴的总体要求之一，这在国家层面正式明确了生态宜居乡村建设的重要性。2018 年 2 月，中共中央、国务院正式发布的《关于实施乡村振兴战略的意见》指出：“良好生态环境是农村最大优势和宝贵财富。必须尊重自然、顺应自然、保护自然，推动乡村自然资本加快增值，实现百姓富、生态美的统一。”③ 2018 年 6 月，中共中央、国务院发布的《关于全面加强生态环境保护 坚决打好污染防治攻坚战的意见》强调，要“以建设美丽宜居村庄为导向，持续开展农村人居环境整治行动”④，这是对生态宜居乡村建设在政策层面的进一步推进。2021 年 10 月，中共中央办公厅、国务院办公厅印发了《关于推动城乡建设绿色发展的意见》，指出要“坚持人与自然和谐共生，尊重自然、顺应自然、保护自然，推动构建人与自然生命共同体”⑤。2021 年 12

---

① 中共中央第十六届五中全会公报［EB/OL］.（2008－08－20）［2023－10－31］. http://www.gov.cn/test/2008－08/20/content_1075344.htm.

② 坚定不移沿着中国特色社会主义道路前进 为全面建成小康社会而奋斗［N］. 人民日报，2012－11－09.

③ 中共中央 国务院关于实施乡村振兴战略的意见［EB/OL］.（2018－02－04）［2023－10－31］. http://www.gov.cn/xinwen/2018－02/04/content_5263807.htm.

④ 中共中央 国务院关于全面加强生态环境保护 坚决打好污染防治攻坚战的意见［EB/OL］.（2018－06－24）［2023－10－31］. http://www.gov.cn/zhengce/2018－06/24/content_5300953.htm?from=timeline.

⑤ 中共中央办公厅 国务院办公厅印发《关于推动城乡建设绿色发展的意见》［EB/OL］.（2021－10－21）［2023－10－31］. http://www.gov.cn/zhengce/2021－10/21/content_5644083.htm.

月，《农村人居环境整治提升五年行动方案（2021—2025 年）》出台，明确了“到 2025 年，农村人居环境显著改善，生态宜居美丽乡村建设取得新进步”的工作目标，成为“十四五”时期推进生态文明建设、建设生态宜居乡村、推动农业农村现代化的科学行动指南。①

（二）生态宜居乡村建设的实践探索

从“村容整洁”到“生态宜居”，乡村振兴战略的提出足以证明生态宜居是关乎乡村振兴战略实施效果和农村现代化进程的重要因素。在一系列政策文件的出台下，生态宜居乡村建设实践在各地如火如荼地开展起来。整体来看，各地生态宜居乡村建设主要围绕以下三方面进行。

一是整治农村人居环境。各地立足村民的根本福祉，相继开展厕所革命、村庄道路清洁、生活垃圾污水处理等改善生活环境的广泛实践，扭转了农村长期以来的“脏乱差”局面，村庄环境基本实现整洁有序。2021 年全国乡绿化覆盖面积达 89086.41 公顷；全国乡生活垃圾中转站 9349 座，乡公共厕所 36538 座；全国 3025 个乡对生活污水进行处理，乡污水处理厂 2199 个，污水处理能力达 122.04 万立方米/日。②

二是改善农村基础设施。在推进生态宜居乡村建设的过程中，基层往往通过建设农田水利基础设施网络、修缮村庄老化道路和危桥、实施连片供水项目、配套商铺网点和农贸市场等便民利民服务、构建现代供电体系来推动农村基础设施提档升级，打造生活便捷、幸福指数高的宜居场景。2021 年全国集中供水的行政村达到 366460 个，供水普及率达 85.33%；全国村庄燃气普及率 38.19%，集中供热面积达 35324.58 万平方米。③

三是以乡村旅游业带动发展。优质的生态环境和自然景观是乡村最大的优势，是建设生态宜居乡村最宝贵的资源。在生态文明理念的指引下，村庄立足于本土农业基础和生态资源，聚焦乡村民宿、农家乐等新兴经济模式，

---

① 中共中央办公厅 国务院办公厅印发《农村人居环境整治提升五年行动方案（2021—2025 年）》[EB/OL].（2021-12-05）[2023-10-31]. http://www.gov.cn/zhengce/2021-12/05/content_5655984.htm.

② 中华人民共和国住房和城乡建设部. 中国城乡建设统计年鉴 2021 [M]. 北京：中国统计出版社，2022：162-163.

③ 同②184-185.

发展集观光游览、休闲娱乐、农田体验等项目于一体的乡村旅游业，壮大集体经济收入，吸引工商资本进入乡村，从而带动乡村发展。

（三）生态宜居乡村建设的瓶颈难题

十余年的生态宜居乡村建设工作成效逐步显现，我国农村发生了翻天覆地的变化，农民的生活得到了切实改善。但伴随工业化、城镇化的迅速推进，长期以来，农村粗放的发展方式为生态失衡埋下的隐患逐渐成为乡村发展的“痛点”，也给我国生态宜居乡村建设带来普遍性的“难点”。

一是村民自主意识不强。一方面，城镇化进程的加快加速了农村劳动力向城镇转移，留守在乡村的多为老人、妇女和儿童，他们整体素质不高、环保意识不强，且对生态宜居乡村建设的认识不足，导致村内生活污水、垃圾、禽畜粪便等处理率低，农村人居环境整治达不到预期效果。另一方面，在推进各项建设工程时，涉及农村发展和村民富裕的公共事务都被相应的村委等部门掌控，有些部门并没有及时向村民宣传，致使村民对各项政策不了解，常常被排除在了生态宜居乡村建设的决策层之外，村民的参与意识和主人翁意识逐渐弱化。

二是建设资金投入不足。充裕的资金是推进生态宜居乡村建设的要素保障。现阶段，地方普遍存在建设资金不足的现象，多数乡村依靠上级转移支付和专项经费开展建设工作，缺乏能够推动经济运转的支柱性产业，下拨的资金不仅要用于村民基本生活的保障，还要负担道路修建等公共设施的完善工作，导致生态宜居乡村建设的资金缺口较大。

三是乡土文化不够突出。村落所蕴含的丰富深邃的历史文化和独特的民俗风俗特色，是村庄多年的岁月积淀。结合多地的生态宜居乡村建设实践来看，不足之处在于文化特色不突出。许多乡村的建设只是简单地照搬别处经验，并没有从本村的发展实际入手，最终形成了“千篇一律”的乡村样态和格局，导致决策实施较为困难，或实施结果未能产生良好效益，不仅浪费了本土生态资源，也打击了村干部和村民的自信心。

二、火星村推进生态宜居乡村建设的具体行动

火星村位于邛崃市东部，全村面积 6.3 平方公里，人口 5144 人，党员 135 人，主导产业为高端农产品、特色水产、生猪产业，是典型的自然村落。

作为“四川省乡村振兴示范村”，火星村全面贯彻落实上级政策及部署安排，借鉴其他地区生态宜居乡村建设的实践经验，针对目前生态宜居乡村建设遇到的难点，在改善农村人居环境和基础设施的基础上，从人文、活力、经济三个维度把握生态宜居的内在要求，创新出集“红色、绿色、特色”于一体的“三色”建设之路。

（一）生态＋人文：赓续红色血脉

生态宜居不仅仅体现为农村环境的焕然一新，还体现为形成友善互助、积极向上的乡村氛围。火星村充分挖掘本村的优秀乡村文化和红色历史文化，以火星精神作为重要抓手，通过开展宣传活动、打造场景和空间，打响火星红色文化品牌，实现生态与人文的交融互动，建设生态化、人文化的宜居乡村。

一是广泛开展“红色文化”宣传活动。火星村以“火星社”小故事为主题，邀请老干部、原火星社成员组建红色文化宣讲队，组建火星社文艺队、舞蹈队等5支志愿队伍，持续开展革命故事宣讲活动，弘扬“火星八德”精神，不断增强广大干部群众学习历史文化的深入性和实效性。同时，采用标语展示、故事讲述、影视播放等方式将与社会主义核心价值观内涵相一致的、向上向善的道德要素弘扬起来、传播开来，营造乡村良好的文化氛围，培育乡村宜居的文化生态。

二是大力打造“红色文化”新场景。2019年，火星村成功实施“火星村党建氛围营造”等2个项目，筹集社会资金10余万元，将党建元素、红色元素融入村容村貌打造行动；以“红色文化”为主题原创《火星之歌》，打造具有革命教育意义的参观场景，推动红色文化的传承与弘扬。新建的火星文化墙和火星社历史陈列馆用以展示火星社的革命老物件，重温革命历史，成为党员干部及群众自我教育缅怀的新基地，凝聚全体党员干部学先烈、谋发展的共识和干事创业热情。

三是精心打造“红色文化”空间。火星村在党群服务中心亲民化改造时植入红色文化元素，设立党代表之家、志愿者之家、新时代文明实践大讲堂、“火星社”工作室等功能区20余个，打造融红色革命教育和自我教育为一体的红色精品体验空间，营造文化氛围浓郁、开放共享的党群活动新场景，让办事群众接受红色文化的熏陶和洗礼。

（二）生态＋活力：打造绿色场景

火星村秉承“治理的核心在人心”的理念，创新建立“四共”机制和三星评比，培育村民共同体意识，激发村民的参与活力，凝聚多方主体参与，形成乡村治理的强大合力，共同营造绿色宜居新场景，致力打造有温度的宜居乡村。

一是构建“共商”机制。火星村定期召开党小组专题会议，共同商议村落环境治理、院落取名、推选院落长、评定优秀院落长等事务，将工作的触角延伸到家家户户，解决村落绿植修复、道路维修等 30 余个问题，实现了乡村治理的全覆盖。

二是构建“共建”机制。火星村结合社区营造项目，充分发动村委会、企业、村民代表等多方主体参与“景观菜园”等项目设计实施，提高村民参与率和认同感。“景观菜园”项目的落地实施不仅满足了蔬菜本身的生长需求，展现了乡村的生态特性，而且提升了村民生活品质，密切了村民之间的联系。

三是构建“共治”机制。火星村探索“一核多方”社区治理机制，组织村委会、企业、村民代表、乡贤等多方主体共同参与对村庄闲置地块的打造，形成乡村治理产业闭环，如由企业提供种子、花苗，村委会提供施工设备，村民进行栽种，将闲置地块改造成景观菜园、小花园等，形成多方参与、共建共享的乡村治理大格局。

四是构建“共享”机制。火星村鼓励群众入股参与乡村共享超市的运营，入股的村民在超市消费所产生的积分可用于抵扣物业费，并有权参与超市年底的收益分配，形成共享经济。从景观菜园种植出的蔬菜等农产品由村民共享，其中 30% 以上产品赠予乡村孤寡老人、残疾人士等特殊群体，从而提升乡村关怀指数和温暖度。

五是强化“三星”评比。火星村按“村民的事村民议，村民的事村民定”的原则，分季度持续开展“星庭院、星菜园、星达人”评比活动，给予获奖村民荣誉及实物奖励，增强村民的荣誉感，激活生态宜居乡村建设的内生动力。

（三）生态＋经济：发展特色产业

农田是重要的生态资源，也是重要的经济资源。建设宜居乡村，最根本的是要立足于农民，以增进农民福祉、农民富足富裕为发展农村经济的内在要求。火星村依托现有农田和种植基础，在生态保护理念下，以党建引领为核心，激发党组织战斗堡垒作用，建立产业发展的“三大机制”，带动产业振兴，壮大集体经济组织，推动强村富民、共同富裕，实现经济发展与生态宜居的双赢共融。

首先，创新现代农业经营机制。火星村耕地面积6608亩，高标准农田面积5808亩，全域隶属于天府现代种业园区，主导产业为高端粮油、特种水产、生猪养殖，辅之以羊肚菌种植。在原有农业结构基础上，火星村率先探索党组织领办合作社，实现土地规模化经营，规模流转率达到95%；积极培育现代农业生产主体，每月为新型农民、业主、职业经理人提供技术培训与支持，着力解决“谁来种植”的问题。

其次，建立院企地合作成果转化机制。一方面，火星村与国内知名科研院所中农院、四川省农科院、知名企业等长期合作，共建科技成果孵化转化示范基地。其中，引入国家级龙头企业中化集团建立智慧农业服务中心、畜牧行业领军企业牧原集团投资2.5亿元建立智慧立体式生猪养殖基地；与国家级龙头企业新兴粮油合作，倾力打造“中国好粮油·天府菜油基地”。另一方面，火星村承办中国农科院乡村振兴工作推进会、全国性农业盛会——2019年长江中上游“藏粮于地、藏粮于技”院士论坛现场会等全国性会议，以谢华安院士为代表的200余名全国农业知名专家学者莅临现场观摩，打响了火星村在全省农业的知名度和影响力。

最后，探索实施高标准农田管护机制。为推进高标准农田建设，完善农业基础设施，维持产业发展下生态良好态势，火星村制定高标准农田管护办法，规定由土地股份合作社收取种植业主20元/亩管护费，用于基础设施管理维护，结余部分作为集体经济组织收益，让成员分享发展红利。

三、火星村推进生态宜居乡村建设的实践成效

因“红色”而奋进，远近闻名；因“绿色”而和谐，生态宜居；因“特色”而稳定，促农增收。作为“红色、绿色、特色”相结合的“三色引领”实践创新基地，火星村始终坚持生态优先、绿色发展的理念，以火星红色文化为依托构筑乡村精神堡垒，以绿色场景为要素激活乡村建设创新动力，以特色产业为支撑稳固强村富民之基，稳步推进生态宜居乡村建设，产生了良

好的实践成效。

（一）自然村落焕发新气象

火星村地处成都平原西南地区，岷江支流，距离邛崃市区 31 公里。当地风景秀丽，天蓝水清，借由河流、林木等形成了原生态的自然屏障，拥有丰富的物产资源和悠久的历史文化。但由于近年来城镇化建设加快，村庄的生态环境或多或少都因经济发展遭受到破坏。火星村按照“温馨整洁”的思路，通过“红色文化”融入、“绿色场景”打造的方式，从空间布局、氛围营造、服务提升等方面着力建设生态宜居乡村，使村容村貌焕然一新、焕发生机。走进火星村，村庄街道干净整洁，古朴的老宅依次排开，房前花园，屋后景观菜园，充满古朴的文化韵味；一望无垠的现代农田，辐射广泛的红色文明实践阵地。自然风光与人文景观交相辉映，生态与文化完美融合，为火星村这一自然村落增添了几分魅力与活力。

（二）乡风文明达到新高度

乡风文明是农村精神文明建设的根本所在，也是乡村振兴的灵魂。迈步新时代，乡村建设不能仅仅立足于经济的发展，更要高度重视乡村精神文明。火星村将人文资源与生态宜居深度融合，通过挖掘、开发、宣传、改造红色文化，打造了以“红色火星”为主题的新时代特色文明实践站，其中包括火星陈列室、火星文化广场、火星微景观菜园、产业基地等 9 个实践场所，活动面积 1500 余平方米，拓宽四泓农业综合体、源盛态家庭农场等 N 个实践阵地，形成一站多点阵地体系，实现新时代文明实践阵地全覆盖。依托红色资源进行阵地建设、教育宣传，提升了村民精神面貌，也推动形成了良好的乡风文明。这些红色资源本身就蕴含丰富的革命精神和育人价值，正是塑造乡风文明的好教材。村民在一个个红色文化小故事中、在一次次红色场景参观体验中，充分汲取红色文化精髓，文化自觉和文化自信被逐步唤醒，从而使村民更加深化对社会主义核心价值观科学内涵的认识，乡村文化、风俗、法制、社会治安等在社会主义核心价值观的引领下呈现出和谐有序的局面。

（三）乡村治理形成新格局

村民自治是乡村治理有效的基础，共同富裕是乡村治理有效的体现。火星村的“三色”生态宜居乡村建设模式强化了村民参与，实现了村集体经济收入的大幅提升，逐步形成了共建共富的乡村治理新格局。

一是村民的参与度提高，共同为乡村建设出谋划策。村民是乡村振兴的主要受益者，生态宜居乡村建设效果好不好，关键要看村民说行不行。火星村的生态宜居乡村建设实践体现了村“两委”对村民意见的高度重视，通过构建“共商、共建、共治、共享”四大机制，村民的话语权在广泛的协商议事中不断提高，有关生态宜居的项目设计不再像以往一样把村民排除在外，而是动员村委会、乡村企业、党员干部、乡贤、普通村民等多方主体参与政策制定、方案设计、项目实施、结果评估等各个环节，村民对政策的知晓率和满意度实现“双提升”，村民的村庄共同体意识和主人翁意识实现“双提高”，村民成为乡村发展的重要推动力量。

二是村集体经济扭亏为盈，村集体与村民实现共富共荣。火星村通过分析经济发展与生态保护二者之间的辩证关系，建立产业发展的现代农业经营机制、院企地合作成果转化机制和高标准农田管护机制，并紧抓重点产业项目，村集体经济组织由此逐渐壮大，村集体经济收入逐年提高。火星村现有农业企业 4 家（国家级龙头企业 2 家）、家庭农场 8 家、合作社 11 家。2020 年党组织领办的合作社盈利 75 万元，村民人均分红 80 元；2021 年村集体经济收入 20 万元。在特色产业的带领下，村级财力不断壮大，弥补了生态宜居乡村建设中的资金缺口；村民的经济收入和生活质量大幅提升，实现了“双丰收”，其致富增收的主动性、积极性也不断增强。

四、火星村推进生态宜居乡村建设的若干思考

近年来，火星村通过深挖红色文化传承火星精神、优化治理机制营造绿色场景、发展特色产业带动村民致富，建设了生态环境优美、乡风文明和谐、文化氛围浓郁、村民生活富裕的宜居乡村，实现了农民愿种田、就业创业有门路、年轻人融入科技农业、集体经济扭亏为盈，展现了自然村落的幸福和谐新风貌，为其他地区开展生态宜居乡村建设提供了思路。

（一）立足长远，科学统筹规划

生态宜居乡村建设涉及乡村的方方面面，是一项新时代下推进“三农”发展的系统性工程。火星村成功打造“环境美、生活美”宜居乡村的因素之

一，便是最初制定了一系列符合实际、易于执行的规划，确立了长远的发展目标。实践表明，推进生态宜居乡村建设需要注意以下几点。

一是坚持全面统筹和总体规划。一方面，要建立健全党委统一领导、政府负责、农村工作部门统筹协调的农村工作领导机制，成立生态宜居乡村建设领导小组。同时，要把生态宜居乡村建设工作成效纳入各级领导班子、干部的绩效考核中，制定相应奖惩制度以达到激励、约束效果。另一方面，各村庄在上级的部署安排下，实地调研，进行村庄全域全要素编制建设规划，合理确定村庄分类布局，综合考虑村庄生产、生活、生态三者的有机统一，避免盲目建设，造成人力、物力和财力的浪费。

二是坚持以人为本。村庄应处理好村民的生产和生活问题，从供给导向转向需求导向，以满足村民的多样化需求为出发点，从而编制出科学的生态宜居乡村建设规划，避免陷入“政绩工程”“形象工程”的困境中。同时，制定各项规划时应动员广大村民一同决策，充分保障村民的参与权、知情权，强化村民的参与意识，增强规划的前瞻性、科学性、针对性。

三是坚持因地制宜、精准施策。我国农村地区地域辽阔，山水林田湖草自然资源各不相同，经济发展水平差距较大，建设生态宜居乡村的侧重点也不尽相同。因此，在建设过程中，乡村必须坚持因地制宜的原则，根据本村的发展实际，精准施策，使整治的力度、建设的深度、推进的速度、财力的承受度与农民接受度相结合，编制出科学性高、可操作性强的建设规划和实施方案，促进乡村生态宜居建设有序推进。

（二）特色取胜，避免千篇一律

火星村将“红色、绿色、特色”与生态相融合，建设了人文底蕴浓厚、乡村活力充沛、经济发展良好的生态宜居乡村。因此，推进生态宜居乡村建设要遵循村庄自然肌理，保留“土气审美”[①]，以“一村一特色，一村多亮点”来展现我国自然村落生态宜居建设的别样风貌。

一是要注重“保留”。生态宜居乡村的建设应立足于村落的传统建筑和自然景观，挖掘并延续村庄的历史文脉，保护并修缮村庄历史积淀深厚的建筑

---

① 林萍萍，于炜杰，何宛蓉，等．乡村振兴视阈下生态宜居乡村建设研究：基于晋江市76个村（社区）样本观察［J］．福建农林大学学报（哲学社会科学版），2020，23（6）：18－23.

物，传承好代表村庄民风民俗和价值丰富的文化资源，构建起当地特有的集自然、历史、人文于一体的美学体系，为村民营造起饱含古朴意蕴的宜居氛围。

二是要加强“融合”。村庄应结合当地的民族特色、地域特色和文化特色，将环境整治和宜居建设与创建人文景观、挖掘文创品牌相结合，将当地的文化资源和自然资源相结合，并进行适当改造升级，逐步打造独具特色的宜居场景和乡村产业。需要注意的是，在建设过程中，切不可机械地直接将城市的生态宜居建设模式照搬套用，要坚持实施“千村示范、万村整治”工程，实现村庄美丽业态蓬勃发展，村庄宜居水平不断提高。

（三）理念先行，强化生态意识

理念是实践的先导，思想是行动的指南。火星村打造起绿色场景，积极构建村民议事协商机制，从而使村民建立起生态环保意识，身体力行地践行低碳环保、绿色健康的生活方式，生态意识成为建设生态宜居乡村的思想与行动基础。

一是要做好生态宜居思想的广泛宣传。村庄可采用村民会议、志愿者宣讲等宣传方式，让各家各户了解生态宜居的相关政策；通过在村委会宣传栏、村民活动室、村民议事协商空间等地张贴生态环保和社会主义核心价值观的口号标语、卡通画报的方式，潜移默化地影响村民的观念和行为习惯，不断提升村民的生态文明和精神文明素养。

二是坚持以法治为生态意识的强化提供保障。一方面，村庄应当将有利于生态宜居乡村建设的行为纳入村规民约中，支持村民参与人居环境整治的常态化工作，明确“三清三拆三整治”的主体责任，鼓励村民自觉节水、节电、节能等，村民自觉做到知规知约、守规守约，生态保护意识逐步深化。另一方面，省、市、区（县）一级应制定生态保护相关的法律法规，对破坏生态环境的行为进行一定的惩处，做到法治严密、执行到位。通过软法与硬法的结合，村民在法治力量的引导下逐步涵养生态理念。

第三节　火井竹笋，探路生态资源价值转化

党的二十大报告指出，“中国式现代化是人与自然和谐共生的现代化”，“尊重自然、顺应自然、保护自然，是全面建设社会主义现代化国家的内在要求”。[①] 依托丰富的生态资源，邛崃市坚持山水赋形、人文为蕴，积极践行“绿水青山就是金山银山”理念，并将工作重点放在“两山”如何有效转化的问题上，即推动生态优势转化为经济优势，力求为创新探索生态价值转化提供可借鉴的“邛崃样板”。基于此，火井镇立足于大葫村的天然禀赋，以发展冷竹笋产业为核心，构建多功能复合的生活、消费及创新场景，着力推动生态价值多元转化，不断释放乡村生态潜能，为乡村高质量发展注入不竭的绿色动力，走出了一条绿色发展、生态发展之路。

一、化零为整：探索生态价值转化的既有基础

通俗而言，生态价值就是森林、湿地、农田等生态系统可以产生的直接、间接或潜在的经济效益。推动生态效益向经济效益转化，是一项理论性强、政策性强、可操作性强的系统工程，离不开国家政策引领、生态资源挖掘、生态价值核算评估、价值转化路径设计等方面的助力。火井镇具有良好的生态环境和自然禀赋，大葫村具有最适宜冷竹笋生长的气候和土壤条件，加之中央、省、市各级政府的政策支持，成为火井镇探索生态价值转化的天然优势。

（一）得天独厚的自然条件

火井镇地处邛崃山脉的九顶山麓，地势北高南低，地质灾害发生率较低。

---

① 习近平．高举中国特色社会主义伟大旗帜 为全面建设社会主义现代化国家而团结奋斗：在中国共产党第二十次全国代表大会上的报告［M］．北京：人民出版社，2022：23＋51.

全镇面积115.4平方公里，镇域平均海拔894米，森林覆盖率达75%，文井江贯穿全境，山清水秀，草长莺飞，是天然的氧吧。火井镇属亚热带季风性湿润气候，年平均气温在14℃左右，1月平均气温9℃，7月平均气温24℃；年平均日照时数1204小时，雨量充沛，气候温和，宜居宜游。

作为火井镇的冷竹笋生产种植基地，大葫村具有更为突出的自然条件优势。大葫村地处邛崃市西面，位于北纬30°的邛崃火井镇宝珠山上，宝珠山林区绿树成荫、雾霭萦绕，是火井镇自然风景核心区。全村面积33平方公里，海拔最高2000多米；森林覆盖率达97%；全年平均气温15℃左右；年降雨量1200毫米左右；全年日照200天左右。冷竹笋适宜生长在海拔1000～2500米且温暖湿润、阳光充足的环境中。山脉、河流、森林、峡谷等形成自然屏障，使大葫村免受外界的侵扰和破坏，依旧保持着原生态的绿色底蕴，成为冷竹笋生长的最佳场所。由于独特的高山地理环境，大葫村孕育出不可多得的纯天然、无污染冷竹笋，味道鲜美，营养丰富，是当之无愧的纯天然高山野生食材。得益于优良的生态环境和品质上乘的冷竹笋，大葫村进一步挖掘生态潜能，使生态与经济之间的优势转化具有了良好基础。

（二）生态保护项目的持续推进

火井镇通过实施植被恢复项目和水美乡村项目，维护原生态自然环境，提升整体生态宜居水平，为美丽新农村建设和乡村生态旅游发展增添亮丽色彩，也为进一步探索与开发生态资源、推动生态资源的价值转化奠定基础。

一是实施植被恢复项目。火井镇在银台山村金台小区和高场社区盐井小区，用好火井镇灾后重建小区绿化项目资金（成都市财政局、成都市公园城市建设管理局返还的2019年森林植被恢复费市级分成部分），对绿化进行提升改造，美化小区生态环境。栽植红玉兰、桂花等绿植，并配套景观石的安装摆放。同时结合微田园项目，整理改造村内原有散乱杂的绿化用地，以种养结合、农教一体化模式转型升级为“小菜园”，推动绿色发展。

二是实施水美乡村项目。火井镇争取到成都市级财政农田水利建设专项资金100万元及自筹资金5万元，以“荷塘月色”为主题，在银台山村荷塘基地实施水美乡村项目，修建景观游步道约1公里，铺设彩色沥青路面180余米，绿化提升1.6万余平方米；新建生态卫生间1座、新装太阳能路灯55盏、景观平台工程1处，并对原有景观进行提档升级，从而优化水资源配置，保护水生态环境，形成集水生态特点、水文化底蕴和水景观功能于一体的景点。

（三）生态价值转化的政策部署

党的十八大以来，以习近平同志为核心的党中央将生态文明建设放在了治国理政的重要位置，始终坚持以“绿水青山就是金山银山”理念为指引，持续推进生态文明理论创新、实践创新和制度创新。“两山”理念是统筹经济发展与生态环境保护所作出的重要论断，其内涵在于正确处理二者之间的关系，以绿色发展为遵循，将生态价值转化为经济价值。2020 年，成都市出台《关于推进竹产业高质量发展建设公园城市美丽竹林风景线的实施意见》，明确以竹茂城美、竹兴农富为目标，推动竹产业结构调整与现代竹产业体系构建，营造竹生态价值转化场景。2021 年 4 月，中共中央办公厅、国务院办公厅印发《关于建立健全生态产品价值实现机制的意见》，提出要“推进生态产业化和产业生态化，加快完善政府主导、企业和社会各界参与、市场化运作、可持续的生态产品价值实现路径”①。这是首次以专门文件的形式对“生态产品价值实现”进行制度化表述，从生态产品价值实现的角度推动生态效益转化为经济效益。2021 年 11 月，四川省人民政府正式印发《成都都市圈发展规划》，指出在生态环境共保共治方面，要“开展生态共建环境共治，探索生态价值转化有效路径，重塑天府之国茂林修竹、美田弥望的大美城市形态”，为有“成都后花园”之称的邛崃市带来了发展机遇，在顶层设计、要素聚集、区域合作等方面让邛崃市加快生态价值转化如虎添翼。2022 年 1 月，《四川省“十四五”生态环境保护规划》出台，强调以“生态优先，绿色发展”为基本原则，“拓宽生态价值转化路径，加快推进生态环境治理体系及治理能力现代化”，到 2025 年实现“全国绿色发展示范区、高品质生活宜居地基本建成”② 的主要目标。邛崃市火井镇深入贯彻落实上述政策文件的重要精神，在

---

① 中共中央办公厅 国务院办公厅印发《关于建立健全生态产品价值实现机制的意见》[EB/OL].（2021－04－26）[2023－10－31]. http://www.gov.cn/zhengce/2021－04/26/content_5602763.htm.

② 四川省人民政府关于印发《四川省“十四五”生态环境保护规划》的通知 [EB/OL].（2022－01－17）[2023－10－31]. https://www.sc.gov.cn/10462/zfwjts/2022/1/17/516b4a42e34043c5b6c2b5ff6f3716a4.shtml.

邛崃市委、市政府的支持引导下，坚持“生态立镇”原则，统筹谋划，持续推动“两山”转化、释放生态红利，拓宽自然资源、人文资源向经济资源转化的路径，全力助推乡村振兴。

二、高山冷竹笋：探索生态价值转化的“大葫”模式

作为龙门山生态价值转化示范区的中心镇，火井镇深入贯彻习近平总书记对四川发展竹产业和中医药事业的重要指示及各级政府、部门关于生态价值转化的政策部署，以守护好绿水青山的生态价值本源为根本前提，积极推进冷竹笋产业特色化、规模化发展。大葫村通过组建素质高、能力强的人才队伍，夯实绿色产业发展的组织基础；通过深入挖掘乡村发展潜力，生产出质量上乘、附加值高的产品，产生了良好的经济效益，逐步走出一条生态价值转化之路。

（一）筑牢基础，选优配强领导组织机构

基层党组织队伍的壮大和党员过硬的素质是推动乡村发展的重要保证。大葫村以“扶贫先扶志”为工作思路，优化村党组织人员结构、打造过硬的本土人才队伍。通过党支部引领、党员带头，整合党建宣传、动员、教育等社会服务功能，搭建起集体经济产业发展的“空间加油站”，逐步激发群众内生动力，为探索生态价值转化路径、实现乡村有效治理奠定组织基础，注入“新活力”。

一是选优配强新一届村党组织班子。大葫村以换届选举为契机，选优配强村“两委”班子，其中，大专及以上学历占 100%，农村致富能手占 80%，向社会选聘四级社区专职工作者，为村庄生态保护和集体经济发展提供了强有力的人才支撑。同时，坚持抱团发展，大葫村与常乐村组成产业发展联合党支部，不定期召集党员开会研究集体经济发展的路子，当好农户与村党支部的信息传接人，积极为农户解决困难和问题，共谋美好发展。

二是持续抓好后备力量队伍建设。一方面，大葫村坚持好中选优，从乡村人才中培养一批入党积极分子，不断充实基层服务力量；实行双向培养，在党员队伍中培养致富带头人，把致富带头人培养成党员，引导党员与致富能手结对帮带普通农户；培育“联户明星党员”2 名，以此带动更多致富能手参与其中，推动实现集体经济产业具体事务有人管、有人做。另一方面，

大葫村党组织紧扣农村实际，组织党员群众就稳住农业基本盘、保障粮食安全、实施乡村振兴战略、提高农民生产生活质量、促进生态环境保护和经济发展协同共进、实现乡村生态价值转化等方面进行集中学习，号召党员群众学以致用、担当作为。

（二）深入挖掘，开展规模化冷竹笋种植

大葫村地源面积广，土地资源丰富，传统的种植模式已不适应新时代发展的需求，产业结构需要调整优化。进入新的发展阶段，火井镇大葫村党总支按照“明思路、建机制、促发展”的工作方法，积极引导和动员农户对冷竹笋和中药材进行套种和间种，成立股份经济合作社联社提高产品经济效益，开始了规模化生产的重要探索。

在生产方面，开展规模化种植。大葫村于 2014 年开始种植冷竹笋，并于 2016 年在全村大面积种植。一方面，大葫村党组织对“冷竹笋”进行分区域细化管理，引导党员带头主动认领责任区，从生产端对农户进行技术指导。为了提高收益，大葫村将中药材黄连、黄柏与冷竹笋进行套种，一举三得。另一方面，大葫村依托自然条件优势和产业基础，积极申报产业扶持项目，获得了相关部门强有力的资金支持，为规模化生产、提升冷竹笋产品质量、实现生态优势向经济优势转化奠定了物质基础。

在经营方面，成立股份经济合作社联社。2014 年，大葫村成立“邛崃市大葫村土地股份合作社”，有社员 153 户。城镇化的推进催生出农村发展新模式，即通过进一步挖掘乡村资源，逐步盘活乡村经济，实现自然村落生态资源价值向经济价值的转化，进而推动农业农村现代化、缩小城乡差距。基于此，大葫村深入调研，在广泛征集农户意见的基础上，依托冷竹笋、中药材产业，成立股份经济合作社联社，以“支部 + 合作社 + 农户”的模式引导种植业主抱团发展，从销售端和种植端与加工企业直接对话，提高产品增加值，并将超额利润反哺集体经济和用于村基础设施建设，形成良性循环。

（三）强化宣传，举办特色采摘节庆活动

产业的高质量发展需要广阔的消费市场和稳定的资金投入。为进一步释放冷竹笋产业的经济价值，大葫村通过品牌建设、活动举办宣传推广冷竹笋产品、开拓市场，并在此过程中吸引企业投资。这不仅推动了冷竹笋产业的

可持续发展，也激活了乡村的其他资源，为实现生态价值转化拓宽了渠道。

一是打造特色品牌，提高产品知名度。为进一步提高市场竞争力、扩大消费市场，大葫村于2018年注册了“玉灵山”冷竹笋区域公共品牌，严把质量关，优化产品包装，多方拓展产品市场渠道。借助“线上+线下”的模式，线上通过“为村”集市进行网络销售，线下吸引商贩、游客购买，不断提升冷竹笋产品的市场知名度。此外，大葫村还积极参加“招商引资推介会”“产品交流会”等各类会议和产品宣传活动，使越来越多的人了解大葫村高山冷竹笋的功效和价值，当地的冷竹笋产业也越来越“热”。

二是举办特色活动，招商引资，带动文旅产业发展。大葫村坚持统筹施策、综合经营，在发展农业产业的基础上，依托本村独特的高山冷竹笋资源，已成功举办两届“高山冷竹笋采摘节”活动。其中，2021年由邛崃市大葫村土地股份合作社主办的“第二届高山冷竹笋采摘节”暨“中药养生文化节”活动，邀请到成都市农林科学院科技与成果转化处领导、有合作意向的企业负责人、在外创业成功人士、联办单位相关领导及人员、各村（社区）群众代表等300余人参加。大葫村以活动为契机，大力推介火井镇冷竹笋、中药材等特色农业产业资源，吸引人流，带动乡村旅游业发展，助推集体经济组织发展壮大，产生了良好的经济效益和社会效益。

三、点绿为金：探索生态价值转化的实践成效

多年来，火井镇依托冷竹笋产业积极探索生态价值转化路径，在立足于冷竹笋传统观赏价值的基础上充分挖掘其经济价值，让“沉默的资源”变成发展资本，不断释放乡村生态潜能，将生态优势转化为经济优势，推动乡村高质量发展，描绘出一幅水绿景美产业兴的和谐画卷。

（一）竹绿村美，绘就乡村生活新图景

作为自然村落，大葫村自然生态风貌保存完好，乡土田园特色突出，森林氛围浓郁，森林功能效益显著，于2019年入选第一批国家森林乡村名单。经过多年的绿色发展，大葫村彻底改变了以往农村环境“脏、乱、差”的现象，绘就生机盎然、井然有序的乡村生活新图景，初步建成了生态宜居的美丽乡村。初秋时节，行走在大葫村内，映入眼帘的便是宽阔整洁的道路、整齐美观的农家小院、清新自然的绿化环境、苍翠挺拔的大片竹林，整体洋溢

着一派生机勃勃、欣欣向荣的景象，为村民塑造了干净、舒适、绿色的生态宜居环境。同时，大葫村将冷竹笋产业获得的部分集体经济收益用于村庄基础设施建设和公共服务体系完善，逐步实现了村庄道路全面硬化、生活污水和生活垃圾全面处理、公用厕所全面整治、村庄电网和供水网络改造升级、教育和医疗卫生网络初步健全、便民服务网点全覆盖，为村民带来诸多便捷，提升了村民生活质量，也提高了村民的归属感和幸福感。

（二）竹兴民富，共享乡村生态红利

大葫村发展冷竹笋产业的初衷就是带动村民创收增收，在其实现生态价值转化为经济价值的过程中，村庄获得的经济收益主要分为冷竹笋产品带来的直接收益和第三产业发展带来的间接收益。新发展阶段，大葫村坚持以村民普遍参与的规模化发展为导向，让每一位村民都能享受平等发展的机会，共享乡村生态红利。

一是直接依托于冷竹笋产品，壮大村集体经济。冷竹笋因生长在自然条件适宜、纯天然无污染的高山区域，鲜香爽口，食用价值高，广受消费者青睐。在各级政府的牵头引导和大葫村的广泛宣传下，冷竹笋产品的消费市场不断扩大，为大葫村集体经济发展提供了动力。“几年前，大葫村 157 户人中有 26 户低保户。2015 年聚焦冷竹笋和中药材的特色林下产业发展项目正式启动，三年之后，村子里的低保户减少为 6 户，不仅在经济上获得收益，全村老百姓的精神面貌更是焕然一新。”[①] 2013 年，大葫村人均收入为 16964 元，而后每年增加 8000 多元；到 2018 年，大葫村年创收已达到 900 多万元；2020 年，大葫村冷竹笋销售收入 1000 余万元，已成为大葫村发展致富的主导产业；2021 年，大葫村冷竹笋产业年产值达 1704 万元，村集体经济收益突破 10 万元，为实现乡村振兴打下了经济基础。

二是推动一、二、三产业融合发展，释放旅游红利。大葫村积极践行“科技兴农，产业强村”的发展思路，在镇党委、镇政府的领导下，以规模化发展方式提升冷竹笋种植效率，并邀请成都市林科院专家到现场提供冷竹笋种植管理技术指导；进行冷竹笋产品初加工，并以线上、线下多种方式拓展销售渠道，目前已初步形成了集生产、加工、销售于一体的冷竹笋产业链。

---

① 邛崃：下“竹”功夫 奏响乡村振兴新篇章，成都农业公众号，2021 年 9 月 22 日。

同时，大葫村通过实施特色品牌创建、举办采摘节庆活动、在道路两侧种植景观竹，打造竹林风景线，吸引游客来此采摘冷竹笋、欣赏万亩竹林，大葫村冷竹笋知名度进一步提升，乡村旅游价值不断提高，旅游业成为大葫村集体经济收入的另一重要来源。

（三）竹茂村强，激活乡村治理新动能

乡村治理是国家治理的基石，是乡村振兴的基础；乡村治理的现代化水平关乎国家治理现代化目标的实现，关乎乡村振兴战略基本要求的落实。大葫村以冷竹笋特色产业探索生态资源价值转化路径，不仅为村集体和村民带来了良好的经济收益，也增强了村庄凝聚力、密切了干群关系，为乡村治理注入活力。

一是村民凝聚力逐渐增强。过去，大葫村是个靠山吃山的小村落，许多村民为摆脱贫苦困境选择外出打工，留在村内的村民以伐木为生，彼此间交流不多，村内公共事务陷入了“无人关心无人管”的尴尬局面。近年来，大葫村通过大力挖掘生态资源，成立股份合作社，将分散的村民整合起来，共同推进冷竹笋的规模化种植、加工与销售，实现了“共同劳作，共同收益”。村民的自身利益与乡村发展紧紧联系在一起，村民有了共同的奋斗目标，在村民议事会、村民代表大会中就乡村基础设施改善、冷竹笋产业可持续发展等议题积极建言献策，自觉维护乡村生态环境、自觉参与乡村公共事务，使村民凝聚力逐渐增强，乡村自治水平进一步提升。

二是乡村干群关系更加密切。2012 年 11 月 17 日，习近平总书记在十八届中央政治局第一次集体学习时的讲话中指出：“密切党群、干群关系，保持同人民群众的血肉联系，始终是我们党立于不败之地的根基。”① 大葫村通过选优配强，吸纳了一批思想觉悟高、综合素质强的党员干部和积极分子，他们以高度的使命感和担当意识，真心服务群众，切实解决村民生产生活中的各种问题，坚持为村民办实事、做好事、谋福利，获得了村民的一致好评，赢得了村民的广泛支持，从而增进了与村民之间的联系。同时，大葫村实行党员带头认领责任区方案，为村民提供冷竹笋种植的理论指导和技术指导。在党员的引导和帮助下，冷竹笋的生产效率和产品品质大幅提高，村民对党

---

① 习近平．论坚持党对一切工作的领导［M］．北京：中央文献出版社，2019：3.

员的信任感和认同感逐步增强，形成了相互理解、和谐融洽的干群关系，为维护乡村秩序和谐稳定、提高党在农村的执政水平、推进乡村治理发展奠定了重要基础。

四、破茧成蝶：探索生态价值转化的经验启示

近年来，火井镇大葫村在成都市政府提出的建设“公园城市”目标和邛崃市“积极探索生态价值转化路径”建设要求的指引下，转变发展思路，以冷竹笋产业为依托，大力发展现代农业、生态工业和乡村旅游业，实现了生态价值转化。大葫村的实践是对乡村振兴战略的有效落实，在改善村民生活的同时提升了乡村治理水平，为探索自然村落的生态价值转化提供了借鉴。

（一）坚持绿色导向，厚植乡村生态本底

自然是生命之母，人与自然是生命共同体。2016 年 1 月 5 日，习近平总书记在推动长江经济带发展座谈会上提出了走“生态优先、绿色发展”之路。[①] 这一战略思想将生态置于发展之前，主张将生态优先与绿色发展相结合，打破了以往发展与保护相对立的思维桎梏。推动乡村生态价值转化为经济价值，就要以生态保护为前提，在尊重自然、顺应自然、保护自然的基础上进行绿色发展，以绿色经济唤醒生态资本。各级政府要在价值观念上保持高度统一，即遵循生态系统的动态平衡规律和自然资源的再生循环规律，[②] 在修复生态环境、维护生态功能的基础上，以绿色发展的手段合理利用生态资源，释放生态红利，获取经济收益。站在历史与未来的交汇点，村庄要进一步厘清生态与发展的辩证关系，在环境上把保护放在首位，在发展方式上把绿色发展放在首位，践行“绿水青山就是金山银山”的理念，保持乡村的良好生态，从而为建设人与自然和谐共生的现代化国家增强绿色动能。

（二）促进三产融合，构建价值转化体系

火井镇大葫村通过三产融合发展，打造了高山冷竹笋知名品牌，实现了

① 走生态优先绿色发展之路 让中华民族母亲河永葆生机活力［N］. 人民日报，2016－01－08.

② 庄贵阳，薄凡. 生态优先绿色发展的理论内涵和实现机制［J］. 城市与环境研究，2017（1）：12－24.

生态价值有效转化。因此，挖掘乡村生态资源的经济价值，就要构建起包含生态农业、生态工业和生态旅游业的价值转化体系，织密联农带农利益联结机制。其中，生态农业是实现乡村三产融合的基础，它依托于乡村现有的土地、气候、河流、森林等自然生态资源，是生态工业的原材料来源和生态旅游业的物质基础；生态工业发挥着重要的支撑作用，不仅为生态农业产品提供深加工以提高价值，也为生态旅游业提供资金和设备支持；生态旅游业是推动村集体经济增长的另一重要方面，既能为生态农业进行适当宣传，也带动生态工业发展，三者相辅相成，构成乡村生态资源价值转化的良性循环。同时，在推进三产融合的过程中，有两方面需要注意：一是村庄要对三个产业进行优化重组、整合集成、交叉互渗，延长产业链条，提高产品附加值，实现高品质生态产品溢价；二是村庄要通过创新组织模式、销售方式和产权关系，引导三产融合企业与农民共同建立利益—风险合作机制，让农民真正分享到加工、销售环节收益。[①] 不同地区要围绕自身的比较优势下功夫，根据生态资源禀赋确定开发方式、开发内容、产业结构，专注于生产特色产品、形成特色品牌、提供优质服务，使生产效率和经济收益得到大幅提升。

（三）坚持政企合作，促进资源有效利用

基于市场机制的生态资源价值转化释放了潜在的经济效益，却为生态失衡埋下隐患，集中表现为生态资源在开采利用过程中广泛的生态环境负外部性，以及生态资源作为公共物品在使用和消费上不具有排他性所导致的生态资源资产配置不均衡不充分、生态资源枯竭加剧以及生态补偿收效甚微。显然，在缺乏政府干预下，市场“失灵”所衍生的生态问题与资源配置失衡无法由市场与市场主体本身化解，这就催生出政府管制的需求。火井镇探索生态价值转化路径时，推动政府顶层设计与市场机制之间有机耦合，从而保证生态保护与经济效益双重目标的实现。

一是发挥政府的主导作用，做好生态价值转化的顶层设计。省级政府要制定本区域内生态价值转化的总体要求和规划方案，建立权责明确、监管有效、流转顺畅的生态补偿制度和监管制度，将生态资源转化为生态产品。市、

① 卢志朋，洪舒迪．生态价值向经济价值转化的内在逻辑及实现机制［J］．社会治理，2021（2）：37－41.

区（县）级政府结合辖区资源优势和本土特色形成具体规划政策方案，联合相关专家学者选取探索生态价值转化的试点地区，并给出相应指导意见，提供技术、人才和专项资金支持。试点地区的基层政府在落实上级政府政策指示的基础上，广泛协商形成包括发展模式、经营形式、分红比例等内容的规划和利益分配机制，确保村民对发展的全过程了解熟悉。

二是要充分利用市场机制，维护良好的市场秩序。为避免恶意降价、以次充好等扰乱市场秩序的行为，政府要加强对市场定价和市场监管的重视，完善市场准入制度和市场监管制度，对特色生态农产品进行科学估值并标准化定价，对投资企业进行前期摸排和价值预估，实现乡村产品和企业的良性有序增值。良好的市场环境和市场秩序能够激发村民参与乡村振兴的积极性和自信心，也能吸引更多企业入股投资，逐步以市场调节推动乡村宝贵的生态资源有效转化为经济效益。

第四节　天府羌寨，以生态旅游促乡村振兴

世界自然保护联盟于1983年首次提出“生态旅游”的概念，并将其定义为“以吸收自然和文化知识为取向，尽量减少对生态环境的不利影响，确保旅游资源的可持续利用，将生态环境保护与公众教育同促进地方经济社会发展有机结合的旅游活动。以享受大自然、了解自然景观、野生生物及相关文化特征为旅游目的，以不改变生态系统的结构和功能、不破坏自然资源和环境为宗旨，使当地居民受益的特殊旅游活动”①。生态旅游尊重自然与文化的异质性，强调对生态环境的保护、对当地人民的环境教育以及通过旅游为当地带来经济收入，已成为21世纪旅游业的重要方向。② 我国高度重视生态旅游的发展，国家旅游局将2009年定为“中国生态旅游年”；2013年，首批国家生态旅游示范区创建的申报工作开始进行；2016年发布的《中华人民共和国国民经济和社会发展第十三个五年规划纲要》也指出了要“支持生态旅游”③。生态旅游在促进生态系统良性运转、增加群众收入、强化可持续发展理念、实现人与自然和谐共生目标等方面具有重要作用，是生态文明建设的有效载体和重要抓手，也是推进乡村振兴的现实路径。基于此，邛崃市南宝山镇立足于自身生态环境优势和羌族文化优势，以木梯村和直台村为建设核心，以可持续发展理念为指导，以“生态＋非遗＋旅游”为发展模式，着力打造生态环境良好、羌文化特色突出的生态旅游村寨，重构传统乡村产业结

---

① 生态旅游［EB/OL］.（2016）［2023－10－31］. https://www.termonline.cn/wordDetail?termName=%E7%94%9F%E6%80%81%E6%97%85%E6%B8%B8&subject=3f31f4fa26ab11eebb5fbb068e6519520&base=1.

② 钟林生，虞虎．中国生态旅游发展战略与对策［J］．旅游规划与设计，2016（3）：20－29.

③ 中华人民共和国国民经济和社会发展第十三个五年规划纲要［EB/OL］.（2016－03－17）［2023－10－31］. http://www.gov.cn/xinwen/2016－03/17/content_5054992.htm.

构，逐步形成了以乡村旅游产业助推乡村振兴的生态发展路径。

一、古寨羌韵：打造生态旅游村寨的既有基础

悠悠南宝山，浓浓羌寨情。位于成都市邛崃市西部的南宝山镇，不仅有成都独一无二的羌寨与羌文化，更是一颗镶嵌在南丝绸之路旅游环线上的璀璨明珠。近年来，为摆脱自然村发展滞后的困境、带动村民脱贫致富、推进乡村振兴，南宝山镇亟须找到一条既符合发展实际又彰显地域特色的可持续发展道路。木梯村和直台村两个羌族聚居村具备的原生态村落样貌和特色羌族文化，加之国家对于推进乡村生态旅游、促进乡村振兴等各项战略部署的理论指引，为南宝山镇打造生态旅游村寨奠定了现实基础和理论基础。

（一）科学的国家政策指引

20 世纪 90 年代，在我国大力推进可持续发展战略的过程中，“生态旅游”进入了大众的视野。1993 年 9 月，北京召开“第一届东亚地区国家公园和保护区会议”，通过了《东亚保护区行动计划概要》，标志着生态旅游的概念在中国第一次以文件形式得到确认。在此后近 30 年的时间里，有关生态旅游的政策相继出台，从内容、原则、目标等多重维度对不同发展阶段的“生态旅游”提出了具体要求，也为推进生态旅游的高质量发展提供了理论指导，不断推动生态旅游助力乡村振兴。

党的十八大报告明确提出推进生态文明建设，构建生态安全格局。2014 年 8 月，国务院印发的《关于促进旅游业改革发展的若干意见》指出，“推动旅游开发向集约型转变，更加注重资源能源节约和生态环境保护，更加注重文化传承创新，实现可持续发展”，[①] 强调了生态保护与文化传承的重要性，成为发展乡村旅游的新要求。2016 年 3 月，国家发展和改革委员会、科技部、工业和信息化部制定并印发了《长江经济带创新驱动产业转型升级方案》，指出要“充分发掘长江上中下游独具特色的历史文化和风土人情”[②]，加快长江经济带地区生态文化旅游区建设，这为南宝山镇建设富含少数民族文化特色

---

① 国务院印发《关于促进旅游业改革发展的若干意见》[EB/OL].(2014 - 08 - 21) [2023 - 10 - 31]. http://www.gov.cn/xinwen/2014 - 08/21/content_2738028.htm.

② 科技部：关于印发《长江经济带创新驱动产业转型升级方案》的通知 [EB/OL].(2016 - 03 - 15) [2023 - 10 - 31]. http://www.gov.cn/xinwen/2016 - 03/15/content_5053543.htm.

的生态旅游村寨带来了机遇。2016 年 8 月，发展改革委、旅游局印发《全国生态旅游发展规划（2016—2025 年）》，强调“以优化生态旅游发展空间布局为核心，以完善生态旅游配套服务体系为支撑，坚持尊重自然、顺应自然、保护自然，强化资源保护，注重生态教育，打造生态旅游产品，促进绿色消费，推动人与自然和谐发展”①，对地方发展生态旅游提出了总体要求。2017 年 5 月，农业部办公厅印发《关于推动落实休闲农业和乡村旅游发展政策的通知》，明确指出“要继续加大中国重要农业文化遗产的发掘保护传承工作，推动遗产地经济社会可持续发展。要指导各地积极探索农业嘉年华、休闲农业特色村镇、星级户等地方品牌创建”②，为南宝山镇挖掘保护农业文化遗产、发展特色生态旅游提供了方向性指引。

（二）完整的自然村落风貌

邛崃市南宝山镇森林覆盖率达 80% 以上，独特的地理优势和气候优势使境内负氧离子含量丰富、气候宜人、风光旖旎，是令人向往的“休闲胜地·度假天堂”。南宝山镇直台村、木梯村是 2008 年“5·12”汶川特大地震受灾群众跨市州异地安置到成都的两个行政村，两村面积共计 1.85 平方公里，186 户 717 人，羌族人口占比 95% 以上，是目前成都市唯一一个少数民族聚居村落。

木梯村、直台村民居全部保留羌族传统建筑风格，并配套羌族风格寨门、羌碉等。两村在原有基础上对整个村寨进行房屋风貌整治提升，布局建设羌文化广场、喊山走廊、祭祀塔等羌族传统历史文化建筑，民居内部也保留了羌族传统的住室布置和陈设，形成了民族特色突出、历史底蕴丰厚的原生态羌寨聚落，勾勒出一个天上的云朵般的“成都羌寨”。木梯羌寨内道路宽敞整洁，两旁绿树夹道，传统建筑错落有致；大片绿荫簇拥着古朴恢宏的羌族民居；别具一格的羌寨文化长廊展示着从服饰到日常生活的羌韵羌味；位于寨门两边的碉楼里更是以手绘的形式展现了羌族的历史发展脉络。直台羌寨是距离成都市最近的特色羌寨，由垒石打造，依山而建，山水秀丽，植被保护

① 发展改革委 旅游局关于印发全国生态旅游发展规划（2016—2025 年）的通知［EB/OL］.（2016-08-22）［2023-10-31］. http://www.gov.cn/gongbao/content/2017/content_5194900.htm.

② 农村部办公厅关于推动落实休闲农业和乡村旅游发展政策的通知［EB/OL］.（2017-05-31）［2023-10-31］. http://www.moa.gov.cn/govpublic/XZQYJ/201705/t20170531_5639797.htm.

完好，山间白云飘荡，林中古树成荫。直台村2013年被评为四川省民族团结进步创建活动示范村，2017年被评为第五批全国民族团结进步创建示范村，2023年1月成功通过国家民族事务委员会复审被命名为第十批全国民族团结进步示范村寨，2018年先后获得“市级文明村”“市级四好村”等荣誉。完整的传统羌族村落风貌为南宝山镇打造生态旅游村寨、促进乡村振兴奠定了良好基础。

（三）厚重的羌族文化底蕴

羌族是我国历史悠久的民族之一，早在3000多年前，殷代甲骨文中就有对羌人的记载。因为常年依山而居、与云雾为伴，羌族被称为“云朵上的民族”。南宝山镇羌族非物质文化遗产资源丰富，这其中贯穿着一条抵御时间消蚀、保持民族文化连续性的血脉。羌族沙朗、羌族羊皮鼓舞、羌族刺绣、释比、羌笛等羌族非遗原生态文化活动，均彰显着传承千年的羌族文化价值，以一种强大的凝聚力将羌民团聚在一起，形成了羌族特有的民族风格。木梯村和直台村完整保留了羌族的文化基因，羌族文化历史积淀深厚。木梯村羌文化展厅内陈列展示着本地羌族群众制作的羌族口弦、羌绣、羌笛、羌族麻布、羊皮鼓等羌族文化产品，以及成都尔玛民俗博物馆的陶器、瓷器、羌绣、杂件等文物，充分展现了羌族的独特魅力。此外，新迁至南宝山镇的羌族村民是当今非常难得的古羌文化坚守人与传承者，他们带来的珍贵古羌文化财富已经成为邛崃的重要文化遗产，逐渐成为夯实南宝山镇传统文化的根基和促进文旅融合发展的内生动力。当羌族文化扎根南宝山，悠扬的羌笛、奔放的羊皮鼓舞与绕圈起舞的沙朗、独树一帜的羌绣汇聚在一起，共同营造起生态旅游村寨浓郁的民族特色文化氛围。

二、生态+非遗+旅游：打造生态旅游村寨的具体行动

南宝山镇以木梯村和直台村为中心，依托少数民族聚居村落的资源优势，按照“羌文化+旅游+生态”的融合发展思路，以抓实产业促进移民增收，以改善人居环境增强群众获得感，大力推进羌文化村落的生态保护和合理开发，创新推动少数民族特色村寨生态旅游发展，成功塑造“天府羌寨·云上南宝”品牌形象，成为自然村发展生态旅游的典型范例。

（一）规划为先，优化村寨基层组织建设

生态旅游村寨建设的稳步推进需要以实用、科学的规划作指导，以结构合理、素质优良、精干高效的基层组织队伍发挥带头作用。对此，南宝山镇进行了如下三方面的探索。

一是优化组织设置。首先，实行网格化管理模式。木梯村建立党支部带党小组、党小组带居民的三级党建网格化管理服务模式，保证党组织在群众中发挥政治引领作用。其次，建立木梯村发展联席会议制度。村委会每季度带头组织议事会成员、村民代表，共商文旅产业发展、乡风建设、社区治理、羌文化传承等。最后，加强思想阵地建设。木梯村利用“三会一课”、专题党课，开展形式多样、内容全面的思想政治教育，提升基层党员战斗力、号召力和凝聚力，从而为村寨建设提供充足动力。

二是壮大人才队伍。一方面，南宝山镇开通外出成功人士回乡创业与反哺家乡建设平台和服务专线。另一方面，南宝山镇建立有300余人的南宝籍大学生人才库，每年对新生建档入库并给予物质奖励，切实增强南宝籍大学生回馈家乡、建设家乡的责任感和使命感，为乡村人才队伍储备注入源头活水。

三是做好建设规划。南宝山镇按照“天府羌寨·云上南宝”的发展定位，实施羌文化特色生态旅游村寨建设的总体规划，开展小熊猫、金丝猴、红豆杉、珙桐等珍稀动植物资源保护行动，配套设计制作云上南宝Logo、直台羌寨变迁宣传片等，展示南宝山“山水相依、红绿相融”的生态画卷。南宝山镇政府积极与旅游开发公司签订项目协议，为村寨建设吸纳投资，为后续工作的开展打下扎实基础。

（二）生态为本，描绘美丽宜居乡村美色

良好的生态环境和民族韵味浓厚的村落样貌，是乡村社会可持续发展的重要依托，也是南宝山镇打造生态旅游村寨最宝贵的资源。南宝山镇在坚持维护好生态原貌的基础上，进行适度修缮、改造和创新，使曾经单纯的自然之美变成了如今汉羌民族融合的和谐之美。

一是优化完善基础设施。“原生态”的南宝羌寨延续了古老乡村的样貌，延伸为具有浓郁本地特色的生活样态，成为吸引游客前来感受羌族风韵的重

要因素，但基础设施和服务相对滞后也给游客带来了诸多不便。对此，南宝山镇在维护村寨原始风貌的同时，对木梯村和直台村的公路、通信网络、乡村酒店等基础设施提档升级，配置太阳能路灯和视频监控摄像头，切实提升村民和游客的安全感；优化村内绿化，整治村内公共场所，新建三星级旅游厕所，提升南宝山镇村庄的便民化服务水平与旅游品质。

二是打造乡村文化展示窗口。为原汁原味地呈现羌族文化、推进生态旅游特色村寨建设，南宝山镇建设羊皮鼓广场、羌绣广场、羌笛广场等羌文化广场，以及“他乡·故乡”展厅和迁徙走廊，以图片形式生动地展现移民迁徙的情景；新建“蓉城一家亲·红石榴”、云雾桥等景点，成为成都市内唯一羌文化体验打卡地。木梯村积极研发羌绣、羊皮鼓等民族工艺品，规划打造羌寨风貌旅游观光长廊项目，建设羌族城堡酒店等民族风情体验场所。同时，与西南民族大学等高校合作，建设民族团结进步教育基地，通过笑脸墙、摄影展等方式展示羌族群众生产生活变化以及与各民族交往交流交融的历史和现状，营造出羌韵十足的村寨氛围。

（三）文化为魂，传承非遗彰显民族特色

非物质文化遗产是中华优秀传统文化的重要组成部分，是中华文明绵延传承的生动见证，也是联结民族情感、推动文明交流互鉴的重要载体。南宝山镇立足当地丰富的非遗资源，积极探索“非遗 + 乡村旅游”的发展模式，通过创建集展示与保护、生活体验、旅游综合服务于一体的羌文化基地，打造“成都最近羌寨”乡村文化旅游品牌，逐步形成常态化文化品牌活动，从而推动非遗文化融入现代生活，为生态旅游村寨注入文化之魂。

一是培育非遗传承的优质环境。一方面，邛崃市多次召开南宝山镇羌族移民村羌族文化保护传承专题研究会议，修改完善《邛崃市非物质文化遗产保护项目代表性传承人认定管理办法》，并在集聚区内开展大规模的非遗资源普查工作，充分掌握了移民村羌族文化遗产的种类、数量、分布状况和濒危程度，从而按轻重缓急开展抢救保护工作。另一方面，羌笛演奏及制作技艺、羌族沙朗、羌族羊皮鼓舞、羌族刺绣、九斗碗习俗（田席）5 个项目被列入第六批成都市非遗代表性项目名录，木梯村、直台村连片被划定为成都邛崃羌文化生态保护区，融入国家级羌族文化生态保护实验区范畴。

二是开展羌族非遗文化培训。一方面，邛崃市文化馆组建了羌族尔玛圣

火艺术团、直台村文艺队、木梯村文艺队3支羌文化特色队伍，开设羌族非遗文化培训课程，邀请阿坝州汶川县非遗传承人和专家进行现场教学。通过对羌族历史、羌族文化、羌族语言等理论知识的集中培训和羌族口弦、羌族麻布制作技艺、羌绣、羌族沙朗的实操培训，提升非遗保护传承人及传承队伍的素质和能力。另一方面，直台村深入贯彻落实羌族非遗生态保护的要求，挂牌成立羌绣传习所，开展“藏羌织绣”“羌笛演奏及制作技艺”等7个羌族非遗项目培训，培训学员120余人次。开展羌文化传承与保护座谈会，成立羌文化表演队，组织非遗传承人积极参加中华优秀传统文化展示、非遗展演项目，充分展示羌族文化和新时代羌族人民的美好生活，彰显了生态旅游村寨的民族特色。

（四）产业为基，农商文旅共创村寨品牌

产业是乡村振兴的基础，生态旅游村寨的建设同样离不开产业的支撑。南宝山镇以特色蓝莓产业发展和羌族集聚区非遗保护与开发为工作重点，深入推进农商文旅融合发展，为建设生态旅游村寨带来了资金、塑造了品牌、提供了动力。

一是发展高山蓝莓产业，打造特色品牌。直台村依托境内良好生态环境，以“公司+基地+农户”模式推进土地规模流转，于2013年10月成立尔玛种植专业合作社，发展特色高山农业产业，建成1000余亩高山蓝莓特色标准化产业基地，是四川省面积最大、海拔最高的蓝莓种植基地。近年来，直台村不断提升蓝莓深加工水平，以高山蓝莓为主的蓝莓果酒、蓝莓饮料、蓝莓果干等系列高端产品陆续上市，构建了以蓝莓种植带动产供销及深加工一体的现代农业产业链，培育形成了南宝山镇高山蓝莓品牌。

二是举办特色节庆活动，助推乡村旅游。依托于独特的非遗文化和品质上乘的高山蓝莓，南宝山镇常态化举办羌历新年庆典、非物质文化遗产保护成果展、高山蓝莓采摘节、羌文化旅游节等活动，营造游客可感可及的文化场景、生态场景、消费场景。截至2022年10月，全镇共建成170余家农家乐，通过采摘生态蓝莓、品尝特色菜肴、参与趣味比赛，游客能够充分体验南宝山镇的生态魅力和独特的羌族风情。

三、守绿换金：打造生态旅游村寨的实践成效

南宝山镇将非遗要素融入乡村振兴，将特色文化、特色产业和大美生态

转化为新的旅游商品和消费场景，大力推进生态旅游村寨建设，不断擦亮“天府羌寨·云上南宝”旅游名片。南宝山镇移民异地安置点从曾经荒废的农场变成集高山生态游、羌俗风情游于一体的新羌寨，被评为四川省民族团结进步示范镇；直台村获国家级和省级民族团结进步创建示范村称号，木梯村获省级民族团结进步创建示范村称号。

（一）促进乡村振兴，脱贫攻坚取得新突破

直台村坚持以“生态+非遗+旅游”模式推进生态旅游村寨建设，形成了农、文、旅产业互动发展的新格局，实现了“搬得出、稳得住、能致富”的目标，以产业振兴助推乡村振兴迈上新台阶。

一方面，发展特色产业成绩斐然。直台村高山蓝莓鲜果年产量达10万千克，蓝莓深加工高端产品远销广东、北京等地，年产值达300余万元；高山茶叶知名度高，获得欧盟有机认证，远销国外，年产值达5000余万元。另一方面，乡村旅游日渐兴盛，文旅产业逐渐成为推动直台羌寨村民致富增收的支撑产业。2021年，南宝山镇接待游客达30万人次，实现旅游收入800万元；直台村年均接待游客3万人次，实现人均增收1500元以上。直台村2016年前为成都市贫困村，全村116户435人享受低保，人均可支配收入5028元。经过5年发展，2021年，直台村实现全面脱贫，村集体经济收入达到10.3万元，人均可支配收入达2.4万元，同比增长9.28%。2020年11月，西南民族大学在直台村挂牌成立“民族团结进步教育实践基地”，直台村荣获“成都市2021年度实施乡村振兴战略工作示范村”和“成都市2021年度全市党建引领城乡社区发展治理示范区”称号。

（二）守护村寨文韵，非遗保护展现新成果

乡村振兴，既要塑形，更要铸“魂”。浓郁的民族气息和悠久的民族文化是乡村的灵魂，也是助推乡村振兴的软实力。直台村将非遗要素融入生态旅游村寨建设，不仅增加了村民的收入，也推动了非遗文化的传承与保护，守护了独具特色的羌寨文韵。

一是非遗保护效果良好，促进文化传承。目前，南宝山镇羌族集聚区非物质文化遗产保护成果展已分别在南宝山镇木梯村及直台村成功举办了六届，通过开展羌族非遗产品展示、羌族非遗技艺活态展示、传统表演艺术展演、

非遗产品展销、“非遗之旅”体验游等活动，人们感受到了南宝山镇羌文化的独特魅力，越来越多的人熟知这一中华民族的文化瑰宝，进一步推动了羌文化的传承。目前，南宝山镇羌族集聚区有“羌笛演奏及制作技艺”“羌族沙朗”“羌族羊皮鼓舞”“羌族刺绣”“羌族口弦演奏与制作技艺”5个成都市级非遗代表性项目，2名成都市级非遗代表性传承人，1名羌文化类省级非遗传承人，19名邛崃市级非遗代表性传承人，非遗保护工作成绩斐然。

二是非遗传承与时俱进，彰显时代价值。南宝山镇通过引入国家级藏羌织绣非遗传承人杨华珍成立的工作室和传习所，推动当地的非遗羌文化走出村落，走向国际。截至2022年10月，南宝山藏羌织绣传习所已培养120余名徒弟成为传播藏羌织绣的主力军。南宝山镇通过组建羌族尔玛圣火艺术团等3支文艺队，选派羌族群众外出学习交流，带动30余名羌绣娘参与创作，相继推出了《羌族文化长卷》《夯出幸福来》等藏羌织绣创意产品和演出节目，使羌文化走进了成都电视台、四川电视台，还走上了国际舞台。

（三）增进文化认同，村民素质达到新水平

2021年3月5日，习近平总书记在参加十三届全国人大四次会议内蒙古代表团审议时强调，“文化认同是最深层次的认同，是民族团结之根、民族和睦之魂”。[①] 文化认同具有振奋人心、汇聚力量的重大价值，南宝山镇通过在直台村、木梯村全村范围内开展羌文化培训和宣传活动，推进羌文化的保护和传承，增进了村民对传统羌文化的认同感和自豪感，增强了村民对传统羌寨的归属感。对村民而言，传统村寨由于地理位置闭塞和基础设施落后导致与外界“失联”、生活不便捷，但良好的生态环境、厚重的历史底蕴催生出的新型乡村旅游发展模式，为村民带来了经济收入的提高和生活质量的改善。村民开始主动融入生态旅游村寨建设，为村寨建设积极建言献策，自觉维护房前屋后和公共场所的环境卫生，积极投身于村寨非遗羌文化的保护与传承，自觉遵守村寨的规章制度和社会秩序。村民素质水平提高的同时，乡村自治水平也达到了新高度。

---

① 完整准确全面贯彻新发展理念 铸牢中华民族共同体意识［N］. 人民日报，2021-03-06.

四、见微知著：打造生态旅游村寨的经验启示

生态旅游村寨的建设不仅满足了城市居民体验民俗风情、感受特色文化的美好愿望，而且促进了农村经济发展方式转变和农民致富增收，是以产业振兴助推乡村振兴的成功探索。邛崃市南宝山镇的“生态＋非遗＋旅游”发展模式实现了村庄经济增长，推动了羌族非遗文化的保护与传承，形成了一系列可供借鉴的经验启示。

（一）尊重村民意愿是前提

村民是生态旅游村寨建设的主体和最终受益者。南宝山镇发动广大村民共商村寨建设和乡村治理相关事宜，以村民的心声和呼声为一切工作的出发点与落脚点，村民成为打造生态旅游村寨的主力军。因此，推进生态旅游必须充分尊重村民主体意愿、注重发挥村民的“主人翁”作用，切实解决村民难题、回应村民需求，真正把好事办好、实事办实。

一方面，要坚持以村民需求为导向，广泛收集村民意见。村庄以召开村民代表会议、问卷调查等线上线下相结合的方式了解村民的利益诉求，了解其对于村庄生态环境、基础设施、产业发展的认知和需求，从而根据村民的需求有针对性地开展人居环境整治等村庄建设工作，打造村民满意度高的美丽村居。

另一方面，要组织村民参与村寨建设规划编制。村庄要建立村民参与乡村建设的机制，邀请村民代表参加村庄规划编制工作会议；注重搭建村民参与乡村建设的平台，为村民发表各种意见提供一个固定的场所；坚持村民集体决策，通过使用图、表等简明形式，让群众看得懂、能议得起来。这样一来，村民逐渐摆脱了“等、靠、要”的思想，其自身的“造血”功能不断提高，并积极投身于生态旅游村寨的建设。

（二）找准品牌定位是关键

南宝山镇依托本土羌文化和自然生态优势，营造起别具一格的村寨个性风景线，打造特色鲜明的区域品牌，将村寨建设得更加具有竞争力、吸引力和生命力。可见，推进生态旅游村寨建设的前提是要找准区域品牌定位。

首先要确立特色主题，准确定位。村寨要转变原有的以纯粹观光为主的

建设思路，坚持可持续发展理念，充分挖掘本土资源优势；要通过充分的市场调研，了解市场需求，做好市场定位；注重突出文化与生态特色，提高品牌辨识度，明确村寨打造区域品牌的核心价值是传递文化特色而不仅仅是促进经济增长，从而科学确立村寨发展生态旅游的核心主题和特色品牌，打造出集观光休闲、文化体验、生态度假于一体的综合性旅游产品。

其次要加强宣传和环境营造，提高村寨品牌知名度、扩大村寨品牌影响力。村寨可通过绘制宣传海报和宣传手册，借助微博、短视频、网站等新媒体手段宣传村寨的生态风光和人文意蕴；通过举办特色节庆活动和民俗文化体验活动，并配套特色民宿、农家乐等休闲场所，吸引游客“身临其境”地感受特色的村寨品牌文化；通过运用区域联合营销、名人合作营销等方式，不断提升品牌影响力和知名度。

最后要促进村寨品牌延伸，形成附加值高的文旅产品。村寨要树立品牌化经营理念，将品牌延伸到旅游纪念品、酒店等方面，以拟人化、动漫化方式塑造既具有艺术观赏价值又饱含历史人文精神的文创产品，打造融合乡情、民俗的村寨特色酒店，以品牌化的特色产业促进乡村振兴新业态发展。

（三）整合优势资源是重点

面临乡村发展的重重困境，南宝山镇优化基层党组织建设，打造本土人才队伍，挖掘天然生态资源和特色羌文化资源，成功打造“天府羌寨”特色旅游品牌，带动村民致富增收。因此，促进乡村资源整合是打造生态旅游村寨、推进乡村振兴的重中之重，这需要注意两方面。一方面是要推动资源整合主体团结协作，即政府、企业和乡村社会三者既要各司其职，又要通力合作、携手共进。政府部门掌握着权力和资源，政策的制定和实施能够将资金、技术、管理等资源带到乡村；企业为乡村建设倾注重要力量，不仅为乡村带来了资金、增加了就业机会，也促进了乡村生产要素的重新组合和有效配置；乡村社会是乡村建设的主要阵地，也是开展各项建设工作的核心力量。要坚持“政府主导、企业支持、乡村社会参与”的建设理念，基层政府应通过政策制定，激发乡村社会的内生动力，并鼓励企业资本、技术投入乡村建设中去，逐步构建起各主体间协同合作的关系。另一方面是要促进各资源要素充分发挥作用、展现优势。村庄要在现有资源基础上，通过专家引导深入挖掘潜在资源，并将其与乡村产业实际、历史脉络和人文风情相结合，从而形成促进乡村经济发展的支柱性产业和特色品牌，打造出传统农业文明与现代乡土文化有机结合的生态旅游村寨。

（四）完善政策体系是保障

南宝山镇切实遵循上级政府的各项政策要求，立足村寨实际制订具体规划方案，走出了一条独具特色的村寨建设之路。这充分体现了前期政策部署和目标任务制定的重要性，同样也说明了生态旅游村寨建设要实现可持续发展，就必须有完善的、系统的、科学的政策机制提供坚实保障和有力支撑，保障建设各环节工作有效开展。

一是要制定生态旅游村寨建设的引导政策和扶持机制。各级政府应坚持高起点规划、高水平设计、高标准建设，系统性、科学性地制订辖区内整体规划方案，完善产业招商运作机制、反不正当竞争制度和以市场价格为导向的资源流动机制，适度调控市场行为，营造良好的投资环境。同时，政府要根据不同区域的实际情况，制定社会资本保障制度和各类扶持政策，保障生态旅游村寨建设的平稳推进。

二是要制定非遗保护的政策法规。一方面，要进一步健全非物质文化遗产保护法律法规制度，建立非物质文化遗产获取和惠益分享制度。加强对非遗保护法律法规实施情况的监督检查，建立非物质文化遗产执法检查机制。另一方面，要综合运用著作权、商标权、专利权、地理标志等多种手段，加强非物质文化遗产知识产权保护。

三是要制定人才引进与支持政策。一方面，要积极引进专业人才。各级政府要通过创新乡村人才服务保障机制，完善专项补助、生活补助等保障政策，落实创业担保贷款贴息、政府性融资担保等创业创新扶持政策，吸引大学生积极返乡创业。另一方面，要积极培育本土人才。基层政府要制定与周边高校、科研机构、企业等合作的相关政策，定期开展“知识分子进村庄”培训活动，知识分子就政策解读、可持续发展、共同体意识培育等方面与村内积极分子展开交流。这不仅能为乡村带来先进的管理经验和发展理念，也能培育一批综合素质高、创新能力强、专业理念新的本土人才。

第四章 文化融合：老旧院落的更新再造

作为城镇化进程的特殊产物，老旧院落多为遗存的原单位职工大院，具有人口密集、空间封闭、规模较小的特征。老旧院落的环境卫生和治安状况关系到院落居民的切身利益。老旧院落通常由社区直接管理，随着城镇化进程下社区体制机制改革和居委会工作任务日益繁重，老旧院落基本处于无人管理的状态，造成院落杂物遍地、设施老化、车辆乱停乱放、公共服务缺失等问题越发凸显，严重阻碍院落居民获得感、幸福感和安全感的提升。因此，探索老旧院落新型治理模式，提升老旧院落治理效能十分必要，这亦是对构建共建共治共享的基层治理格局的现实回应。

新型城镇化进程中，文化成为基层治理创新的一大重要切入点，在相同文化基础上的频繁互动可以紧密居民间的联系，增强居民对院落的认同感和参与感，助推院落治理实践的长效开展。作为承载一定文化的场所，老旧院落能够通过塑造院落文态、凸显文化功能，实现院落的有机更新，进而增进民生福祉，推动院落治理实现良态发展。四川省邛崃市在推进老旧院落改造过程中，不断发掘院落文化内涵，保证院落改造既综合考虑院落设施条件和院落居民切实需要，又兼顾保留院落原有特色文化氛围和嵌入现代文化，因地制宜推进特色文化院落打造工作。文化和治理的有效融合，使得邛崃市在推进老旧院落治理中，将院落作为自治基本单元，居民通过民主协商决定院落公共事务，民主选举产生居民自治组织，保障向院落居民“还权”、“赋能”和“归位”，提高了老旧院落居民自治的能力与水平，实现了居民自我管理、自我教育、自我服务和自我监督，巩固了新型城镇化进程中的基层治理基础，也为全国老旧院落治理提供了实践经验。

第一节 “院落管家”打造文化营造引擎

我国城市基层管理体制在较短时间内完成了从“单位－街居制”向“社区制”的制度变迁，而作为基层治理落脚点的社会基础的变迁，却具有明显的异质性和非均衡性。[①] 其中，老旧院落作为一种重要的城镇化表现形态，相较于其他城镇化形态更为复杂：一方面是基础设施老化、公共服务供给不足；另一方面，人口构成愈加复杂且老龄化日益加剧，老旧院落逐渐成为城镇化进程中基层治理的薄弱地带。与此同时，为回应老旧社区院落治理需求，体制机制创新和社区营造是促进院落治理的重要手段，而老旧院落的独特文化氛围也为老旧院落治理创新提供了可能。邛崃市文昌宫社区老旧院落通过创新院落治理机制，拉动多方主体参与院落治理，利用院落资源要素，解决院落实际问题，提升院落人居环境，延续院落文化精神，重塑老旧院落活力，实现了老旧院落的可持续发展，为老旧院落的更新再造提供了新的解决思路。

一、因势而动：院落大管家的改制成因

当下的城市发展不再单纯追求城市规模的扩大和城市数量的增加，而是转向对城市存量资源进行整合利用。作为城市存量资源的重要单元，老旧院落见证了城市发展，是时代变迁的重要印记。文昌宫社区老旧院落承载着浓厚的邛崃市民文化，是邛崃城镇化进程中基层治理的重要实践场所。由于基础设施老旧、治理动力不足，院落居民的获得感、幸福感、安全感逐渐缺失，老旧院落治理效能亟须提升。

---

① 毛一敬．党建引领、社区动员与治理有效：基于重庆老旧社区治理实践的考察［J］．社会主义研究，2021（4）：115－122.

（一）院落更新发展的时代需求

老旧院落治理是关乎民众生活质量的重大民生问题，亦是实现政府治理、社会调节与居民自治良性互动的关键环节，更是社会治理现代化的必然选择。党的十九大以来明确提出要打造共建共治共享的社会治理格局，让社会治理走向社会化、法治化、智能化、专业化。文昌宫老旧院落是单位制解体前，由政府和单位共同出资建设的居民区，现阶段具有单位制住房转换为私人产权住房的复杂特殊性，面临产权结构复杂、基础设施老化、管理成本高等难题，院落治理难以开展，提升居民生活质量遇到阻碍。根据当前城镇化进程中基层治理的推进进度，以及成都市大力贯彻新发展理念背景下公园城市的建设目标，邛崃市统筹城市生产、生活、生态三大布局，推进城市社区复兴，提出推进老旧院落治理创新，为文昌宫老旧院落更新再造提供了发展机遇。

（二）院落人口重置的客观现实

随着邛崃市城镇化进程的推进，新建住宅区环境质量逐渐提高，相比之下，老旧院落的环境质量却日益衰败，老旧院落的功能配置水平无法满足居民的多样化需求，院落居民通过房屋租售外迁。同时，城乡融合进程的加快导致大量务工、求学人员涌入城市，由于优越地理位置和廉价租金，老旧院落成为外来人口的过渡性住所。在此背景下，新旧城区居住环境形成鲜明对比，致使居民对老旧院落的社会认同下降，而人口流动加快打破了老旧院落原有的社会关系网络，居民原有生活状态和行为习惯消失，居民间交往和沟通的频率降低，邻里关系淡漠，院落生活和文化价值难以延续。出于自身利益的考虑，居民违建、占道等现象越发频繁，院落环境进一步恶化，居民的认同感和归属感持续下降，院落生态走向恶性循环。院落人口重置的客观困境增加了院落小组长开展治理工作的难度，院落小组长管理制度已无法适应新形势下的院落自治情况。为提升居民生活品质，延续老旧院落优秀市民文化，需要探索城镇化进程中新的老旧院落治理模式。

（三）院落治理创新的内在机理

除时代发展需求与老旧院落人口重置的现实因素外，院落内在治理制度不完善是院落治理亟须创新的重要原因。一方面，老旧院落人员数量较多、人员结构复杂，导致原有治理制度不再兼容。临邛街道文昌宫社区前身为临邛镇第一居民委员会，社区院落均为老旧院落，共25个，户籍人口数达5035人，常住人口数达4938人，相较邛崃其他老旧院落，具有居民数量多、中老年人占比大、综合素质偏低的特征，由此导致院落小组长年龄普遍偏大、服务能力不足、工作效率偏低。另一方面，以人为本的院落治理理念倒逼院落治理创新。大管家改制立足于以人为本的新型城镇化理念，强调为城市居民、农村转移进入城市的准市民、农村居民三类人创造公平公正的发展环境，让他们共同在新型城镇化发展中获益，是建设和睦的邻里关系、改变当前居民“对门不相识”尴尬状态的重要路径。文昌宫老旧院落原有的小组长治理模式中的居民小组长津贴制，造成居民产生“拿人钱财替人消灾”的错误认识，居民解决院落问题的主动性和能动性严重降低，大管家改制能够最大限度地发挥院落居民作为自治主体的作用，是院落治理的创新举措。

二、营造护航：院落大管家的改制实践

文昌宫社区为破解老旧院落治理难题，以小组改制创新“红色大管家队伍”治理机制为基础，构建起以社区党组织为核心、居民为主体、各方社会力量共同参与的新型社区治理和服务体系，厘清了基层党委、政府、居民、驻社区单位、自治组织等各治理主体之间的关系，提升了居民自治水平，进一步夯实了基层民主基础，顺应了老旧院落治理创新的发展趋势和要求。

（一）以面带点，创设大管家队伍

文昌宫社区聚焦以人为本的治理理念，为提升居民自治水平，创新“以面带点”发散式管理机制，通过创设院落大管家，扩大老旧院落服务队伍，确保多方主体主动参与院落治理。

一是进行小组长改制，设置院落大管家。文昌宫社区取消社区小组长职务，选举60岁左右的居民作为院落大管家，以大管家为中心，以楼栋长、单元长、自治小组成员为各个点，以点成面，形成用“一片人”代替“一个人”治理的院落自治模式。将原有的6000元小组长津贴分为两部分发放：其中1/4发给大管家，作为联络电话资金；余下3/4作为院落奖励资金，以物品或就餐等非现金形式奖励在院落治理中有突出表现的人员，通过奖励机制唤醒居民自治意识。

二是整合优秀退休党员，成立离退休党支部。为增强基层党组织服务功能和凝聚力，2018 年 11 月，文昌宫社区整合退休党员中的优秀成员，成立离退休党支部，编入大管家队伍，组织开展各种志愿服务活动，调动党员参与学习的积极性和主动性，提高社区党员的政治责任和党性意识，利用党员的影响力、号召力，凝聚带动更多的居民、单位、群团组织成员共同参与院落志愿服务。

三是整合院委会成员，实行社区干部包片工作责任制。针对社区老旧院落数量多、管理难的状况，文昌宫社区各院落推行居民委员会、大管家、院委员会、楼（栋）长“四级共管”机制，每位社区干部点对点、面对面地指导群众骨干在街巷、院落开展工作，提升院委会成员自治意识和管理能力。

（二）“软硬兼施”，打造新服务场景

根据城市社区体制机制改革的要求，为促进院落大管家队伍更好地为辖区居民服务，文昌宫社区整合资源，“硬件”“软件”齐头并进，着力营造便民环境、健全院落配套服务、优化院落综合服务功能。

一是建设日间照料中心。在临邛街道党工委的支持下，文昌宫社区于 2017 年底建设完成文昌宫社区日间照料中心，结合城乡社区发展治理的要求和工作安排，于 2018 年再次对日间照料中心进行分功能区软装，进一步健全老旧院落配套服务，促进老旧院落生活性服务业提档升级。

二是打造片区共享公共空间。为扩大院落居民的活动空间、弥补老旧小区公共活动空间不足的问题，文昌宫社区加强对闲置国有资产的综合管理和利用，于 2019 年对电机厂宿舍大门、大门走廊及电机厂宿舍内闲置的原职工俱乐部进行“微更新”，打造“时光墙”和共享空间“文昌里”，从共同的院落文化、居民特质等方面着手，将电机文化元素融入设计、把居民熟悉的旧物搬上墙，配套会议室、休闲室、爱心超市、露天沙龙和投影仪室等功能区，营造链接居民的公共空间。

（三）善用资源，开展多维度行动

为提高居民对老旧院落的认同感和归属感，推进院落治理真正问需于民、问计于民，文昌宫社区通过联合院落大管家，链接社会多方资源，进行老旧院落服务营造行动。

一是聚焦养老服务，奠定营造基础。文昌宫社区瞄准院落老年人多的特点，联合院落大管家队伍和社工机构，开展书法课、声乐课、健康养生课、手工制作课，义汤、义诊、义剪服务，“不老的爱情”等活动，以打破城镇化进程中院落邻里间陌生的尴尬局面，重塑院落熟人关系网，提高老年人对院落的认同感和归属感，满足老年人的精神文化需求。

二是联合多方资源，促进服务共享。文昌宫社区以全国社区治理和服务创新实验区建设为契机，联合院落大管家队伍广泛收集居民意见，全面掌握居民群众需求，开展公益共享行动，切实回应群众的问题和需求；走访对接政企事业单位并开展联席会，整合共享资源，促进政企社各方资源要素有序流动。

三是开展志愿公益，提升服务水平。文昌宫社区联合院落大管家队伍开展交通劝导、综治巡逻、平安社区建设等活动，结合“文昌里”自组织公益创投活动，以志愿服务、商家资源、自组织规划、多方参与为切入点，开展志愿服务活动，引导居民关注院落公共事务。

四是进行环境整治，营造服务氛围。文昌宫社区开展院落环境评选活动，邀请院落大管家队伍中的优秀居民骨干组建院落环境评比小组，协商制定评比准则，利用流动红旗、盆栽奖励的方式激励院落居民参与院落环境治理；使用“居民民主协商九步法”对电动车充电桩工程等涉及居民切身利益的难点问题进行民主议事，唤醒院落居民参与治理的主体意识。

五是参与疫情防控，彰显服务成果。在疫情防控期间，院落大管家队伍积极参与疫情防控工作，与社区工作人员结对进行多轮多次排查，每日轮班利用“大喇叭”在老旧院落、背街小巷、街面进行疫情防控知识宣传；严格执行院落封闭式管理制度，对居家留观人员做好服务工作；加入复工复业后期规范小组，挨家挨户对复工复业商家进行防疫规范操作指导，为院落居民健康保驾护航。

三、睦邻友好：院落大管家的改制效能

城乡社区是社会治理的基本单元，是共建共治共享社会治理创新的第一实践场域。文昌宫老旧院落通过院落大管家改制引领基层治理创新，积极发挥院落大管家队伍整合资源的优势，破解老旧院落治理难题，营造邻里团结、家庭和睦、环境整洁的和谐美好大院氛围，有效改善了老旧院落治理面貌，

提升了多方治理能力，延续了和谐邻里关系。

（一）整合院落丰富资源，改善老旧院落面貌

老旧院落作为单位制社会治理遗留的产物，具有历史和地理位置的双重资源优势，但由于年代久远以及管理失效，院落资源长期处于闲置或碎片化状态，得不到有效利用。文昌宫院落大管家队伍的成功改制，使院落闲置资源得到重新利用，院落基础设施得到改善，提升了居民的社区满意度。一是取消小组长职务，改制院落大管家，盘活了院落人力资源，为院落治理创新提供了人才保障；二是在院落大管家引领下，重塑闲置国有资产场地，多元化打造综合服务设施，弥补了居民活动空间的不足，有效整合了院落空间资源，为院落治理提供了场地保障；三是通过挖掘文昌宫院落文化和电机文化，营造院落熟人氛围，提升居民对院落的认可度和归属感，有效整合了院落文化资源，有助于院落居民自我管理、自我服务、自我教育、自我监督，凝聚了院落治理新面貌。

（二）重塑院落共同体意识，提升各方治理能力

熟人化、认同感、邻里信任与互助是院落共同体的核心要义，由于在院落空间缺少人格化社会交往的机会，老旧院落居民难以形成生活共同体意识。文昌宫老旧院落通过院落大管家改制，打造院落公共空间，以各类公共事务为实践载体，动员各居民参与院落治理，创造了治理主体间互动和交往的机会，强化了居民对院落的功能性和情感性依赖，重塑了居民共同体意识，提升了各主体的治理能力。一方面，院落大管家塑造了邻里互助的生活氛围。文昌宫社区大管家队伍组织开展邻里文化节、老年人趣味运动会和老友生日会等各类文化活动，建设服务场地，拉近了居民与居民之间、居民与院落之间的距离，丰富了居民文化生活；通过成立议事会、建立微信群等方式，引导居民参与院落疫情防控、环境整治、长效管理等工作，提升了居民的幸福感、获得感、归属感和责任感。

另一方面，院落大管家服务机制提升了多方主体共治能力。一是通过培训、参访等形式，组织“两委”人员开展社区治理、公共服务资金使用、社工知识等方面培训，提升了社区“两委”服务居民的能力和水平；二是引导居民成立多类型、多功能自组织，给予资金、资源等方面的支持，逐步将自

组织转化为院落公共利益型社会组织，为居民提供院落秩序维持、困难群体关爱、居家养老、志愿活动等公共服务，提升了院落自组织服务能力；三是撬动文昌宫社区范围内的社会资源和社区资源，引导企业、单位、社会组织等参与公共事务，提升了社会组织发展能力；四是通过小组改制和设立院落自治基金，激发了居民的责任意识和自愿精神，调动了居民参与院落公共事务的积极性和创造性，有效提升了居民参与能力，实现了院落治理从“代民做主”到“由民做主”、从“政府管理”到“自我管理”、从“被动接受”到“主动参与”的转变，促进了老旧院落的变革和善治。

（三）传承院落历史文化，延续和谐邻里关系

老旧院落是社会发展的产物，蕴藏着深厚的文化价值，既是城市市井文化的具体反映，也是当地居民日常生活的空间记忆场所。文昌宫老旧院落聚焦居民的生活习惯与院落氛围，活化了院落历史文化，延续了和谐邻里关系，夯实了院落治理根基。一是重拾文昌宫老旧院落文化记忆，以挖掘本地电机文化和历史文化资源作为院落改造的工具，通过院落空间“时光墙”的打造，调动居民参与项目建设，带领居民建立院落公约，通过对文化记忆的拾取与植入，进一步突出了老旧院落文化特色，增强了居民主人翁意识，促使老旧院落治理朝着文明和谐宜居的方向发展。二是在大管家的影响带动下，不断扩展志愿者队伍，发扬雷锋精神，孵化自组织解决院落问题，通过送春联、文明交通劝导、平安社区创建等一系列睦邻活动的开展，不断强化邻里社会网络关系，促进了邻里关系和谐，再造了院落熟人社会，建立了管理有序、文明祥和的新型院落。

四、以人为本：院落大管家的改制经验

文昌宫老旧院落立足以人为本的治理核心，依托大管家改制成效，以重构组织队伍助力自治体系强化，以激发自治活力培养居民自治主体价值，以引入多方力量赋力精细化治理，以文化嵌入助力共同体精神培养，实现了从党政主导的单一治理模式向政社互动的多方共治模式的转变，为推进老旧院落治理创新提供了经验启示。

（一）强化组织建设是老旧院落治理创新的重要抓手

组织体系不完善是老旧院落治理的主要短板，文昌宫老旧院落注重党建

引领和组织建设，积极探索现代化的院落治理方式，在组织结构上，将社区党委嵌入大管家队伍，构建四级共管机制，建立社区干部包片工作责任制，完善院落组织建设体制。院落大管家队伍建设的实践表明，强化组织建设是老旧院落治理创新的前提。一是加强基层党组织建设，发挥党建引领作用。一方面，将党组织嵌入老旧院落的组织架构中，改变以往悬浮于老旧院落的治理状况，提升党组织的组织力和服务力，增强服务意识；另一方面，增加老旧院落党组织的统筹资源，吸纳优秀退休党员力量，扩大基层党组织在老旧院落中的影响力和覆盖面，充分发挥党建引领社会治理创新背景下的老旧院落党建引领作用。二是寻找院落居民骨干，纳入院落组织架构。院落治理是多维度、以人为本的多方互动过程，需要居民同意、认可和共同参与，要大力开发居民资源，充分挖掘带动老旧院落中的热心居民、积极分子加入院落组织架构，作为推动院落自治工作的主力军，带动广大居民参与院落治理，营造居民参与院落自治的良好氛围。

（二）激发群众自治活力是老旧院落治理创新的核心

居民作为院落治理的主体，个体参与与否和整体参与率高低直接影响院落自治的发展。文昌宫老旧院落通过院落大管家改制释放居民参与治理的主体价值，通过问需于民凝聚院落治理资源，激发了院落自治活力。在老旧院落治理中，激发院落自治活力是老旧院落治理创新的关键举措。一是充分尊重居民需求，搭建利益表达平台。院落的建设和发展要以尊重院落居民需求为前提，根据不同群体的不同需求与特点进行多样化自治。针对老旧院落老年群体多的特性，成立老年人志愿服务队，进行互助合作。大力提升院落利益表达的组织化水平，积极搭建居民利益表达平台，建立居民互动关系网，推进居民坝坝会、龙门阵等协商议事活动的开展和机制的建立，保障居民对院落改造、修复、更新等公共事务的知情权、参与权和表达权。二是给居民增权赋能，完善院落自治机制。一方面要还权于民，院落成立自组织，建立院落自治的工作机制，明确居民的自治权利与义务。另一方面要赋能于民，注重老旧院落资源和公共场所的供应，保障居民参与的资源充沛和空间便利，依托自组织的平台载体，制定完善的居民公约，不断激发居民参与院落治理的潜能。三是丰富居民参与形式，充分激发自治活力。对不同年龄群体采取不同引导方式，鼓励老旧院落原住居民与租住户依托兴趣爱好进行交流合作，开展自治活动，端正居民自治参与态度，提升居民院落归属感和认同感。

（三）引入多方力量是老旧院落治理创新的重要手段

老旧院落是城市社区治理发展的一大重点，创新老旧院落治理，搭建共建共治共享的院落治理格局，可以通过引入社会资源力量，弥补院落“两委”和政府的治理短板，推动院落治理能力发展。一是孵化培育社区社会组织，弥补院落服务短板。在文昌宫老旧院落环境改造和维护中，社会组织参与其中，发动居民参与，共同交流、设计。社区社会组织可以为院落居民带去品种多样的服务和活动，促进居民人际关系良性发展，有助于培育院落公共精神。二是邀请辖区企业和商户，为院落治理注入活力。文昌宫社区位于商圈，拥有优良的外部资源，通过资源互通流动，可以切实回应院落居民需求。可见，通过院落连接辖区企业和商户，能够链接优质资源，开展共享联席会，丰富院落活动，提升院落居民幸福感。三是引入专业力量，提升服务专业度。避免院落工作人员技能和能力的不足引起的治理疏漏，提高院落治理效率。文昌宫社区临街铺面因扩大装修需要打通承重墙，附近居民认为存在安全隐患，为尽快解决，院落自治小组牵头找到房管局专业人员进行鉴定，避免了矛盾发生，促进了邻里和谐。四是发展志愿者队伍，加快院落“慈善共享”理念建设。志愿者是院落自治中的重要一环，“文昌里”自组织公益创投活动的实践表明，开展志愿服务活动，进行志愿精神倡导和传播，引导不同社区群体关注社区公共事务，能够有序提升社区治理主体意识。

（四）塑造共同文化是老旧院落治理创新的灵魂

作为基层治理中的软治理手段，文化是基层社会治理的重要一环，对于凝聚居民力量具有价值引导作用。文化嵌入治理的本质是特定文化土壤、共有传统价值观、共有信念、传统惯例等文化因素对组织行为的制约和影响，通过培育公共精神、塑造文化氛围，提升居民对社区的认同感。作为传统城市社区的熟人社区，文昌宫老旧院落具有特定的文化土壤和传统价值信念，为院落治理提供了精神价值指导，保障了院落治理创新。一是通过挖掘院落历史文化，奠定院落文化基调。文昌宫老旧院落通过挖掘特定历史文化，打造文化物质载体，唤醒原住居民的熟人邻里观念，并通过开展院落文化活动，吸纳新居民接触、认同并融入院落文化场景，重建邻里关系网络，打造院落熟人社会，为院落自治提供群众基础，降低院落治理成本。二是培育院落新文化，融入现代院落治理模式。文昌宫社区在原有院落文化基础上，以回应当下院落发展治理需求为目标，嵌入现代文化、融入历史文化，助力院落共同文化的推陈出新。这一实践表明，塑造院落文化，可以通过完善居民公约强化院落文化的教化功能，培养居民契约精神和法治理念，增强治理主体的积极性，有效解决院落纠纷，使院落治理从“人治”向“契约”方式转变，在提高治理效率的同时降低治理成本和风险，促进邻里和睦，推动居民实现自我管理、自我约束、自我教育和自我服务。

第二节 “九步议事”完善民主协商机制

作为全过程人民民主和社会主义协商民主体系的重要组成部分，基层协商民主是基层社会治理的重心所在。党的二十大报告强调，全面发展协商民主。协商民主是实践全过程人民民主的重要形式。[①] 当前城镇化进程加快，人民对美好生活的向往日益强烈，与此同时，各类人群、各种利益诉求甚至矛盾冲突向基层集聚，对基层治理形成巨大考验。民主协商作为基层治理的重要手段，具有提高决策质量、培养居民主体意识、化解基层矛盾、营造协商文化、贯彻全过程人民民主的功能。邛崃市老旧院落探索“九步议事”民主协商模式，对协商的各个环节进行系统优化，有效化解了居民协商意识薄弱、议题质量不高、协商保障不足、协商成果难以落实等问题，营造了民主协商的文化氛围，为推进老旧院落全过程人民民主实践提供了邛崃样本。

一、问题探寻：“九步议事”协商的现实需求

邛崃市存在城区老旧小区（院落）多、矛盾纠纷量多类杂、社会事务参与力量单一等实际情况，同时协商民主制度建设不完善，院落协商议事工作开展艰难，亟待创新完善社区民主协商机制以保证居民有序参与院落治理。

一是主体参与意识有待增强。社区协商程序的不规范和单位制治理的历史遗留问题导致居民协商参与意识不足。同时，党政领导协商意识淡薄，导致协商主体选择、协商流程制定、协商成果落实等环节流于形式，协商实践趋于“病态”。

二是协商议题质量有待优化。一方面，协商议题的科学性不足。在院落

---

① 习近平．高举中国特色社会主义伟大旗帜 为全面建设社会主义现代化国家而团结奋斗：在中国共产党第二十次全国代表大会上的报告［M］．北京：人民出版社，2022：39.

居民人数多、议题内容多且杂的情况下，部分协商主体难以分辨协商议题的主次，无法统筹兼顾全部议题，甚至因议题缺乏协商的可操作性，达不到协商效果，加剧院落邻里矛盾。另一方面，协商议题选择程序不完善。作为协商民主的重要一环，协商议题筛选程序关切协商质量和结果。邛崃市初期协商议题的确立缺乏一整套完善的程序，导致协商议题易受个人偏好影响，部分协商议题的选择呈现随意化、主观化的情况，影响院落居民参与的积极性。

三是协商过程民主保障有待提高。协商过程的民主保障是协商民主实践的题中应有之义，大部分老旧院落的协商监督机制不完善，协商过程无监督机制或流于形式，导致居民不敢表达、不能表达真实想法，危害协商民主本质。对于不同议题协商的程序保障不到位，采取一次终结议题讨论的措施，使得大部分协商主体对协商议题不了解，进而造成民主协商议题深度不够、互动不足、协商不充分等问题。

四是协商成果落实尚需强化。一方面，协商成果反馈机制不完善。协商成果及时反馈可以保障居民的基本权利，但是邛崃市大部分院落在落实协商成果时存在成果反馈不及时和反馈不到位等现象，导致居民对协商成果的落实情况掌握不够，影响民主协商的公众权威。另一方面，协商成果落实机制不完善。院落协商成果存在落实时间长、落实权责主体不明晰等问题，间接提升了院落治理成本。

实践证明，只有推进协商民主程序常态化、制度化，才能建构起社会各界和人民群众参政议政平台，使居民有序参与社区治理的具体实践，才能够扩大公民有序政治参与渠道、真正实现人民当家做主、满足人民日益增长的美好生活需要。邛崃市探索协商民主新实践，不仅是为有效解决社区院落协商民主初期存在的问题，更是对习近平总书记关于协商民主重要讲话和论述精神的积极实践。

二、实践探索："九步议事"协商的具体路径

为牢固树立"治理的核心在人心"理念、搭建民主协商平台、完善居民参与机制、畅通居民参与社区重大事务渠道，邛崃市结合实际，在社区院落实行民主协商九步议事规则，通过九个步骤的逐步规范，探索老旧院落民主协商模式，培育老旧院落协商文化，初步实现了老旧院落协商治理目标。

（一）谋事于前：厘清议题范围，确定协商方案

院落在召集居民等各协商主体决议协商议题前，需要先确定协商的规则、程序、人员、时间、议题等内容，确保后续协商过程能够民主、有序开展。

首先，通过“线上线下”两条渠道收集协商议题，全面掌握社情民意。由社区党组织牵头，畅通议题收集渠道。一是线上畅通居民反馈平台，通过天府市民云、公众号等多种平台开发专门板块，以及小区微信群等方式，收集院落居民关心的热点、难点问题以及公共事项，形成协商议题，提交社区党组织；二是线下建立“两代表一委员”（党代表、人大代表、政协委员、网格员）一对一收集机制以及网格员、楼栋长入户征集等多种方式，定期收集居民热点难点问题，并通过区域化民主协商联席会议方式提交议题；三是由居民小组长或议事会成员直接提议，对涉及社区经济发展、社会事业、院落项目建设等决策事项，定期提交党组织。截至 2022 年，邛崃市已建立 239 个小区党组织，收集各类社区治理议题 791 个。

其次，通过“五议六不议”原则筛选协商议题，全面规范议事范围。为提升协商议事效率及权威，邛崃市各社区党组织收集汇总议题后，召集理事会成员（由 1 名驻社区干部、1 名社区“两委”干部、1 名社区民警、1 名律师组成）以及议题召集方代表（以下简称“议题召集人”），定期召开民主协商专题会进行审定，主要遵循“五议六不议”原则确定协商议题。“五议”即关切小区居民切身利益的公共事务和公共事业；小区秩序维护、小区矛盾纠纷等公共管理秩序维护以及群体性矛盾纠纷；党委政府在小区内落实的重点工作及项目建设；法律法规和政策明确要求协商的事项；各类协商主体提出协商需求的事项。“六不议”即涉及党的政策和法律法规有明文规定的事项；党委政府有明确要求和规定的事项；需居民大会或居民代表大会审议的事项；明显偏颇、显失公平的事项；进入司法程序的事项；属于个体矛盾或个人诉求等事项。

最后，通过“三个明确”原则制订协商方案，全面确保协商流程顺利开展。一是确定协商主体，协商理事会根据议题的实际情况确定协商参与者，主要有党代表、人大代表、政协委员、基层政府及其派出机构、社区“两委”干部、社区社会组织负责人、业主委员会成员、集体经济组织负责人、乡贤人士、相关专家学者、法律人士、社区民警、司法调解员、热心居民以及其

他利益相关方；二是确定协商形式，由社区党组织确定协商地点及具体环节步骤等；三是确定协商方案，包含议题内容、协商主体、协商形式，明确时间、地点、参与对象、议事议程，以便提前通知相关人员参与，并做好准备工作。

（二）循规而发：规范民主程序，形成协商决议

前期协商议题、协商范围和协商方案确定后，由社区党委组织多方协商主体召开协商民主会，集体表决形成决议，再通过司法程序确保协商决议合乎民意与法理，确保协商民主长效、有序、合法开展。

首先，规范协商程序，开展民主协商会议。一是阐明协商会议背景，由社区或院落党组织负责人召集并组织协商会议，清点报告到会人数，由协商会议主持人说明议题来源、审议内容和会议议程等；二是阐明协商议题，由议题召集人对议题进行情况说明，为后续协商讨论提供详细素材；三是议题相关居民进行协商讨论，由议题相关人员对议题进行讨论对话；四是专业人员补充居民协商意见，由邀请的专业人士、乡贤人士、法律人士等发表意见；五是进行协商决议，由社区党组织综合各方人士意见，针对问题矛盾、公共事务等提出可行性方案，提交会议表决。会议主持人由与协商议题无利益关系人员担任，如乡贤人士、法律人士、媒体人士或者第三方机构负责人等；对于涉及面广、关注度高的事项，增加专题议事会、民主听证会等程序；对存在较大争议的问题或事项，一次协商无法解决的可进行再次协商；对多次协商无法解决的困难事项，提交上级党组织协调专业协商力量化解；对跨社区协商的事项，由街道党工委组织开展协商。

其次，梳理协商共识，集体表决形成决议。一是梳理协商成果，议题召集人将多方达成的协商成果方案进行梳理后，形成协商议事表决票；二是报送协商成果，将协商成果方案向与会人员进行通报；三是表决协商成果，将表决票发放给每一位与会人员进行票决，且确保表决人不受他人干扰，真实有效表达意愿；四是统计协商决议，当场统计并通报表决结果，最终形成协商成果决议。

最后，维护协商成果，司法确认协商成果。司法确认程序是民事诉讼法规定的特别程序之一，作为社区院落协商成果的维护，具有零成本、速度快、效力高等优势。依据双方当事人的申请，对当事人在诉讼程序之外达成的民

事调解协议进行自愿性、合法性的审查，并赋予其强制执行力的非讼程序。协商成果的司法确认环节遵循当事人申请和自愿原则，以及内容合法性原则，进一步保障协商成果有效落实，保护协商相关人员的权益，防止后期人为破坏。

（三）持续跟踪：强化评价监督，保障协商成效

为更好地推进协商议事落实，使院落居民尽快享受到协商民主带来的实惠，邛崃市各社区党组织坚持“谁事谁办”的原则，建立全程评价监督反馈机制，保证协商事项快速无阻落实到位。

首先，明确落实规则，推动落实议定内容。一方面按照协商成果方案规定，坚持“谁负责，谁执行”“谁受益，谁监督”的原则，推动议定内容落实，并全过程持续公示。另一方面由社区牵头，做好协商过程公示公开，并贯穿到协商委员会组建、协商议题确定、协商组织等各个环节。同时，借助互联网即时、高效、便捷和低成本优势，以微信等线上平台实时更新信息，便于社区居民及时掌握协商的每个环节。

其次，全程张榜公示，保证落实过程透明。负责执行协商成果的主体做好全程公示，一是线上线下同步公示，线下在社区院落的醒目处公示，线上依托“天府市民云”等渠道建专栏公示；二是将协商议定事项的推进情况、成效等定期公开；三是主动接受居民监督，特别是涉及公共事务以及重点建设项目的，及时公开财务情况。全过程公示监督拓宽了监督形式、监督内容、监督对象，方便组织利益相关方共同监督协商结果落实情况。例如，顺河社区在协商解决路面长期积水项目中，社区党组织成立由业委会、物业公司、业主代表、社区代表等组成的验收组，对改造工程进行监督验收。

最后，建立反馈机制，实施成果绩效评价。为提高协商成果的落实成效，保证居民对协商成果的满意度，邛崃市协商机制的最后一步是构建社区协商结果满意度测评指标体系，将解决时效、协商成效、居民参与等作为具体衡量指标，对协商过程和结果进行评价。为优化社区协商反馈渠道，对涉及协商事项的居民、受益群体等进行协商成果落实情况的回访和评议（回访数原则上不低于协商居民总户数的2/3），通过将问卷调查与现场评议相结合、线上调查与线下走访相结合，过程管理评价与完工后效果评议相结合的方式，多方位、多角度了解协商效果，并对居民接续反馈的问题进行及时整改和回应。

三、成效初显："九步议事"协商的民主规范

邛崃市老旧院落通过明确"九步议事"协商机制，实现协商流程全规范，将院落协商作为推动居民参与、提升社区治理能力的有效手段，促进民主协商的规范化、民主化、法治化。"九步议事"机制的常态化落实和协商全过程的维护，提升了居民参与协商议事的素养和能力，优化了院落民主治理的协商主体结构，推动了老旧院落协商文化氛围的营造。

（一）协商机制完善，助力居民协商素养提升

老旧院落治理不仅需要基层党组织发挥领导作用，更需要发挥居民自治功能。邛崃市老旧院落民主协商，从收集议题到实施成果绩效评价的九步议事程序，皆为院落居民参与提供了保证。居民通过参与院落公共事务，行使当家做主的民主权利，实现了自我管理、自我教育、自我服务、自我监督。

一是居民参与协商议事的积极性提高。一方面，通过"线上线下"多种渠道征集协商议题的方式，改变了以往协商信息闭塞的状况，居民诉求可全方位有效收集，转变了居民对议事协商的消极情绪。另一方面，规范的协商流程提高了居民对协商的认同度，居民全身心参与协商增强了协商效果，居民之间的相互讨论为最终决议提供了完整的信息和依据。

二是居民对议事规则的遵守度提高。民主协商讨论与居民利益关切的议题，居民在协商过程中敢于自由充分表达，邛崃市协商规则规定一次讨论不充分的议题可以再次讨论，保证了议题能够得到充分讨论，协商规则嵌入司法程序中的司法确认环节，进一步保证了决议的合理、合法性，提高了居民对协商规则的遵守度和对协商成果的满意度。

三是居民的协商议事理念得到强化。协商规则嵌入院落治理后，居民通过多次实训操作，日渐形成包容、妥协、对话、共赢的协商议事理念。居民在参与协商实践中不断接收其他居民不同的观点视角和建议，以及各类专家的意见建议，大局意识更加凸显。同时，确保议事成果落实的全过程监督和居民满意度调查等程序的实行，提升了居民的协商素养，推动居民将参与协商的意识内化为自觉行动，营造了居民参与院落治理的良好氛围。

（二）协商资源联动，促进院落治理水平提高

“九步议事”模式将民主协商嵌入院落治理的框架内，以基层党组织为引领，积极链接院落内外资源，有效地把党组织、社区人才、居委会、驻社区单位、商户等资源融合到协商民主治理结构中，凝聚和联动多方资源，推动院落协商成果的高质产出和落实。

一是凝聚社区人才资源，化解了矛盾纠纷。邛崃市构建由基层党组织引领的“15＋N”小区议事协商委员会，“15”为十五类议事成员，包含党代表、人大代表、政协委员、职能部门负责人、包片民警等多方力量，“N”即涉及的利益相关方。将多方力量纳入协商议事中，引导居民主动参与院落公共事务，有助于协商讨论更加深入与民主，有效提高协商质量，逐步解决了院落环境改造、公共空间利用等方面的问题，确保了公共事务协商在基层、矛盾纠纷化解在院落。

二是联动驻社区单位资源，促进了多方共治。邛崃市民主协商机制切实解决了院落治理难点热点问题，深化了区域党建联盟，衍生出“多方协商·多极共治”区域协商机制，完善了“按需召集、约请议事、跟踪监事”协商流程，引导驻社区单位自觉履行社区治理责任，推动了驻社区单位与社区、居民之间良性互动，有效统筹了协商事项所需的财力、物力、人力等资源。目前老旧院落已吸纳所在社区175余家单位，帮助院落居民协调解决各类社区问题190余个。

三是撬动专业机构资源，提升了服务质量。为提高协商议事质效，“九步议事”协商机制嵌入了专业人士协商环节，大力培育社会组织、社会企业等专业机构，加强矛盾化解、心理咨询等专业队伍的储备培养，丰富了社区社会组织、社工专业资源，提高了院落矛盾化解、应急处置、环境监测、风险评估、心理咨询等专业问题的解决质量。

（三）协商场景初成，院落居民协商意识增强

党的十八大以来，协商领域重点扩展到社区，争取“全方位的”“全国上上下下都要做的”协商局面形成，为发展协商文化提供了广泛的群众基础、优质的培育土壤以及丰富的文化来源，为当前全过程人民民主的落实提供了经验支撑。邛崃市老旧院落通过创新民主协商“九步议事”机制，推动居民

参与院落公共事务的协商，营造了院落协商民主的文化氛围。

一是搭建民主协商平台，形成了广集众智的协商文化。在基层党组织的引领下，老旧院落居民积极参与协商议事，营造了社区院落协商氛围，“有事好商量”成为居民的生活态度，融入居民日常生活。协商渠道的畅通，协商平台的搭建，促进了居民有序的政治参与，实现了多方主体的良性互动，形成了广集众智、善谋良策的协商文化。邛崃市老旧院落均已成立院落党组织，已解决如电梯安装、增设停车位、公共空间营造等院落问题和诉求 1100 余个。

二是确立民主协商规则，培育了体谅包容的邻里文化。面对城镇化进程中老旧院落居民由单位人变为社会人的新形势，院落居民群体的价值观念和利益诉求日益复杂多样，协商讨论环节通过保护居民决议的隐私，让各种观点交流、沟通和互动，从而让各主体都敢于讲真话、反映真知灼见，提出解决问题的办法。

三是落实民主协商成果，营造了和谐有序的院落文化。经过九个步骤的协商讨论，居民主体拥有规范化诉求反映渠道和明确的议事协商规则，协商事项的落实坚持“谁负责，谁办理”原则，从根本上杜绝了居民非理性或暴力行为发生，有利于和谐有序的协商文化营造，提高了院落治理的效率。

四、经验启示：“九步议事”协商的价值发展

老旧院落是基层社会治理的重要组成部分，是各种利益关系和社会矛盾的交汇点。面对城镇化进程中老旧院落利益主体多元化、利益诉求多重化、利益冲突多样化的治理挑战，在老旧院落完善民主协商机制、创新民主协商实践是院落自治的有效探索，也是社会主义基层民主建设的重要组成部分。邛崃市老旧院落的“九步议事”协商实践证明，把协商民主嵌入院落治理框架内，坚持党建引领，优化主体结构，建立协商规范，有利于维护居民切身利益，推进院落协商民主的健康发展。

（一）坚持党的领导是开展院落协商民主实践的首要前提

协商民主是实现党的领导的重要方式，坚持党的领导又是城镇化进程中有效开展基层协商民主的必要前提。邛崃市九步协商议事机制以基层党组织为牵引者和推进者，实践表明，只有坚持党的领导，才能将协商民主贯穿于

院落治理的全过程。

一是以基层党组织带动多方主体参与民主协商。院落民主协商以解决居民实际问题为行动导向，解决院落问题不仅需要院落居民参与，还需要多方主体尤其是党政部门的高度支持。为保证协商的有效性，需要拉动多方主体参与协商，社区党委作为连接多方主体的纽带，要扮演好协商的纽带角色，统筹党组织、政府部门、院落居民等主体，保证民主协商的有效开展。

二是以基层党组织有效统筹民主协商流程。在推进院落民主协商过程中，如何协调多方主体参与，如何督促协商成果落地落实，如何有效推进整个协商流程，关键在于基层党组织的统筹引领。发挥基层党组织统筹全局、协调各方的作用，宏观把控协商过程，能够确保协商成果落地、有效规避潜在风险。

三是以基层党组织保证协商民主价值。民主作为院落协商治理的基本导向，是保障居民主体参与治理的重要价值，院落民主协商是推进居民自治的重要工程，其核心要义在于提高居民自治能力。党的全过程牵引将民主理念细化到民主协商实践的每个步骤，使得民主协商成果有效落实。在具体实践中，要建立相应的领导统筹和考核机制，组建专班指导培训，发挥党员的模范带头作用，保障全覆盖式地参与院落协商民主治理实践。

（二）优化主体结构是提高院落协商民主质效的必要条件

优化协商主体结构有助于突破院落协商民主的局限性，是提高院落协商民主质效的必要条件。邛崃市九步民主协商强调联动多方主体，通过具体的行动将多方主体纳入民主协商实践，极大地激发了各主体的参与热情，推动院落居民形成广泛共识，为院落民主协商发展积累了实践经验。一是有针对性地选择协商主体，吸纳与协商议题相关的多方主体。城镇化进程中，院落民主协商所涉及的议题更为复杂，民主协商的成功运转和协商成果的有效落实需要具体问题具体分析，在民主协商会议前做好协商讨论准备工作，确定好参与协商成员，动员相关主体积极参与，避免相关主体因为协商机制不健全而参与缺位，导致协商民主机制无效运行或协商成果质量较差的情况发生。二是要科学构建院落民主协商模式，提升民主协商的广度和深度。根据院落协商的具体情况构建合适的多方主体参与模式，在保证公开公正的前提下，可以将开放式自愿报名、随机抽选和主动邀约等多种方式结合起来，增强参与者的代表性，以应对复杂协商问题。三是要增强不同协商主体间的协同配合能力，明确主体职责权限。根据院落实际设计不同主体参与的职责分工结构，加强各协商主体的对话以强化协商信任，培育多方主体共商共治共享的意识和能力。

（三）完善协商机制是推进院落协商民主发展的重要保障

协商平台是多方主体参与协商的对话载体，院落协商民主机制的有效运行需要完善的协商对话平台。邛崃市九步民主协商机制构建了协商前的线上线下参与、协商中的信息沟通等协商平台机制，推动了院落民主协商平台机制的完善。邛崃市民主协商实践表明，老旧院落开展民主协商，一是要搭建院落协商平台，构建多种形式的协商参与机制，充分发挥线上协商平台等新型协商方式的积极作用，通过微信群、公众号等途径扩大多方主体参与协商的渠道和机会，丰富协商民主形式；二是要建立灵活的协商对话机制，在进行协商对话时，要保证协商议题事项的信息公开透明度、信息对话的深度和及时性，为多方主体充分了解议题内容、达成协商决议共识创造条件；三是要创建协商监督落实平台，完善协商监督保障机制，要充分发挥协商中的资源、网络、人员等优势，加强院落资源的整合利用，创建专门的监督落实平台和定期公布协商落实情况的机制，夯实院落民主协商运行根基。

（四）规范协商程序是培育院落居民自治文化的必要手段

城镇化进程下老旧院落的民主协商形式趋于多样化、主体趋于多元化、利益趋于复杂化，迫使老旧院落需要更为严格的协商规范和更为积极的院落文化。邛崃市老旧院落将民主协商程序划分为“九步议事”机制的九个步骤，对民主协商的全过程作了整体全面规范，畅通了民主协商表达渠道，为培育院落自治文化创造了有利条件。

一是细化协商程序，保证协商过程专业科学。协商程序的设计对民主协商的实践成效至关重要，必须明确梳理民主协商的全过程，细化协商的每个环节，以此降低协商结果的局限性，提高协商成效。二是规范过程落实，实现民主协商有效运转。“社会稳定的关键是加强利益表达、协商、博弈和矛盾调处的政治制度建设，通过发展民主，提高政治体系的社会适应能力，引领、组织和疏导不同阶层进行制度化民主参与。”① 协商民主是推动院落自治的重要民心工程，需要通过加强规范协商程序全过程，防止民主协商中发生形式主义、官僚主义等有失民心的举措，保证协商成果的民主落地。三是做好宣传工作，唤醒居民协商自治意识。在协商前，通过对民主协商功能的宣传介绍，让院落居民意识到主动参与协商的必要性和重要性；在协商中，加大对协商典型案例、模范事迹等的宣传力度，鼓励居民在参与协商民主的全过程中主动作为、主动争取、主动监督；在协商后，及时宣传报道协商成果落实情况，提高院落居民的协商积极性，使协商精神内化于心、融入生活，把民主协商作为解决问题和院落自治的常态化手段机制。

① 蒋俊明．利益协调与社会主义民主政治机制完善：基于阶层分化的分析［M］．镇江：江苏大学出版社，2014：38．

第三节 “书院雅居”擦亮居民自治名片

随着城镇化进程的加快和治理结构的逐步改革，社会治理重心下移到社区院落，老旧院落逐渐成为社会治理的重要承载。院落自治是院落居民有序有效参与院落公共事务的形式，是保障公民政治参与、加强基层民主建设、实现社区治理现代化的必然之举。与此同时，由于历史沿革和遗留问题，老旧院落存在居民需求得不到有效解决、矛盾日益凸显、居民参与意识淡薄、参与内容有限等问题，成为影响院落居民自治的重要障碍。邛崃市考棚社区“书院雅居”在院落更新中动员居民参与，转变院落治理面貌，培育院落公共精神文化，切实以解决居民关切的“小问题”，赢得民心向背的“大政治”，有效提升了院落居民的获得感、幸福感和安全感，初步探索了老旧院落居民自治的实践模式，为其他老旧院落居民自治实践提供了有益借鉴。

一、一个院子：点燃院落居民自治实践的探索引线

“书院雅居”院落曾经是单位制宿舍，目前90%的住户为退休教师，60岁及以上老年人占比在3/5以上，居民大多从院落建成就一直居住在此。由于常年处于无人管理状态，“书院雅居”院落公共精神缺失、矛盾纠纷不断、活动空间房屋破败等治理问题越发严重，被列入邛崃市城镇化进程下的城市更新项目名单中。因此，在城乡社区治理体系中，如何探索以居民参与为内生动力的老旧院落自治实践尤为重要。

（一）院落改造：社会转型下城市更新的必然选择

城镇化进程下的城市空间结构布局面临调整，由于修建时间较早、缺乏持续性管理，老旧院落的整体规划和管理问题在城镇化进程不断推进的过程中逐渐凸显出来。“书院雅居”修建于1996年，原为邛崃一中教师宿舍，存

在很多老旧院落的治理通病。一是空间布局规划不合理。院落空间布局规划受时代建造局限，已不适应现代居住的基本需要，院落公共空间呈零散分布状态，部分空间被私人占用，甚至部分绿化种植点不符合消防安全要求。二是住宅建筑老化。老旧院落住宅建筑出现不同程度损坏，整体形象破旧。“书院雅居”院门墙破损、院坝地面坑洼等现状存在较大的安全隐患，严重影响院落居民的生活质量。三是公共设施老化缺失。受时代发展限制，“书院雅居”院落基础设施规划不完善，生活垃圾处置设施落后，电路网线连接混乱，车辆停放空间不足。同时，院落楼层没有电梯，老年人上下楼不方便的问题也越发严重。老旧破损的“书院雅居”逐渐无法与邛崃市城镇化进程中城市经济建设和社会转型发展相适应，对其进行院落改造是邛崃市城镇化进程中的必然选择。

（二）院落自治：应然性要求下的自治机制探索

新时代以来，我国社会主要矛盾已经转化为人民日益增长的美好生活需要和不平衡不充分的发展之间的矛盾，人民对于物质文化生活提出了更高的要求，在民主、法治、公平、正义、安全、环境等方面的需求日益增长。“书院雅居”居民对院落的服务供给能力提出了更高要求，希望社区在改造院落的同时，提供内容丰富、形式多样的公共服务。这一要求本身代表了居民对院落生活的美好追求，同时也反映出院落居民仍存在“等靠要”的依赖思想。在新型城镇化背景下，探索院落居民自治是邛崃市老旧院落发展的必然选择。

“书院雅居”院落是单位制宿舍的产物，加之政府长期“大包大揽”，从建立之初就对政府有很强的依赖性，主要体现为如下几点。一是院落自治主要依靠政府公共服务资金在推动。院落缺乏挖掘整合本辖区资源的意识，院落自治的成效和政府投入的成本相关，难以形成院落自治的长效机制。二是政府提供的院落自治专项基金使用不合理。院落形式化成立自治小组，导致小组只有架构没有内容，院落治理难题难以有效解决。三是院落居民自治意识缺失。居民缺少“主人翁”意识，导致其忽略自己本有的民主权利和义务，把参与院落自治当作任务和负担。这些问题不仅影响院落自治进程，也进一步导致整个城市更新下的院落更新无法有效推进。为推动院落发展，培育居民的公民精神，提升院落治理水平，“书院雅居”迫切需要探索符合本院落居民的自治机制。

二、三个更新：确保院落居民自治实践的有机开展

与过去大部分老旧院落的改造不同，“书院雅居”充分结合书院、学道衙门、钟鼓楼等文脉元素，以居民参与为主线完成院落微更新改造。在具体实践中抓好居民参与的三个关键，确保院落更新的有序开展，即以居民协商策划院落更新方案、以居民参与为主开展院落更新行动、以公共精神建立长效机制，通过让院落居民参与改造，实践出一条院落自我管理、自我服务和自我监督的可行路径，发挥老旧院落自治实践 1 + 1 > 2 的效果，为邛崃市老旧院落改造提供了示范。

（一）民主协商：聚力院落更新方案

为贯彻邛崃市以人为本的治理理念、提升社区服务质量，“书院雅居”院落更新以引导院落居民自治为重点，以院落居民需求为导向，在更新实践初期，考棚社区党组织牵引“书院雅居”院落党小组更新民主协商流程。

首先，组建院落规划队伍。队伍建设初期由考棚社区党支部带头，派遣专员挖掘动员“书院雅居”院落党员代表，组建由 1 名退休职工党员和 8 名退休教师党员组成的院落党小组。队伍逐步吸纳院落委员会成员、院落自组织成员，积极动员院落党员、居民骨干、社会组织、设计团队共同组成居民意愿收集小组和院落规划创意小组。

其次，收集居民改造需求。居民意愿收集小组从院落环境整治和设施设备改造等小空间、小投入、小问题着手，通过入户调查、居民坝坝会、线上协商议题收集平台等形式，全入户、全摸底、全方位了解院落所有住户的改造想法和意见，最终收集到意见和建议 20 余条。

最后，民主协商确定方案。院落规划创意小组根据院落实际情况，结合居民改造需求，制订院落改造方案。院落党小组以院落“九步议事”协商规范为遵循，以院落改造方案为协商议题，同时邀请政协委员“一对一”参与民主协商指导监督，规范召开民主协商会议。经过七轮“意见收集、方案修改、反馈完善”循环后，最终确定了充分融入全员参与要素、打造居民全程参与式的院落改造方案。

（二）参与改造：开展院落更新行动

院落居民在院委会和党小组的动员下，不仅以“主人翁”身份思考院落改造设计规划，而且积极参与更新行动。在院落更新过程中，所有住户不仅众筹资金，还投工投劳，切实参与门匾题字、墙绘、文化角、小微花园等三个方面、六个关键节点的更新改造环节。

一是在院落文化氛围营造方面。根据近年来考棚社区挖掘文化资源和文化人才的治理导向，院落改造首先从“文态”入手，充分发挥“书院雅居”院落的“教师”资源优势，将文化元素融入院落改造的每一个细节，充分展现书香社区风采。院落门匾由张芹真老师的学生李兵题写“书院雅居”四个字，墙面经过翻新后由闫少林老师带头手绘 3 幅展示考棚文化、学道古街、钟鼓楼的墙画，原有的院落公示栏摆放位置打造成师道文化角，展示师道文化和居民书法作品，为后续院落形态、业态、生态优化奠基。同时，为了丰富“书院雅居”居民的文化生活，院落积极搭建居民交流沟通平台，开展“你好，邻居”系列活动、节日坝坝宴等节庆活动，增进邻里感情。

二是在院落环境美化提升方面。院落统筹政府社区拨付和居民众筹的钱款对院坝地面进行硬化，统一铺设柏油地面，切实消除院坝地面坑洼带来的安全隐患；院落更新方案统一规划停车位置，由居民参与勾画停车线，以此规范停车秩序，增加院坝活动空间；朱明红等 8 名院落住户捐赠 27 盆绿植打造院落小微花园，与居民阳台的“空中花园”相映，提高院落自然环境的美化程度。

三是在院落健康生活空间打造方面。一方面，院落重新将公共空间活动室利用起来，通过清理修缮，打造“兰香雅室”活动空间，院落“阳光书画社”成员捐赠 7 幅书画用于活动空间的美化布置。同时，为提高活动空间利用效率，院落居民制定了错时使用规则。另一方面，为营造健康生活空间，保证院落老年人的上下楼安全，院落积极向政府和社区争取“既有住宅安装电梯”项目，通过院落空间规划和院落民主协商，对接电梯公司和施工单位进行电梯安装。目前，“书院雅居”电梯的成功安装事例被作为邛崃市老旧院落更新改造中探索居民自治实践的典型经验进行宣传。

（三）机制搭建：维护院落更新成果

为长效维护院落更新成果，确保院落自治实践常态化开展，“书院雅居”院落在党小组和院委会的领导下，统筹辖区资源，搭建院落自治实践机制，营造共治共享的院落自治氛围。

一是依托院落党小组，建立院落维护志愿服务机制。书院党小组牵头成立院落绿化管护志愿服务、院落车位劝导志愿服务、院落综治巡逻志愿服务、院落矛盾纠纷调解志愿服务等 N 个服务队，并将相关规范嵌入院落自治条文。同时，在党小组的带动下成立两支院落自组织，进一步落实院落环境、安全、秩序等方面的自治服务，不断增强院落居民的自治意识，培育具有参与意识、监督意识、责任意识的小区居民骨干。例如，在电梯安装过程中，老党员主动发挥志愿服务作用，组建“工作站 + 社区 + 居民代表”的监督协调小组，协商解决改造过程中出现的问题，并对施工质量、施工安全等方面全程监督、每日巡查，确保电梯安装项目顺利推进。

二是依托院落委员会，协同居民共同商定居民公约。院落老党员牵头成立“工作站 + 业委会 + 居民代表”的院落自治委员会，院委会引导院落居民共同商定院落公约，并由居民代表戴崇华老师将院落公约书写上墙。院委会带领院落居民共同确定自治资金规则，居民代表通过考察调研，科学确定了院落物业费和停车费标准，由院委会统一收取，用于门卫聘请、邻里活动等院内公共开支，并按照公示规则及时公示资金使用明细，实现了院落的财务自治。

三是依托“兰香雅室”，建立激励性管护机制。“兰香雅室”不仅是院落居民的活动空间，也是志愿服务共享驿站。为充分调动居民参与院落自治的积极性，院落通过与驻社区单位和辖区商家的资源进行链接，细化志愿服务积分兑换制度，建立了公益积分兑换激励机制。同时，为确保辖区资源可以长效利用，院落党小组和院委会组织居民代表对辖区单位定期进行考评，对表现优异的辖区单位给予表彰并颁发荣誉证书。通过精神鼓励和物质激励相结合的方式，调动更多居民加入志愿服务队。截至目前，院落居民累计积分 420 分，已兑换停车券、超市商品、观影票等 4 项共享服务 104 次。

意志的表达，融合院落历史文化，建立完善符合院落实际的规章制度，软性约束居民行为。例如，“书院雅居”院落公约的内容与院落书院文化相关，借助书院历史文化唤醒睦邻友好院落记忆，保障居民对自治实践的运行维护。

（四）老旧院落自治要以公共精神培育为核心

公共精神是指导院落集体行动的法宝。当前院落治理的主要问题之一是居民参与治理的公共性弱、个体性强。因此，现阶段加强院落自治，需要培育和提高居民的公共精神和自治意识，强调居民的主体地位，推动院落居民由个人理性向集体理性转变。一是发挥院落骨干的示范带头作用，动员居民逐步参与院落自治。作为院落自治的积极行动者，院落骨干能够有效动员其他居民参与院落公共事务，因此必须首先挖掘和激励院落骨干，带动院落居民参与集体行动，从而为培育公共精神奠定基础。二是规范院落自治的全程公开流程，提升居民的认同感和信任度。通过提高院落自治的信息透明度，院落居民可以持续关注自治成效，逐渐改变对院落自治的看法，提高公共精神和自治意识，进而改变院落居民“搭便车”的理性计算，并自觉参与院落自治实践。三是营造公共精神的院落氛围，在潜移默化中提高居民公共精神和自治意识。院落文化环境对居民行为的影响是深远的，通过开展志愿活动、重塑院落文化、建立激励机制，能够持续吸纳居民参与志愿活动，培养居民“主人翁”意识，塑造公民形象，克服政治冷漠态度，主动参与自治，增加院落居民的认同感，有助于建立居民互帮互助的关系，营造公共参与氛围。

第四节 “铁花文脉”破解小巷管护难题

随着城镇化进程的推进，城市社区治理面临的问题不断增加，群众对社区治理的利益需求更加趋于多样化，其中，背街小巷的治理问题成为社区治理亟须解决的问题之一。如何提高背街小巷治理水平，改善背街小巷的整体环境，保障居民的日常生活和公共权益，是当下老旧院落向新型城镇化转型过程中不容忽视的问题之一，也是当下社区治理研究的难点重点。党的二十大报告指出，“健全基层党组织领导的基层群众自治机制，加强基层组织建设，完善基层直接民主制度体系和工作体系，增强城乡社区群众自我管理、自我服务、自我教育、自我监督的实效”。[①] 基于此，邛崃市铁花背街小巷在构建共建共治共享治理格局的过程中，将传承的历史文脉嵌入其中，通过挖掘街区空间形态背后的人文价值，促使铁花巷摆脱“脏乱差”的背街小巷形象，推动铁花文脉和街巷院落治理的良态互动发展，为社区文脉嵌入老旧院落提供了有效借鉴。

一、破解之始——铁花背街小巷的治理缘由

街巷空间是一座城镇的社会结构、治理情况、经济文化状况在建筑、空间上的投射。随着城镇化进程下新的需求植入和历史老城现状产生的矛盾，背街小巷的“脏乱差”既影响居民居住质量，也有损老旧院落的治理形象。铁花社区老旧院落对辖区内的背街小巷进行整治创新，一方面是对城市行动更新下街巷治理更新的必然要求，另一方面是对院落居民需求的有效回应。

---

① 习近平．高举中国特色社会主义伟大旗帜 为全面建设社会主义现代化国家而团结奋斗：在中国共产党第二十次全国代表大会上的报告［M］．北京：人民出版社，2022：40.

（一）推动街巷更新治理的必然要求

铁花巷是铁花社区背街小巷之一，有主巷1条、支巷11条，总长1860米，住户268户，常住居民973人。铁花巷原路面坑洼不平，两侧房屋老旧，居民居住环境潮湿阴冷，巷道硬件设施匮乏，没有路灯、监控、消防设施，盗窃频发。经过政府出资400多万元，街巷商家、院落居民自筹100多万元，通过2014年、2017年、2018年的三次改造，铁花巷的路面绿化、硬件设施得到更新，依托文创和历史街区打造项目，铁花巷形成了“大汉临邛、铁花探秘、长乐未央、铁器流光、融秦铸汉、铁花传奇”六个文化主题节点。铁花巷独有的文化景观和氛围布置推动了街巷在短时间内实现面貌更新，但由于没有建立长效的管护机制，街巷更新成果得不到有效保护，街巷内仍存在以下问题：车辆停放无序，造成原本狭长的街区拥堵不堪；巷道和辖区商家无消防安全设施，存在安全经营隐患；街巷公共设施损坏严重，如留存下来的绿化设施面临无人管护等问题。面对如此现状，提升其街巷的环境及配套设施、解决街巷的后续治理难题不仅是铁花巷的商家和院落居民的殷切期望，更是新型城镇化进程下街巷治理更新亟须完善的必然要求。

（二）回应院落居民心愿的需求导向

作为老旧院落的外延生活空间，背街小巷拓展了院落居民的公共空间，但也造成了居民乱用空间的问题。一是院落居民对院落活动空间的需求更加多样。由于院落场地不足，难以满足居民运动健身、休闲娱乐以及停车等需求，居民开始占用辖区外部街巷的公共空间，居民私自占用进一步加剧了街巷空间混乱的问题，车辆停放混乱、街巷道路乱占等情况得不到有效管理，扰乱街区秩序，影响巷内商家及院落居民的日常生活，且破坏城市更新中老旧院落的治理形象。因此，加强对老旧院落的治理改造，不仅需要对院落内部进行改造升级，也需要对辖区外部公共空间改造升级，统筹规划院落空间，提升街巷空间利用率。二是院落安全隐患问题需要得到系统根治。由于公共空间较为狭窄且拥挤、电线等公共设施年久失修、消防设施配备不足等问题，老旧院落存在连片起火的安全隐患。街巷作为紧密连结院落居民住所的公共场所，相较院落具备更大的公共空间，将消防设施嵌入巷道空间，在一定程度上可以缓解院落消防设施配备空间不足问题，提高院落消防安全保障水平，这也是推动背街小巷整治的重要原因。

（三）开启院落治理创新的重要契机

老旧院落治理一般秉持文化嵌入治理的原则，作为治理中的软性约束规则，文化可以起到凝聚人心、德治约束的作用。通过院落文化精神的培育，唤醒居民睦邻友好的观念，维持居民自治的长效运行。铁花社区老旧院落在此基础上，考虑如何发挥社区、居民及驻社区单位的多方力量，链接多方资源，形成治理合力。铁花背街小巷的更新改造为社区院落治理创新提供了一个很好的切入口。铁花巷是邛崃市有历史文化底蕴的背街小巷：作为西汉卓王孙冶铁的历史遗址，是文君相如文化的重要组成部分，也是展示古临邛汉文化和产业盛况的重要文化地理坐标，在2018年被巷道院落居民申请为邛崃市特色文化街区打造项目。铁花社区老旧院落通过挖掘“铁花”历史文脉、打造文化品牌，将文脉嵌入老旧院落治理，聚集铁花巷院落居民、志愿者、社工等多方主体参与街巷院落的服务治理，初步探索了新型城镇化进程中以文化凝结多方共治的“铁花”样本。

二、破解之法——铁花背街小巷的共治实践

铁花巷联合辖区机关、企事业单位、规划师、社会组织等主体，通过“平台+党建”构建共治组织体系、“问需+清单”共治资源精准对接、“志愿+考评”确保共治行动常态开展，组织居民群策群力解决院落公共事务，着力提升辖区居民综合素质，形成以党组织为核心，自组织、志愿者、社会组织、辖区非公企业等多方主体协商共管的局面，探索出一条积极回应居民诉求、提升社区综合服务水平的路径。

（一）“平台+党建”，构建共治组织体系

铁花巷紧抓老旧院落改造的历史机遇，秉持“善治·共建共享”的治理理念，整治老旧院落背街小巷的治理难题，初步探索出适合自身治理发展的“社区党组织+社会组织+志愿者”的组织架构，形成三方联动参与的治理格局。

首先是搭建铁花巷共建共享平台。在社区党组织的牵引下，铁花巷利用辖区内旅投集团提供的场地，搭建了社区第一、第二支部党群服务中心和

“大爱铁花·汉韵小巷”志愿服务驿站。依托这两个平台，铁花巷党群服务功能得到前移，志愿活动阵地得到保障。

其次是整合基层党组织功能。为切实发挥党建引领作用，铁花巷不断强化“一核多方”的治理格局，高质量完成街区打造。一是深化党建引领共谋共商功能。铁花巷特色商业街区组建了街区联合党支部，从方案的包装策划到组织动员、实施打造，联合党支部全程参与；同时与辖区内 9 个驻地机关企事业单位党组织结对共建，打造党建联盟。二是创新多元投入共建共治功能。为确保街巷治理的资金充裕，基层党组织根据巷道实际情况，创新资金筹集制度，积极争取各类项目资金，引入社会资金、自筹资金等多种方式筹集项目保障资金。三是调动多方参与共担共享功能。为了做好特色商业街区的后续运营管理和维护，基层党组织整合辖区内商业资源，引入专业运营公司组建社商居联盟，将专业管理和自治管理有机结合，进一步提升特色商业街区的管理运营水平。

最后是组建志愿服务队伍。铁花巷共有住户 268 户，常住居民 973 人，为响应以人为本的治理理念、凝聚社会力量、健全群众参与机制，铁花巷两个平台组建了 3 支共 81 人的党员、居民志愿者服务队伍，以及公共设施维护队和车辆秩序劝导队两支功能性志愿者队伍，此外还组建了铁花巷商家联盟队、铁花巷义务消防员队和依托巷道文化创建“古韵·今香”创意社。通过党建联盟成员、商居联盟成员和院落居民的共同参与，壮大盘活了多支志愿服务队伍，为后续治理提供了有力保障。

（二）“问需+清单”，共治资源精准对接

铁花巷党组织以老旧院落改造为契机，通过民主协商机制征集多方主体意见，常态化开展“现状资源调研、问题需求调查、公益项目协商”活动，建立“231”清单体系，推进居民需求与辖区资源精准对接。①

问题和需求清单是铁花巷党组织按照“居民群众所盼、自身力所能及、惠及一定群体”的原则，通过建立居民点单机制，广泛征集、定期梳理制约铁花巷发展的突出问题和居民反映强烈的合理需求形成的。铁花巷党组织立

① “231”清单体系：“2”指铁花巷院落问题和需求清单，“3”指驻铁花巷社区单位设施资源开放、公共服务参与、公益事业建设清单，“1”指铁花巷公益服务项目清单。

足社区发展实际和群众需求，通过召开金点子沙龙会、“铁花夜话”问题意见收集会、居民问题收集坝坝会、机关单位商家资源链接联席会，开展入户走访居民意见收集、商家问需求等形式，引导多方主体建立议事协商机制，整合问题需求，并将其清单化。经整理，铁花巷的主要问题包括巷道内车辆停放无序、缺少停车位、缺乏消防安全设施、公共设施损坏严重、巷道环境“脏乱差”等；铁花巷的群众需求主要包括老年人外出就诊、巷道内需增派值守人员等。

服务项目清单是驻铁花巷社区企事业单位按照“共建共治共享”原则，通过建立单位备单机制，联合驻社区单位在场所、设施、人才、技术等方面共享资源形成的。问题需求清单确定以后，铁花巷街区向驻社区旅投集团、教育局、自然资源和规划局、社区内小区、商家、学校等单位链接资源：教育局每年提供 1 万元公益金；旅投集团提供街区停车位 23 个；天乐苑小区提供停车位 15 个；铁花巷 10 家商家与社区签订积分兑换协议，用于积分兑换；西街小学红领巾队伍铁花巷秩序维护队开展志愿服务。链接资源切实解决了清单上的部分问题，比如规范车辆停放、增设停车位、增加消防设施、维护老旧公共设施、提供维修资金等。

公益服务项目清单是按照“精准匹配、便于实施、常态长效”原则，通过建立社区拼单机制，将铁花巷院落问题需求和社区共享资源进行有机衔接形成的。铁花巷积极链接驻社区单位，整合辖区资源，目前开展的共享项目包括由铁花巷个体工商户组建微型消防站；由社区协同通康医院设置公益共享药箱、公益共享停车位、共享运动场地，开展公益医疗服务、为老服务、“微党课”等公益性活动，推动了辖区资源的高效利用。

（三）“志愿 + 考评”，确保共治行动常态开展

在共治组织的协同参与下，铁花巷完成了辖区内三类清单的建立，实现了居民需求和服务的精准对接，避免了资源浪费和需求得不到回应的现象发生。为确保共治服务的有效开展，铁花巷党组织将活动项目划分为三大板块，即以硬件资源为主的设施共享行动，以软件资源为主的服务供给行动，以人、财、物（综合资源）为服务支持的公益共建行动，并通过建立志愿服务和相关考评机制，推动服务清单落地。

一是建立团队履单机制。基层党组织联合各类志愿者团队，明确涵盖为

老、助残、社区安全等多个领域的服务清单，成立共治服务组织队伍满足居民需求、维持街区环境秩序。历史街区秩序维护队开展铁花巷秩序维护志愿活动；公共设施维护队开展铁花巷公共设施维护志愿活动；义务消防员队开展消防安全志愿活动；商居联盟确立“周一议事日”讨论铁花巷管理问题，提供街区常态化服务。为提升志愿者长效履单的行动力，铁花巷党组织建立了积分兑换激励机制，兑换内容主要涉及院落居民关切的共享停车券、共享药箱、共享运动场地等需求。

二是建立党组织评单机制。考评驻社区单位不仅是量化驻社区单位履责结果的重要体现，也是激励驻社区单位参与社区治理的重要手段。铁花巷党组织对驻社区单位履责情况进行评单，由社区党委召开年终评议会，评议会由党员、居民代表、驻社区单位代表组成，党组织发放测评表评议，评议主要包括驻社区单位履责情况和居民满意度反馈，考评结果与其后续获得的政府服务等发展资源挂钩，以此激励驻社区单位认真履责。

三、破解之效——铁花背街小巷的共治实效

铁花背街小巷充分发挥党建引领示范效应，通过搭建平台阵地、凝聚社会力量、建立清单制治理机制，推动资源和需求的精准衔接，多方共治实践的常态化发展催动了居民自治能力提升和服务提能，转变了街巷院落的治理面貌，初步破解了老旧院落背街小巷的治理难题。

（一）共治组织架构完善，居民实际需求得到解决

铁花巷坚持“党建+治理”的模式，根据不同治理情况构建不同的组织架构。针对整体街巷治理，构建了“社区党组织+社会组织+志愿者”的组织架构，形成三方联动齐参与的治理格局；针对居民院落，构建了“社区党组织+院落党组织+楼栋（网格）党小组”组织体系；针对“院落+街巷”的居住单元，构建了“社区党委+网格党支部+院落商圈党组织”的商居融合链条式治理组织架构。通过党组织的多方嵌入，促进街巷治理从居民点单到单位备单、社区拼单，再到团队履单和党组织评单形成闭环式联结，实现了多方主体联结、分散资源联结、多类功能融合、单位责任分摊，构建了街巷院落、驻社区单位、院落居民协同治理的微循环。铁花巷以“231”清单制建立为切入点，通过明确问题、提供需求、进行服务、资源链接，使辖区资

源和居民需求实现精准对接，使整个共治过程更加精准、透明，体现公平公正，有效解决了铁花巷历史街区车辆停放无序、公共设施损坏等问题，为居民参与院落治理提供了全过程参与的途径，提升了居民参与院落治理的热情与能力，也为后续治理清单的建立提供了借鉴。

（二）共治主体携手共建，街巷院落面貌得到改善

铁花巷清单制治理机制的有效构建，推动了多方主体协同发力，使街巷院落面貌发生质变。

一方面是治理面貌得到改善。通过共治组织和共治资源机制的搭建，街巷院落从单一社区管理向多方共治互动转变。多方主体的履单制机制建立后，铁花巷形成了驻社区单位在融入街巷院落治理中履责，街巷院落在驻社区单位融入中循环增能的新局面。驻社区单位通过参与街巷院落治理，划定责任清单，履行单位职责，提高了街巷管理效能。铁花巷街区同自然资源和规划局、教育局、西街小学、商家等签订协议，党政机关、事业单位以及非公企业在与参与铁花巷管理中互相融入，对口分包责任为街巷院落治理提供助力，奠定了多方共治格局的基础。

另一方面是环境面貌得到改善。通过开展“维绿行动”、学雷锋、节庆日等志愿服务活动，有效改善了街巷院落环境“脏乱差”的局面，同时还提高了街巷居民的生活便捷程度。经过资源对接整合，自然资源和规划局、教育局、旅投集团、中国酒村、西街小学、示范幼儿园、兼爱社工、幺幺轻食、严记私房火锅、食欲西餐厅等机关事业单位和商家联合开展铁花集市、小巷音乐会、卓文君舞台剧、汉风文化市集、跳蚤市场、“景在九月”摄影比赛、迎新春、微更新项目等系列活动，邀请千余人次居民群众参与，吸引游客近2000人次，实现了院落环境面貌的大改善，提升了铁花巷街巷院落的发展潜力和治理能力。

（三）共治实践常态推进，居民自治能力得到提高

院落资源是院落和居民的公共资源，具有“非竞争性”和“非排他性”，是院落发展的物质支撑。铁花巷通过链接人力、单位物资、共享场地、志愿服务等资源，在共治实践中达到了资源循环增能的效果。铁花巷通过“用脚投票法”和“兴趣搜索法”等专业方法组建志愿者队伍，联合驻社区单位提

供志愿服务，表明居民的思想逐渐由“人人为我”变为“我为人人”，促进了居民自我管理、自我监督、自我增能，也明确了居民的公共责任，培育了居民的公共意识，进一步提高了居民的自治能力。

自治组织的成立也进一步提高了居民的自治能力。铁花巷结合社区老旧院落多这一实际情况，以“铁花铸魂，居民赋能”为路径，设立公益微创投项目，激发居民参与活力，充分整合利用院落内资源，积极鼓励居民提供绿植、盆栽，开展公益活动，撬动居民自筹资金4万余元参与治理。同时，自治组织结合院落或队伍实际，申报公益服务项目，有在端午节、重阳节等传统节日开展的各种特色活动项目，也有非节庆日定期推选的“好人好事”光荣榜等项目，全年能吸引近5000人次的居民参与。这样，不仅为居民提供了参与治理的渠道，还确保居民在治理过程中逐渐提高自治意识和能力。

（四）共治资源精准对接，铁花街巷文脉得到延续

铁花巷片区的街巷治理工作既有效地改善了院落居民的居住环境，提高了居民生活水平和院落居民自治能力，又节约了城市新建项目的投资，避免了城市资产的损失，更重要的是对城市历史和人民的尊重，有利于延续城市文脉和加强社会凝聚力，符合当前城市存量发展的现实。背街小巷作为传统街巷的一部分，是现代城市建设中的一个产物，既是历史的沉淀，也是居民生活印记的承载，具有浓厚的地方特色和市井气息。铁花巷通过精准深挖街区的历史文化和地方特质资源，以“铁花”文化元素为底蕴，融入美食元素和现代潮流，在承接历史文化的同时融入群众自治，有效提升了街区的文态、业态、形态，为社区居民构建了优质的社区生活服务圈，提升了居民的获得感、幸福感。

一方面，通过打造“大爱铁花·汉韵小巷”文化名片，发动32家商户建立铁花巷商家联盟，成立“党心引领·重塑铁花”公益共享品牌。以院落和巷道联动治理的思路，以“夜经济”场景和“邛崃味”小店为特色，提升了原住户的房产附加值和商户经营收益。同时，为邛崃市民提供休憩场所，搭建了原住户和新市民的“幸福经济、品质生活”共同体，将文化创意转化为消费资源，激发了铁花巷院落活力。另一方面，通过融入邛崃临邛古城文化，树立铁花特色文创品牌。进行多元民主协商，升级改造老旧院落，打造临邛古城文化圈，活化了巷道历史文化，构建了文化消费新场景，使铁花街巷文

脉得到有效延续。

四、破解之经——铁花背街小巷的共治启示

党的十八大以来，以人为本的社区治理理念不断深化，建设共建共治共享的社区院落成为社会治理逐渐向基层下沉的必然走向，背街小巷作为老旧院落治理中的关键一环，对于城镇化进程中的基层治理创新具有重要的推进作用。铁花巷的共治实践表明，背街小巷和老旧院落若想承接共建共治共享理念，需要进一步完善体制机制建设、发掘街巷院落资源、活化街巷院落文脉底蕴，以院落文化破解治理难题。

（一）完善体制机制建设，厘清背街小巷院落共治的权责边界

完善体制机制是保障实践模式规范化、合理化、常态化运行的重要途径，同时也是明确各方主体职责权限的重要依据。铁花背街小巷院落治理模式通过体制机制的制度化规范，将街巷更新和院落治理有机结合，保障了背街小巷院落治理的多方参与治理格局有效落实。

首先是优化政策法规体系，形成对街巷共治的制度激励。邛崃市针对铁花巷治理中多方主体参与街巷院落治理的落实，制定一系列政策文件，对机关企事业单位履行社区治理责任、社区社会组织培育和发展等作出了明确规定，为明确街巷院落共治主体的权责边界提供了政策支持。其次是优化政策实施机制，强化规划引领和技术规范。铁花巷通过搭建街巷组织平台和社区党组织的多方引领与全过程嵌入，形成清单制治理机制，实现居民问需和服务资源的精准有效对接。可见，探索政府和社会资金合作模式、链接多方主体资源、实现多方主体协同联动，是构建背街小巷院落共治长效运作机制和实现共建共治共享的制度保障。最后是建立公众参与机制，提升居民参与意识和能力。铁花巷以各类志愿队伍建设为契机，通过开展常态化志愿活动和制定志愿奖励制度，引导居民、商户等多方主体参与街巷民主协商议事，充分调动街巷院落居民和基层工作者的积极性，成为街巷院落共治实践的有效支撑。

（二）发掘街巷零散资源，做优背街小巷院落共治的多元服务

作为街巷院落发展的动力，治理资源能够为街巷院落有效治理进行持续

性赋能。无论是社区“两委”，还是作为潜在治理资源的居民、驻社区单位、社会组织等，都是街巷院落治理创新中的重要资源。铁花巷以街巷院落改造更新为契机，充分发掘和利用院落分散的治理资源，不仅补齐了基础设施短板，还提升了院落治理服务的质效。

一是充分利用街巷已有资源。老旧院落一般位于城中相对繁华的地区，社区组织发展较为成熟，基层党组织可延伸到街巷院落且力量深厚，能够利用的组织资源比较丰富。铁花巷是社区党群服务中心重建的选址地，社区党组织前移到群众面前，密切了铁花巷院落和社区之间的联系。社区党组织引领铁花巷共治实践，及时宣传政策制度，拉动了辖区内的驻社区单位参与街巷治理，拓展了铁花巷共治实践的治理主体，有效提升了街巷院落的服务能力。

二是注意发掘潜在治理资源。街巷院落居民数量偏多，老党员、老退休职工人员整体素质较好，可以作为居民骨干培养并参与街巷院落治理。同时，伴随城镇化进程的发展，街巷院落居民构成更为多样，对美好生活的向往更加强烈，为居民改善生活环境、提供优质服务，成为老旧院落治理的切入点。铁花巷以环境改造为契机，以民主协商的方式，拉动退休职工、老党员成立各类志愿服务队伍，有序推动了街巷共治实践的常态化开展。

三是有效链接专业治理资源。社会组织凭借专业性在院落治理中发挥重要作用，一方面搭建社区社会组织服务平台和孵化平台，吸纳有能力、有经验的社会组织参与院落治理，孵化培育符合老旧院落特色的社区社会组织；另一方面拓宽社区社会组织服务内容，为社区社会组织参与老旧院落治理提供各类扶持，激发社区社会组织参与社区治理的积极性与主动性。例如，铁花巷通过挖掘、培育润叶社工等社区社会组织参与共治实践，为居民提供了更加多样的服务。

（三）活化街巷文脉底蕴，丰富背街小巷院落共治的发展内涵

悠久历史和多元文化是文脉独特性的重要体现，对空间形态背后的文化精髓深入挖掘与创新利用是延续文脉独特性的有效方式。背街小巷的地域文化是院落治理的软性资源，需要将无形文化与有形物质要素有机结合，充分发挥文化资源的优势，实现背街小巷院落治理和文脉传承的共同发展。

一是文化与建筑相结合。背街小巷业态较为单一，墙面等建筑较为破败，

环境较差，通过文化嵌入建筑功能的方式，实现城市历史记忆与地域文化的活化，重塑街巷业态和文态发展，不仅能够凸显城市文脉的独特性，还能够改善背街小巷的治理面貌。例如，铁花巷将冶铁文化、相如文化融入街巷建筑设计，从材料、风格、街巷风貌出发，通过实体元素呈现出铁花巷的文化内核，破解了巷道“脏乱差”的历史遗留问题，打造了巷道院落居民的宜居场景。

二是文化与景观相结合。历史文化会伴随城镇演变形成标志性的景观节点或开放空间，以历史考据为基础，对街巷文化价值元素进行提取，并植入开放空间，进行二次设计，用物化元素呈现场所精神，能够进一步传承历史文脉，激发治理活力。例如，铁花巷通过融入邛崃临邛古城文化，将文化嵌入消费场景，打造富有文艺气息和生活情怀的美学开放空间，搭建原住户和新市民的“幸福经济、品质生活”共同体，提升了街巷文化的历史价值与经济价值。

三是文化与志愿活动相结合。开展志愿活动、开创文化嵌入的志愿品牌，不仅延续且重塑了文化品牌，还奠定了志愿服务队伍的发展底蕴。铁花巷将“铁花”元素嵌入院落治理，成立志愿服务驿站和公益共享品牌，吸纳多方主体参与街巷院落治理，推动了铁花巷院落共治实践的有效开展。

第五章 产业互促：集镇部落的共富维新

实施农村产业融合发展，是党和国家作出的重大决策、实现城乡居民共同富裕的重要举措。2016年，国务院办公厅出台《关于推进农村一二三产业融合发展的指导意见》，成为农村产业融合发展的基本遵循。此后，国家发展改革委等部门印发多项相关文件，进一步明确了农村产业融合发展的方向。推进农村产业融合发展对统筹城乡协调发展、加快新型城镇化进程具有重要意义。特别是对于处于城乡过渡形态的集镇部落而言，产业发展能够有效利用集镇部落人口聚集、交通便利的优势，以产业融合为契机，驱动农村二、三产业向县城、重点乡镇以及产业园区等集中，在一定程度上加强地域内的沟通与联系，推动集镇部落向新型城镇转变，实现大中小城市和小城镇共促共进、协调发展。

四川省邛崃市在区域发展中，准确把握产业融合发展理念，全面贯彻国家大政方针，将农村产业融合发展与新型城镇化建设紧密结合，新型城镇化发展迈出新步伐。具体如下。一是开展临济示范。打造当地农业品牌，推进农旅融合、农村电商和合作经济，优化产业结构、完善基础设施、丰富治理资源，夯实农村集中居住区的治理根基。二是整合川西林盘。通过腾退村庄房屋、释放土地资源等方式，促进土地赋能、转型和共享，拓展居民增收渠道，创新集体经济模式。三是打造种业之芯。利用科技优势，实施高效管护，既盘活资源，又创新机制，让全体居民共享产业发展成果。四是输出牟礼模式。建立现代企业制度和农业标准化生产体系，完善联农带农惠农新机制，从而激发治理内生动力，增强治理凝聚力，提升治理效能。

第一节　开展临济示范，筑牢农集治理根基

2022年，国家发展和改革委员会发布《“十四五”新型城镇化实施方案》，指出现阶段“城市治理能力亟待增强，城乡融合发展任重道远”，要“促进城乡产业协同发展。发展县域经济，构建以现代农业为基础、乡村新产业新业态为补充的多元化乡村经济”①。在新型城镇建设中需要以发展强治理，大力发展乡村产业，筑牢治理根基。农村集中居住区是农民相对集中居住的地方，是集镇部落的具体表现形态之一，也是基层治理的重点所在。实现乡村振兴和城乡区域协调发展，必须重视农村集中居住区的发展与治理，在发展产业的同时加强治理，以发展促治理，以治理强发展。临济镇位于邛崃市西南部，是国家城乡融合发展试验区之一，近年来，临济镇积极探索新的发展机制，实施一体化发展战略，推动乡村振兴迈上新台阶。

一、临济镇以产业融合增强农集治理的现实背景

产业融合是加快推进农业农村现代化、促进城乡融合发展的重要途径，有助于优化农村治理结构，建立现代农村治理体系。临济镇是邛崃市重要的产业区和农村集中居住示范区，一方面，在推进新型城镇化建设过程中，临济镇持续调整产业结构，建设治理有序的现代优质农业聚集发展片区；另一方面，作为农村集中居住区，临济镇面临一系列治理难题，倒逼临济镇改善治理模式，提高治理效率。

① 国家发展改革委．“十四五”新型城镇化实施方案［EB/OL］.（2022-07-12）［2023-10-30］. http://www.gov.cn/zhengce/zhengceku/2022-07/12/5700632/files/7e5eda0268744bebb5c1d4638e86f744.pdf.

（一）临济镇产业发展基础

临济镇注重产业结构调整，产业结构历经了由早期以种植业为主到种植养殖同步发展，再到农商文旅融合发展的转变。20 世纪 70 年代，临济镇的产业主要是水果种植，尤其以柑橘种植最为著名。2004 年，临济镇“崃临牌”柑系列产品被评为省级无公害产品，临济镇被评为“面积最大、产量最高、品种最多、质量最优、服务最佳”的成都市精优柑橘第一乡镇。2008 年汶川特大地震后，临济镇立足当地茶、果、生猪和湿地资源，按照产业互动的思路进行产业重建，调整优化产业结构，发展种植业和养殖业平衡的循环经济，打造湿地农业观光产业园，营造现代田园城镇，大致形成以水果为支柱、茶叶为补充、各类养殖业同步发展的农村经济结构。临济镇当时以一、三产业打造为主，为农业产业化打下了扎实基础。2016 年，国务院办公厅出台《关于推进农村一二三产业融合发展的指导意见》后，临济镇加大产业结构调整力度，凭借伞花木、红豆杉、小熊猫等珍稀动植物，铜沟林盘、汪山溶洞等自然景观，黑猪、茶叶、竹笋、脆红李、柑橘等特色产业，蓝靛坊、花龙门、郭家大院、南丝路古遗址等人文古迹，走“旅游 + 交易 + 加工 + 生态”的发展路线，实施农商文旅一体化融合发展，临济镇产业发展进入新阶段。

（二）临济镇基层治理困境

近年来，临济镇新型城镇化进程不断加快，但各种社会问题和矛盾也逐渐增多，基层治理的难度逐渐加大。在“4・20”地震灾后居民安置工作中，邛崃市将临济镇部分区域设为农村集中居住区，导致原有治理结构发生变化，临济镇社区关系更加复杂。2019 年，临济镇进行村、组优化调整改革，将原来的 11 个村（社区）调整合并为 5 个，目前下辖黄庙、道佐 2 个社区，瑞林、寨沟、万福 3 个行政村，治理结构的变化为临济镇农集治理带来新的挑战。一是基础设施建设滞后。作为灾后农村集中居住区，临济镇的公共服务设施并不完善，与其他地区还存在差距。例如，在生活性基础设施上，部分地区水电路网络等基础设施仍不完善，居民生活便利程度不高；在生产性基础设施上，存在数量偏少、质量不高等问题；在文化休闲基础设施上，缺少公园、广场及其配套设施。二是人居环境仍需改善。在较短时间内，农村集中居住区内部难以形成良好的文明风尚，加之部分居民环境保护意识不强，垃圾随意堆放、河流遭到污染、乱搭乱建乱贴乱画等现象较为突出，环境破坏问题比较严重。三是居民自治程度不高。一方面，由于农村集中居住区组建时间较短，后期又经过调整，居民缺乏对社区的认同感、归属感，没有主动参与社区治理的意向；另一方面，薄弱的集体经济未能形成治理所需的利益纽带，难以为居民提供参与治理的物质条件，造成居民参与社区治理的程度不高。这些问题迫切需要临济镇探索新的治理模式，以适应农集区发展需要。

二、临济镇以产业融合增强农集治理的实践探索

党的二十大报告强调，“巩固和完善农村基本经营制度，发展新型农村集体经济，发展新型农业经营主体和社会化服务，发展农业适度规模经营”。[①]临济镇依据自身区位条件，制定了“茶乡牧村·精品文旅小镇”的发展目标，把握项目建设机遇，打造特色种植养殖基地，促进农业和旅游业相结合，积极探索农村金融服务新路径，引导推广三位一体合作经济，以产业发展提振农村集中居住区治理。

（一）打造特色品牌，提升农业质效

培优农产品品牌对于提升农业发展质量、实现农民增收、促进乡村产业振兴具有重要作用。临济镇充分利用“邛崃黑猪”和“邛崃黑茶”地理标志，大力发展茶叶、生猪等农业产业，走规模化、规范化发展道路，以增强农产品品牌效应，提升农业质效。

一是加快“邛崃黑猪”产业化发展。临济镇依托现有农业品牌优势和基础，与四川农业大学等科研院校开展合作，培育优良品种，加快推进国家级标准化示范养殖场创建，推进“邛崃黑猪”全产业链建设项目，通过引进精深加工企业落户临济镇农副产品加工园区，实施“邛崃黑猪”精深加工，提高产品价值，坚持做大做强“邛崃黑猪”品牌。

二是提升“邛崃黑茶”品牌影响。临济镇遵循茶区园林化、茶树良种化、

① 习近平．高举中国特色社会主义伟大旗帜 为全面建设社会主义现代化国家而团结奋斗：在中国共产党第二十次全国代表大会上的报告［M］．北京：人民出版社，2022：32.

茶园水利化、生产机械化、栽培科学化的基本建园原则，规范茶园栽培管理技术，在茶园中进行套种，形成具有上、中、下三层的复合生态茶园。以碧涛茶业公司为载体，与四川省茶叶研究所建立集“产、学、研”为一体的合作研发平台，引进生态优良黑茶品种，提升临济镇茶园种植、新品种选育、新产品研发、农业生态观光旅游、茶叶生产加工和精深加工能力，提高了“邛崃黑茶”的知名度和影响力。

三是发展高质量果蔬产业。临济镇是邛崃市优质水果基地镇，这里种植的水果种类主要包括柑橘、猕猴桃、梨、李子等。临济镇利用这一优势发展高质量果蔬产业，通过整合商会、集体经济组织资源，大力包装推介了7500亩柑橘、6000亩高山脆红李产品。并以10万亩雷竹笋基地为依托，优化“龙头企业+合作社+基地+农户”的运营模式，推动水果产业链价值创造和效益提升。

（二）借助电商平台，拓宽产品销路

临济镇按照《邛崃市2021年电子商务进农村综合示范项目实施方案》的要求，采取系列行动，积极搭建电商运营体系，加快推广电子商务在农村的应用，促进农村电商发展。

一是借助电商平台，拓宽农副产品销售渠道。流通不畅是农副产品滞销的主要原因。由于缺乏农产品信息交流平台，农民大多处于被动营销状态，一旦收购商中断收购，就会出现农产品滞销现象。临济镇成立销售农副产品电商平台，打通农民与消费者之间的联系通道，促进农副产品生产和销售对接，实现农产品信息及时传递，提升了农副产品销量。

二是培育电商带头人，发挥引领带动示范作用。临济镇积极组织返乡农民工、农村青年等参加农村电商培训班，就电商开店流程、农产品详情信息发布、客户接待流程、沟通技巧、订单处理等环节开展培训。开展农村电子商务论坛、网商创业沙龙等活动，提高村民经营农村电商的整体素质和业务水平。

三是建设物流服务站点，打通农村电商“最后一公里”。临济镇在社区物流服务站点增加物流快递中转服务功能，对物流服务站点实施标准化建设，在外观形象、操作系统、数字化设备等方面进行统一改造，有效缓解了农村物流配送服务不迅速、服务效率得不到保障等问题。

（三）实施农旅融合，推动经济转型

农旅融合是休闲农业和乡村旅游的结合，是实现农村产业兴旺的重要思路。临济镇积极探索与城乡融合发展相适应的发展机制，构建现代农村产业体系，在发展现代农业的同时培育生态旅游业，走农旅产业融合发展道路，形成了“一轴两翼，三片协同”的产业发展格局。

一是优化产业布局。以白沫江为轴线，临济镇被一分为二，一侧为林竹，一侧为浅丘。基于此，临济镇因地制宜，按照“农旅融合”的思路，优化临济镇产业布局，推进白沫江水美乡村示范带建设，打造特色鲜明、功能齐全、设施一流、服务上乘、游客喜爱的综合旅游项目，从而实现白沫江生态本底资源的高端转化。在此基础上，利用白沫江沿线的旅游开发带动浅丘地区的第一产业与林竹地区的第三产业互补，在浅丘地区发展茶叶、水果、生猪现代农业产业，在林竹地区发展文化旅游产业，形成“一轴两翼”产业布局态势。

二是完善配套要素。为推进旅游产业发展，临济镇从多个方面采取措施，既加强旅游项目建设，又注重旅游生态环境保护。在旅游生态环境保护方面，临济镇开展大范围城乡环境整治工作，开启雨污管网建设工程，建立镇旅游志愿者服务队，监督旅游饭店质量卫生，做好游客安全引导工作，保障旅游活动成功开展。在旅游项目建设方面，临济镇不断挖掘邛茶走廊李子、竹笋采摘等文化内涵和价值，积极创建邛茶走廊文旅品牌，组织“成都市第七届采茶节临济分会场活动”“邛崃·临济第三届李花节”“临济春笋采摘季”等旅游活动，吸引了大量游客，推动了临济镇旅游产业的发展。

（四）创新金融模式，强化产业支撑

生产、供销、信用三位一体是合作经济的改革方向。临济镇以三位一体合作经济为抓手，依托合作经济组织，协助银行嫁接信用合作，开展互助增信贷款，完善了农村金融服务，探索出金融助力乡村振兴的新路径。一是临济镇与中国建设银行保持紧密合作，临济镇党委、镇政府推荐寨沟村与中国建设银行邛崃支行进行对接，依托合作经济组织，为村民提供合作经济互助增信贷款。二是以邀请高校博士到临济镇开展生产、供销、信用三位一体综合合作调研指导为契机，加深对三位一体合作经济的学习和实践，成立当地

首个践行生产、供销、信用三位一体合作经济理念的新型合作社——成都茗新农业科技专业合作社。三是通过互助增信、互助委托，叠加使用金融机构外来资金和内部资金，实现资金“内循环”和“微循环”，便利于农民、让利于农民。另外，临济镇党委、镇政府大力开展生产、供销、信用三位一体合作经济的理论学习及实践推广，成立专项工作小组，深入基层发动和组织群众，召开专题会议十余场。

三、临济镇以产业融合增强农集治理的主要成效

产业是治理的基础，能够为基层治理创新提供理念引导与实践支持，帮助基层摆脱治理困境。临济镇产业融合在实现产业兴旺的同时，完善了基层治理体系，提高了基层治理能力，实现了农村集中居住区有序健康高质量发展。

（一）优化产业结构，社区人居环境得到改善

临济镇由第一产业向一三产业融合发展转变，以绿色生态为主题谋产业发展，持续优化升级产业结构，同步开展环境整治工作，在完善产业结构、优化产业布局的同时，提升了生态品质，改善了人居环境。一是临济镇推进生态农业产业园和生态农业产业强乡强镇建设，促进生态农产品加工、乡村休闲旅游、农村电商等产业发展，开展生态农业品种培优、品质提升、品牌打造和标准化生产等行动，改变了原有单一的产业结构，丰富了农村经济的多样性，提高了产业发展效益。

二是在产业结构优化调整影响下，临济镇开展“污水不下河”专项整治、全面落实河长制、“散乱污”企业整治、大气污染防治和秸秆禁烧等环境治理工作。通过一系列措施，临济镇共完成乱堆乱放规范整治200余处，拆除乱搭乱建40余处，清理积存垃圾30余吨，清理“牛皮癣”100余处，河道、沟渠等水体水面漂浮垃圾大量减少，实现了堡坎干净整洁、无垃圾倾倒。2021年，“开心院子的幸福故事”获评“在邛崃·爱成都·创享幸福”二十佳幸福故事。2022年，临济镇莲花寨小区被评为“成都市百佳示范小区”，《四川法治报》《蓉城先锋》《邛崃新闻》《邛州先锋》等多家媒体对临济镇农集区治理的做法进行了宣传推广。

（二）完善基础设施，公共服务水平得到提升

临济镇不断推动基础设施由城镇向周边农村集中居住区延伸拓展，促进了城乡基础设施互通，使农村集中居住区居民享受到与城镇同等的基础设施和公共服务，在提升公共服务品质方面取得了诸多成效。一是在公共道路设施建设上，完成了13座危桥维修加固、“8·30”水毁道路整治，获得2019年成都市“四好农村路”示范镇称号。二是在农田水利设施建设上，完成黄庙社区农田水利设施及茶园种植基地项目水利工程，解决了农田灌溉和茶叶种植的用水问题。三是在公共卫生设施建设上，全力推进农村“厕所革命”，完成了602户居民厕所改造，修建两座环卫公厕、修建改造49个垃圾房，并修缮集镇污水管网，启动污水管网治理工程。四是在公共文化设施建设上，大力推进基层综合性文化服务中心建设工作，在临济镇寨沟村修建两个综合性文化服务中心，在平乐镇至夹关镇自行车高速临济段修建1个地标休闲驿站。这些基础设施建设都在一定程度上改变了社区面貌，便利了居民生活，提高了公共服务质量。

（三）壮大集体经济，主体利益联结得到强化

临济镇通过嫁接信用合作，创新金融产品，以互助增信的模式帮助村民贷款，壮大了集体经济，强化了利益联结。传统金融模式下，农村地区特别是贫困地区资金外流明显，由于农村的抵押物资源大多不符合商业银行标准，金融机构缺乏发现信用、评估信用的技术能力和下沉渠道，金融支持难以持久深入农村，农村金融发展相对滞后，农村集体经济难以发展壮大。针对融资难、融资贵的问题，临济镇依托合作经济组织，联保、反担保增信，盘活农村的多种抵押物资源，借款人可使用农作物、农机具、牲畜乃至农村土地承包经营权、宅基地使用权、住房财产权等银行难以接受的抵押物，向合作社提供反担保，合作社则作为担保人，向银行互助增信贷款。这种模式有助于驱使企业、社会组织、社区、居民等多方力量联合发展，构建合作平台，整合各方优势资源，实现金融扶助、产品供给、市场供销的一条线连接，促进小农户和大市场的对接，增强农村集体经济在市场中的竞争力。农村集体经济的发展壮大，增强了农集区治理的物质条件，通过“农民+集体”的利益联结机制，提高了村社集体的主体性和村民自治的积极性。

（四）丰富治理资源，基层治理效能得到提高

临济镇通过发展特色农业和乡村旅游业，推广农村电商，培育了一批中小企业，提供了更多的就业机会，增加了居民收入，拓宽了农集区治理的资金来源，培育了治理主体，为增强农集区治理效能提供了丰富的治理资源。一是在治理资金方面，将部分产业收入所得用于成立社区治理微基金，开展社区环境治理、建设养老服务中心和儿童之家、举办群众性活动、实施困难人员救助活动等，有效激发了社区治理的活力。二是在人力资源方面，在发展产业的过程中培养和引进了一批乡村能人，组建了一批社区组织，并将其纳入治理中，进一步完善了治理结构，促进了多方协同治理格局的形成。三是在居民收入方面，产业发展使临济镇居民收入逐步提高。资料显示，邛崃市 2021 年城镇居民年人均可支配收入 43661 元，同比增长 9.3%；农村居民年人均可支配收入 27045 元，同比增长 10.4%。[①] 这些表明居民参与治理的经济阻碍正在逐渐变小，这样有助于经济利益转化为治理效能。

四、临济镇以产业融合增强农集治理的经验启示

临济镇在农村集中居住区治理中，注重挖掘优势资源、共享发展成果、保护生态环境、拓宽投融资渠道，保障了产业发展的充足活力，夯实了治理实效，为同类型基层治理提供了借鉴。

（一）注重挖掘优势资源，激活发展潜力

资源是发展的重要基础，丰富的资源意味着巨大的发展潜力。在现有资源禀赋基础上，因地制宜、科学合理挖掘自然资源，将资源优势转变为发展优势是实现城镇发展的必然要求。临济镇重视资源开发，将资源开发与价值转化视为党委和政府的工作重点，利用当地自然地理条件发展特色农产品种植业，利用人文景观发展旅游业，利用政策支持修建农产品加工厂，从自然、人文、国家政策三个方面挖掘资源优势，实现了自身发展。这表明在城镇发

---

① 2021 年邛崃市国民经济和社会发展统计公报［EB/OL］.（2022－07－04）［2023－10－31］. http://www.qionglai.gov.cn/qlsgzxxw/c150986/2022－07/04/content_aabed8b11d5b4f768e43e5ee69b9b50b.shtml.

展过程中要注重挖掘内外资源优势，增强发展的物质条件保障，从而激活自身发展潜力。

一是挖掘本地自然地理资源优势。不同地域处于不同地理位置，拥有不同的自然地理条件，要准确认识自身具备的独特自然资源优势，统筹规划，科学布局，发展与本地特色有关的产业，通过延长产业链，发展相关产业，形成产业聚集效应，从而提高农产品价值效益，增强自身竞争力。二是挖掘本地人文资源优势。要善于挖掘农村传统美食、传统手工文化等历史文化资源，将其发展成为现代乡村旅游的宣传内容，以吸引更多游客。三是挖掘本地政策资源优势。国家政策指明了城镇未来发展方向，为城镇发展创造了新的契机，要时刻关注国家政策的变动，抓住机遇，统筹发展，将国家政策细化为可以操作的措施和办法，转化为可以落实的项目和资金，增强城镇发展动力。

（二）注重共享发展成果，增强民生福祉

共享发展成果是建设中国特色社会主义的重要任务。临济镇落实以人为本、公平共享的发展理念，通过提升公共服务、完善基础设施、增加发展机会，增强了民生福祉，促进了全体居民共享发展成果。这表明在城乡融合过程中要完善发展成果共享机制，尽可能让全体居民共享发展成果，在发展中得到实惠。

一是要促进公共服务共享。公共服务是社会公平正义的体现，要扩大高品质公共服务供给，提高公共服务质效，加大对落后、欠发达地区的公共服务支持力度，缩小新旧社区公共服务差距，形成公共服务共享格局。二是要促进基础设施共享。现阶段农村基础设施短板依旧明显，在农村电网、垃圾处理厂、供热燃气设施等生活性基础设施和文化娱乐等人文基础设施方面，与城镇基础设施建设仍然存在不小的差距，据此，要推动城镇各项基础设施建设向农村延伸，提高农村地区生活质量，满足人民日益增长的物质文化需要，促进城乡一体化发展。三是要促进发展机会共享。共享发展机会是让每一个人都能参与发展进程，都能拥有平等的发展权利，要建立完备的信息公开机制，以信息公开、过程公开、结果公开保障公正性、平等性，同时要提高居民能力，让居民能够满足发展条件、适应发展需要。

（三）注重保护生态环境，建设美丽乡村

保护生态环境就是保护生产力，改善生态环境就是发展生产力。良好的生态环境是农村发展的最大优势和宝贵财富。注重生态环境保护，加大环境治理力度，是乡村振兴的题中应有之义，也是建设美丽乡村的必然要求。临济镇坚持“绿水青山就是金山银山”的发展理念，推行农旅产业融合，实施生态观光，不断优化产业结构，减少了传统农业污染，保护了生态环境，增强了经济可持续发展能力。这表明，在城镇化进程中要重视生态环境的保护，正确处理产业发展和生态环境保护之间的关系，发展绿色、低碳、高质量产业。

一是要发展现代生态农业。现代生态农业是在保护、改善农业生态环境的前提下发展起来的高产、优质、高效、可持续的现代农业体系，具有把农业生产、农村经济发展和环境保护融为一体的鲜明特征，是解决传统农业导致生态破坏问题，维持农村地区可持续发展的重要途径。二是要加大财政投入力度。设立生态环境治理专项资金，创新财政管理手段，着重解决生态环境保护过程中的难点问题，提高资金使用效率，加快生态环境改善。三是建立绩效考核制度。通过绩效考核细化工作任务，压实工作责任，推进生态环境保护工作持续开展。加大考核力度，发挥考核的激励与约束作用，通过不定期的绩效考核，强化领导干部进行生态环境保护的责任意识和忧患意识，增强领导干部的荣誉感与紧迫感，推进生态环境保护任务落实见效。

（四）注重拓宽投融资渠道，促进多方参与

产业发展离不开大量的资金支持，拓宽投融资渠道能够方便多元投资主体进入农村市场，加大投资力度，满足产业发展资金需求，支持产业做大做强。临济镇探索互助增信金融模式，发展三位一体合作经济，解决了产业发展过程中面临的资金难题，带动了村民增收致富，壮大了集镇集体经济，增强了主体利益联结。这表明在城镇化进程中要逐步完善农村金融市场，拓宽农村投融资渠道，从而促进农村农业、旅游业、加工业和服务业的发展。

一是发挥政府主导作用。制定相关指导意见，明确投融资的范围、内容和程序，为投融资主体提供基本遵循，同时要主动加强与金融机构的沟通和联系，配合金融机构创新农村金融产品，鼓励金融机构加大对农村地区的信

用贷款支持力度。二是推行信用体系建设。农村地区融资难的主要原因是金融机构不了解农村企业的经营情况和偿还债务能力，难以对农民进行信用评估，因此要建立全覆盖的信用评价成果和运行机制，开展农户信息采集和信用等级评价工作，为金融机构进行信用贷款提供基本依据，破解农村地区金融困境。三是充分调动农民积极性。农民是农村的主体，是农村金融市场的重要参与者，要培育农民金融意识，提高农村投融资能力，激发多方主体参与农村金融市场的活力，形成多元发展格局。

第二节 整合川西林盘，唤醒沉睡土地资源

产业振兴是化解贫困地区所处困境的前提，产业融合发展是激发乡村发展活力的重要途径。在聚焦产业发展过程中，整合调配土地资源、制定产业发展战略是产业兴旺的先决条件，如何选择产业、发展产业、实现产业融合是集镇部落在发展过程中需要思考的问题。党的二十大报告提出，“加快建设农业强国，扎实推动乡村产业、人才、文化、生态、组织振兴”①。其中，产业发展能够通过盘活土地资源、扩大产业规模、促进产业融合等方式，完成生态价值转变、拓展居民增收渠道、强化集体利益联结，从而实现以产业促治理。可见产业发展对于带动区域经济增速、推动基层治理创新具有重要价值和意义。邛崃市根据川西林盘实际情况，积极调整产业结构，打造郭山村水美乡村项目，创新利益联结模式，激发传统村落的经济效能，推进产业融合，以川西林盘为基础完成土地资源蝶变，形成了产业振兴助推基层治理的有效经验。

一、天府邛崃：川西林盘带动集镇部落发展的现实逻辑

优越的自然地理条件和区位优势孕育了郭山村丰富的物产资源和土地资源，为郭山村发展旅游产业提供了充足的条件。与此同时，郭山村处于土地资源浪费、营收渠道单一、产业发展疲软的困境中，现状倒逼郭山村产业发展的实践探索。

① 习近平．高举中国特色社会主义伟大旗帜 为全面建设社会主义现代化国家而团结奋斗：在中国共产党第二十次全国代表大会上的报告［M］．北京：人民出版社，2022：31.

（一）川西林盘的发展优势

孔明街道地处邛崃市西南部，距市区约10公里，丘陵地貌。辖内有108国道、省道S105线、县道土平路、寿高路等交通干道，交通便捷，是川西地区重要的交通枢纽和西藏连接四川的重要物资集散地。街道面积60.22平方公里，总人口26795人，因三国诸葛孔明南征屯兵于此而得名，尚存马刨井、古堰冲等三国遗址。

郭山村位于孔明街道西南方向，是茶兰林盘项目的主体村落，S105线和自行车高速穿越全境，距邛崃十方堂小镇10公里，距平乐古镇仅3.6公里，具备承接邛崃城区、十方堂小镇、平乐古镇旅游资源的良好条件。郭山村气候宜人，夏无酷暑、冬无严寒，植被茂盛、环境优美，拥有良好的自然生态资源。郭山村拥有成都市域内唯一的茶兰种植园，在茶兰林盘核心区发展以黄桷兰、茶叶、紫荆花、青藤椒等为主的种植业，种植面积达1500亩，营造出凸显产业特色的大地景观，形成乡村观光旅游的雏形，具备发展乡村旅游的生态基础。

（二）川西林盘的现实困境

集镇部落由集市发展而来，作为沟通城乡的重要纽带，在促进城乡一体化建设、带动经济发展等方面发挥着重要作用。部分集镇地处偏远、相对贫困的地区，拥有丰富的土地资源，但基础设施落后，缺乏有效的经济增长点，导致经济发展乏力。因此，发掘土地资源、推动产业转型升级是乡村经济发展的内驱动力。党的十九大报告指出，实施乡村振兴战略，要坚持农业农村优先发展，按照产业兴旺、生态宜居、乡风文明、治理有效、生活富裕的总要求，建立健全城乡融合发展体制机制和政策体系，加快推进农业农村现代化。① 可见，产业兴旺是推进乡村治理的重要保障。以川西林盘为中心的集镇部落资源类型单一、资源综合评定等级不高，省内该类型资源较多，不具备较强的资源独有性和差异性。经过调查整理发现，郭山村面临的困境主要在于以下几点。一是大量土地资源无法得到充分利用。新型城镇化背景下，郭山村大量人口外移，导致村庄出现大量闲置宅基地，既无法作为耕田进行农

① 习近平．习近平谈治国理政：第三卷［M］．北京：外文出版社，2020：257.

业生产，也无法转变为其他资源，造成了土地资源的浪费。二是营收渠道单一。郭山村拥有良好的自然资源，但产业结构单一，主要以第一产业作为营收渠道。三是集体经济疲软。由于缺乏以产业振兴带动乡村发展的观念和意识，以及产业管理技术和经营能力，村集体组织领导能力弱、存在感低，难以承担壮大集体经济的任务。村民对于产业发展缺乏参与感，村集体的功能无法发挥，村民间的联系不够紧密，乡村生态资源难以转化为良好的经济效益和社会效益，严重阻碍了郭山村可持续发展。

二、探索开拓：川西林盘带动集镇部落发展的具体实践

邛崃市按照梯级思路，以茶兰林盘建设为契机，以土地腾退为核心，在推动林盘资源开发、盘活川西林盘经济、实现土地价值转化、带动“农商文旅体”融合发展等方面进行了有效探索。

（一）房屋腾退，释放土地活力

郭山村总面积15054亩，耕地面积4253亩，林盘内有60余亩紫荆、白玉兰、青藤椒、茶叶等种植形态保存较好的生态资源，有可利用的38亩宅基地和集体建设用地土地资源。因此，郭山茶兰林盘项目主要采用租赁农户房屋、农户以宅基地及周边土地参与并入股分红、集体建设用地流转三种模式启动乡村旅游产业。茶兰林盘项目领导小组在推动郭山村林盘资源开发、完成土地腾退工作中进行了有效探索，围绕土地腾退的“可行性、适应性、延续性”，摸索出“一模、二算、三联动”梯级工作法。一是模拟签约。通过全面排查，精准掌握项目区人文和资源情况，以模拟签约形式，快速形成签约腾退氛围。按照“腾退入户、沟通到人”的要求，以街道各级干部为核心，组建由“街村专员，村组亲员”构成的5个谈判小组并对接目标农户，开展入户模拟谈判。二是全面核算。按照项目推进计划表，工作组针对土地腾退农户的目标心理价位、土地价值等信息进行全面核算，灵活制定谈判策略，明确谈判底线，做好正式签约的准备工作。三是多级联动。组织村集体和农户开展经济发展座谈会，引导农户参与林盘建设，激发农户土地腾退的内生动力，真正实现群众获益。

（二）农旅融合，发展特色产业

农业与旅游业的融合是集镇部落产业发展的重要途径，是实现乡村振兴

的重要突破口。作为邛崃市相对贫困村之一，郭山村抢抓建设天府绿道的机遇，着眼资源转化，推动产业融合发展，启动完成川西林盘一二期风貌整治，建设特色产业、汉风文化体验园、茶兰酒庄及民宿聚落等旅游配套设施，把良好的生态资源转化为旅游业发展优势。

一是突出生态本底，打造精品林盘。茶兰林盘拥有良好的生态本底，四川西南地区最大的黄桷兰种植生产基地和1000亩藤椒基地坐落于此，区域建有3公里茶兰绿道，环400余亩茶叶和白兰花景观带。郭山村大力推动基础设施建设、人居环境整治、风貌景观塑造、特色庭院打造等工作，利用辖区内的全国首条自行车高速，连接临邛古城、平乐古镇等景点，串联起山水骨架、大地景观、特色小镇，着力打造特色林盘与茶兰景区交相辉映的聚落形态。

二是串联生态资源，文体农旅融合。为适应产业融合发展趋势，增强产业发展活力和带动能力，邛崃市创新打造“林盘+”模式，积极拓展传统乡村功能，逐步促进一、二、三产业融合发展。按照“产业功能区+川西林盘+乡村旅游”农商文旅体融合发展思路，探索茶兰景区运营管理体制改革，穿点成线地形成一、二、三产业融合发展的产业链。郭山茶兰景区结合自身历史文化底蕴与现有产业发展机遇，集聚原始的林盘、茶、木等资源，修建了成都市首个汉风艺术营地——椒兰山房，融农事体验、田园文创、生态观光等新业态于一体，以绿道为脉络，依托特色川西林盘与秀美田园，借景造势、以景兴业，构建了“高品质、有特色、自然美、可持续”的乡村旅游林盘景区，推动全域景观化，实现传统乡村向精品旅游乡村的转变。

三是政村企民携手，完善基础设施。为保证茶兰林盘项目顺利推进，邛崃市充分发挥政策优势，申请川西林盘保护和修复专项资金、市级旅游业发展专项资金和“水美乡村”项目资金，实施主要节点打造和乡村民俗试点改造，提升农房风貌，按照通天然气、通自来水、通电、通污水处理管道及改厨、改厕“四通两改”标准，完善林盘配套设施，为产业发展提供有力保障。

（三）利益联结，壮大集体经济

产业发展的根本目的在于提高经济收入，推动乡村发展。林盘盘活带动经济效益的持续性和农商文旅体的融合度是群众参与林盘开发建设的根本立足点，更是壮大农村集体经济、实现乡村振兴的基本要义。一是在土地腾退工作中，郭山村在街道党工委指导下组织农户开展了7次经济发展座谈会，针对乡村振兴战略和邛崃市公园城市建设规划、川西林盘打造计划等发展愿景，进行现场讲解和社会投资方向解析。按照乡村振兴计划，郭山村集体经济合作社从资本、运营上全方位参与林盘建设，不但激发了土地腾退的内生动力，更实现了互利双赢，丰富了集体经济发展方式。二是村集体积极探索农商文旅体产业融合发展方式，采取“企业+合作社+基地+农户”模式，助推传统农业升级。支持创立“麻达香”“万花针”等藤椒油品牌，完善林盘产业功能布局，带动周边980余家农户参与乡村旅游发展。建设集种植、观光、体验、消费于一体的农家园，打造了14亩集中连片的农商文旅体融合发展的产业平台。郭山村集体经济合作社引导农户以租赁、入股分红、货币置换等模式参与茶兰酒庄、民宿聚落和文创项目开发，遵循传统川西建筑布局和建筑技巧，对38户院落进行景观设计、庭院改造，引导农户提升内部功能，增强游客接待能力，进一步提升了乡村旅游的吸引力和竞争力。

三、价值蝶变：川西林盘带动集镇部落发展的实践成效

邛崃市通过整合川西林盘土地资源撬动基层社会治理，充分发挥“街道、村委、农户”三循环机制整合资源的优势，塑造农商文旅综合消费场景，夯实产业基础，不断增强集镇部落治理的内生动力，破解乡村土地资源难利用的问题，实现了整合土地资源、实现价值转化、拓宽增收渠道、基层治理有效的实践目标。

（一）土地赋能，整合资源引领价值转换

作为农耕文明长期传承过程中逐步形成的产物，集镇部落凝结着历史的记忆，反映着文明的进步。一方面，集镇部落具有较丰富的生态资源；另一方面，集镇部落具有发展产业的需求与基础。推进集镇部落产业发展，对于加快农业现代化进程、推动生态文明建设、发展乡村旅游等具有重要价值，是实现城乡融合和乡村振兴的重要抓手。

邛崃市因地制宜开启茶兰景区三期项目，使村落闲置土地资源得以重新利用，村民土地权益得到切实保障，成功实现生态价值向经济价值转化。郭山村依托川西林盘开发的契机，进行土地腾退工作，通过多小组交叉攻坚，历时3个半月，开展了37场正式谈判，通过量体裁衣，有效解决了特殊困难

群众的实际问题，最终完成9户腾退的目标，村集体经济组织顺利获得8.89亩集体建设用地的开发指标，三期流转农用地10.309亩，在全市6个精品林盘打造中率先完成了用地保障工作，确保了项目建设的如期推进。邛崃市在推进郭山村产业发展过程中创新探索将农村闲置宅基地变性为集体经营性建设用地入市流转，以茶兰景区为核心，成功将郭山村的土地资源优势转变为旅游产业经济优势，让“沉睡”的宅基地“流动”起来，实现了土地资源变资本，为新时代乡村旅游表达提供了“邛崃范本”。

（二）土地转型，产业融合拓展增收渠道

作为促进农村产业兴旺的重要手段，产业融合发展日渐成为推进乡村振兴战略的重点。邛崃市加快一、二、三产业融合发展，挖掘土地资源的潜在价值，有效带动了产业发展，拓宽了村民的增收渠道。

一是提高了村民收入水平。郭山村在原有产业结构基础上，利用川西特色景观，推动乡土文化、林盘文化、三国文化有机融合，持续推动茶椒兰农业与旅游业的产业化、现代化发展。同时着力延伸产业链，以文旅项目开发为依托增加就业岗位，帮助本村腾退土地农户、就业困难人员实现就近就业和灵活就业。当地农户通过就地就近务工、入股合作经营、闲置农房租用、观赏作物种植、订单生产等途径，人均增收1.2万余元，实现了村民的致富增收。二是壮大了村级集体经济。郭山村集体经济合作社按照共享发展红利的原则，从资本、运营上全方位参与林盘建设，形成“村集体经济组织+企业+合作社+农户”的乡村旅游利益联结机制，持续壮大农村集体经济。郭山村集体经济从纯农业生产向复合商业、新消费场景融合发展转变，成功迈向十万级规模，为郭山村以产业带动基层治理提供了经济条件和集体环境。

（三）土地共享，创新机制实现治理有效

发展壮大村级集体经济是实现农业强、农村美、农民富的重要举措，提升乡村造血功能是实现乡村振兴的关键所在和必由之路。在乡村发展过程中，村级集体经济效能的发挥是乡村基层进步的重要体现。邛崃市围绕川西林盘产业发展，不断探索创新乡村治理模式，为构建共建共治共享的基层治理格局奠定了基础。

一是构建了多方共治格局。郭山村根据国土空间规划和资源禀赋条件，

打造生态示范社区，着力构建“一个核心、三大体系”（党组织引领核心和物业管理规范体系、为民服务便民体系、和谐乡村促进体系）的乡村治理模式，形成党组织引领、群众自治、专业化服务、社会组织补充的共建共治共享局面，有效提升了乡村生活品质。二是激发了村民自治活力。郭山村坚持把改革作为提升基层治理能力的重要契机，围绕配强班子、建强组织、激发活力的工作目标，整合了乡村集体组织结构。在土地腾退过程中，街道党工委充分发挥村集体组织效能，组织召开村组集体经济发展群众座谈会、坝坝会，分户入户走访并与拟腾退农户开展沟通谈判工作。在此基础上，郭山村土地腾退工作成效显著，激发了村民参与集体经济的内在动力，唤醒了村民经营村庄的主人翁意识，有效提升了村集体组织能力，为郭山村构建现代乡村治理格局提供了基础条件。

四、以土启智：川西林盘带动集镇部落发展的经验启示

2018 年 9 月 21 日，习近平总书记在十九届中共中央政治局第八次集体学习时的讲话中指出，“要推动农业农村经济适应市场需求变化、加快优化升级、促进产业融合”。[①] 郭山村针对川西林盘产业发展面临的困境，加快推进特色产业发展，不断壮大村集体经济，充分挖掘和利用本地优势资源，开发特色产业，促进林盘产业链的建设和发展，形成一、二、三产业相互促进的良性发展格局，为集镇部落探索产业发展和基层治理提供了可借鉴的经验。

（一）统筹规划，盘活资源促进乡村功能释放

集镇部落的发展不同于城市发展，村落自身所拥有的生态资源、土地资源和政策资源都影响着集镇的发展态势。因此，集镇部落在资源的运用上，应根据当地各种资源条件统筹规划，最大限度发挥资源优势，助力城乡产业的高速发展。

一是充分挖掘生态资源。优越的自然地理条件孕育着丰富的物产资源，形成适宜农产品生长的基础。要充分发掘自然生态资源优势，宜粮则粮，宜茶则茶，将地形地貌、气候、土壤优势转化为农业生产优势和经济优势。郭山村充分发挥成都市唯一茶兰种植园的生态资源优势，在保持种植业蓬勃发

---

① 习近平．习近平谈治国理政：第三卷［M］．北京：外文出版社，2020：258.

展的同时，积极发展农产品深加工，拓展产业功能，推动产业升级。二是积极盘活土地资源。结合乡村特色景观、文化，在保证种植业基本功能的前提下，适当发展旅游业等附加产业，充分发挥农业和乡村的特殊功能，促进一、二、三产业协调发展，从而实现土地资源的价值最大化。郭山村依托集镇区域优势，大力发展茶兰林盘项目，盘活村内的闲置资源，采取租赁、入股分红、农村集体经营性建设用地入市等模式推动特色产业的开发与建设，促进了乡村功能的完善。三是充分利用政策资源。根据发展需求适时调配资源、促进乡村发展是乡村功能得以扩展的物质保障。为此，政府要全方位、多维度统筹布局，充分考虑乡村产业发展目标，根据乡村发展实际适当进行资金和政策倾斜。郭山村充分利用成都市川西林盘保护和修复专项补助资金，不断深化郭山村茶兰景区建设、完善景区基础设施，推动了农户属地保障工作，加快了郭山村产业融合发展的进程。

（二）因地制宜，壮大产业构建持续增收机制

产业发展既是促进乡村发展、增强其造血功能的重要手段，也是增加群众收入和发展信心的有力支撑。乡村产业发展可以从产业融合和村集体经济组织两方面共同发力，通过推动集体经济发展、搭建乡村可持续增收机制，不断提升村民收入。

一是推进产业融合。农业与旅游业融合是农村产业融合的重要路径，是实现乡村振兴的重要突破口。集镇部落应在保证农业有序发展的前提下，将当地生态资源同历史、文化、民俗等人文资源有机融合，积极发展与“绿水青山”共生相融的旅游产业，如乡村旅游民宿、乡村文化体验、康养休闲农庄、亲子农家乐等，通过拓展农业的旅游功能、文化功能、商业功能，实现一、二、三产业的良性互动。郭山村结合当地茶兰林盘景区旅游资源，打造了三国水乡、椒兰山房等“农旅融合”新范式，提高了经济收益，有效实现了当地群众的稳定增收。

二是壮大集体经济。发展壮大村级集体经济是推动乡村振兴的必由之路。产业发展可依托和利用村集体资源，积极争取上级资金和项目，发展特色产业，补齐基础设施短板，改善生产生活条件，培育新产业，发展新业态，延长产业链，拓宽村集体经济和农民增收渠道。郭山村创新探索“林盘打造 + 集体经济壮大”双叠加效应，确保资源共享，多级联动，以林盘产业的发展

维持集体经济发展的延续性。郭山村的实践表明，在发展乡村产业过程中应重视并发挥村级集体经济的作用，盘活村集体闲置资金，实现集体经济持续增收。

（三）有效融合，利益联结助力基层治理转型

郭山村以产业发展为依托，构建“街道与村委，村委与农户，农户与街道”的“三循环协同”工作机制，完善了村委组织建设体制，探索了现代化产业乡村治理方式。实践表明，以产业发展助力基层治理有效，要注重增强主体之间的利益联结。一是以产业发展加强村集体组织建设。村集体要承担起组织效能，着重维系产业发展同村落治理之间的纽带，带动村落产业发展，发挥集体经济组织作用，坚持党对乡村振兴的全面领导，把突出农村基层党组织政治功能和组织功能建设作为乡村振兴的重要任务，将党组织嵌入集镇部落的组织架构中，提升党组织的组织和服务能力，增强服务意识。二是以产业发展激发村民自治活力。村集体应转变身份认知，街道、村集体组织在产业发展过程中应该由“参与者”转变为“引导者”，同时认清自身角色，做好统筹规划，实现产业经济的长效发展，助力共同富裕。村委应在乡村治理过程中充分考虑村民利益，制定乡村发展规划，整合乡村发展优势，发动村民积极主动地参与乡村建设，发展特色乡村产业体系。成立乡村自治组织、组建志愿者队伍，分层分类召开党员会、五老会、议事会、业主会、坝坝会，倾听村民意见，解决村民反映的问题，提升村民参与感。在上级党委的指导下，加强对乡村自治组织的培育和引导，培育村民自治意识，发扬村民首创精神，培育现代化村民，实现乡村可持续发展。

第三节 打造种业之芯，开拓未来社区道路

种子是国家粮食安全的源头，种业是国家战略性、基础性核心产业，是保障国家粮食安全和重要农产品有效供给的重要基础。创建国家现代种业产业园，是我国建设种业基地、保障种子保供能力的有力举措之一。2022 年中央一号文件指出，要“全面实施种业振兴行动方案”，“推进种业领域国家重大创新平台建设”。[①] 有着“天府南来第一州”之称的邛崃市，立足国家级杂交水稻制种基地，依托天府现代种业园这一载体，着力打造西南地区种业创新“硅谷”，推动形成产业特色鲜明、要素高度聚集、生产方式绿色、辐射带动有力的现代种业高地，打好种业翻身仗，确保农业用种安全和粮食总量安全，使天府现代种业园成为全国制种产业版图中不可或缺的组成部分，以现代农业高质量发展谱写乡村振兴新篇章。

一、抢抓机遇，跑出乡村振兴“加速度”

2018 年 2 月，习近平总书记在四川考察时强调，“四川是‘天府之国’，要加快推进乡村产业振兴、推动乡村生活富裕，把四川农业大省这块金字招牌擦亮。”[②] 2021 年 7 月 9 日，习近平总书记主持召开中央全面深化改革委员会第二十次会议时强调，“农业现代化，种子是基础，必须把民族种业搞上去，把种源安全提升到关系国家安全的战略高度，集中力量破难题、补短板、

① 中共中央 国务院关于做好二〇二二年全面推进乡村振兴重点工作的意见［N］. 人民日报，2022－02－23.

② 王东明. 牢记习近平总书记重托 推动治蜀兴川再上新台阶［N］. 四川日报，2018－03－16（1）.

强优势、控风险，实现种业科技自立自强、种源自主可控”。[①] 作为四川省产粮大县、制种大县，邛崃市深入贯彻习近平总书记重要指示精神，按照四川省“10＋3”农业产业体系建设要求，立足国家级杂交水稻制种基地产业优势和良好的自然资源禀赋，抢抓国家种业产业布局机遇，以产业功能区理念为指引，聚焦种业要素集聚和链环建设，高起点规划，高质量推进，不断强化现代种业创新与成果孵化能力，全力打造西南种业中心、国家种业高地、国际种业创新示范区，以现代农业高质量发展推动乡村振兴。2020 年，天府现代种业园成功创建为国家首批布局西南唯一的国家级种业园区，被列为全省“1＋1＋N”现代种业发展格局的核心园区。以天府现代种业园为载体，2021 年邛崃市入选全国农业科技现代化先行县共建名单，邛崃种业特色小镇入选四川省首批特色小镇，成功申报新一轮国家制种大县。

与此同时，随着天府现代种业园的建设与发展，其所覆盖的各个区域呈现出新的发展态势，城镇化进程的推进也对基础治理提出了新的要求。基于种业园区的资源优势、功能配套和发展空间，邛崃市各乡镇（街道）、村（社区）以党建为引领，以群众需求为导向，创新服务机制，强化利益联结，积极探索新型社区治理模式，促进治理效能提升，推进社区可持续发展。

二、协同共进，擘画美丽乡村蓝图

近年来，邛崃市深入实施“藏粮于地、藏粮于技”战略，统筹抓好耕地保护和种业创新，加快高标准农田建设，不断提升农业科技服务水平，勇担国家粮食安全和“川种振兴”使命，全力打造西南种业中心，以产业发展带动群众致富，释放社区活力，打造高水平示范，提升社区治理效能。

（一）科创赋能，构建“大种业”格局

种子是农业的“芯片”，是农业科技的核心。邛崃市以打好种业“翻身仗”为目标，立足建设“中国西南种业中心”，全力打造天府现代种业园，围绕强化现代种业创新与成果孵化能力，高品质规划建设承载种业基础能力和公共服务能力的平台，打造 10 万平方米种业科创空间，加速推动农业产业科

---

① 统筹指导构建新发展格局 推进种业振兴 推动青藏高原生态环境保护和可持续发展［N］. 人民日报，2021－07－10（01）.

技化、人才专业化、生态绿色化，形成以杂交水稻、油菜种业为基础，畜禽、蔬菜等种业为突破的“大种业”发展格局。

首先是搭建“一库一院五中心”重大功能平台。邛崃市围绕规划建设承载种业基础能力和公共服务能力的高品质平台，积极推进天府现代种业园与国省市三级农科院、川农大等高校院所及种业企业合作，搭建四川省种质资源中心库、四川省水稻产业技术应用研究院、国家品种测试西南分中心、四川省种子质量检测中心、种业科创中心、种业实验中心和种业博览中心“一库一院五中心”重大功能平台，涵盖种业研发、双创孵化、成果转化、博览展示、生活配套等重要功能，全面提升了种业园的创新策源力、转化力和吸聚力。

其次是推进“孵化器+产业基金”金融服务模式。为了给园区内企业提供更畅通的科技和生产要素，邛崃市出台《农业科技改革试点激励农业科技人员创新创业工作实施办法》《知识产权资金资助使用办法》等激励措施，支持本土科研课题研究、成果转化，由成都科技服务集团、天府现代种业园开发建设公司等共同组建企业孵化器，为入孵的企业提供科技金融、创业孵化、科技咨询、知识产权、电商服务等支持。同时积极引入省内外优势金融资源，筹建天府种业基金，聚焦以种业为核心的现代农业领域，以股权投资方式助力种业科技成果转化及创新型、成长型中小种业企业孵化壮大，提供全生命周期服务。

最后是实施“互联网+农机”作业管理模式。邛崃市不断建设和完善天府现代种业园种业信息平台、邛崃市杂交水稻制种基地物联网及种子管理平台，建成文君茶叶物联网基地、夹关茶园物联网基地，配套集成环境监测等应用系统，推动主要农作物全程机械化生产，并为大中型农机装备装配卫星导航、智能监测等信息装备，促进智慧农业建设和发展。

（二）高效管护，建设高标准农田

高质量农业离不开高标准农田。为推进高标准农田建设、提升粮食生产能力，邛崃市成立由市长任组长，市委、市政府分管领导为副组长的高标准农田建设项目推进工作领导小组，统筹相关部门、平台公司、镇街力量，按照“投资、建设、管理”三分离原则推进项目建设，在项目选址、设计、实施和后期管护等环节形成分工合作的机制。在此基础上，邛崃市积极探索建后管护新路，建立三大机制，形成“有偿使用、共管共护”管护利用模式，有效解决了建后管护难题，打破了多年来“重建轻管”的工作格局。

以邛崃市高埂街道进行农田建后管护为例，首先是实行“三级组织”联动监管机制。为推动农田基础设施实现长效管护，高埂街道按照属地化管理原则，建立组巡、村查、街道督的“三级组织”联动监管机制，落实监督职责，建立巡查台账，以便及时发现基础设施损毁情况并解决处理。其次是实行“三方主体”联合维护机制。为持续保障农田建设的高质量效益，高埂街道建立起种植业主、村（社区）土地股份合作社、镇（街道）土地合作联社“三方主体”联合维护机制，使不同主体可以充分发挥各自优势、各司其职、相互配合。最后是实行“公共设施”有偿使用机制。经过充分调研，高埂街道出台土地流转指导意见，实行公共区域高标准农田基础设施有偿使用制度。在流转土地时，按照一定标准，由各村（社区）土地股份合作社同步收取新型农业经营主体公共基础设施管护费用，用于高标准农田公共基础设施管理维护，结余资金则用于发展壮大集体经济组织。

（三）盘活资源，进行高水平示范

邛崃市结合天府现代种业园产业实际，以种业特色小镇建设为抓手，进一步聚合和盘活资源要素、营造多元场景，着力打造现代农业展示区、田园式新型城市和美丽乡村示范区，营造高水平示范。前进社区位于邛崃市天府现代种业园产业功能区核心区域，是众多重点项目落地的社区，具有良好的产业基础、资源优势、功能配套和发展空间。因此，邛崃市率先在前进社区试点片区开发、片区运营理念，盘活资产资源要素，以党建引领助推产业社区建设。

一是以要素活化为抓手，发展壮大集体经济。围绕“人、地、钱”等要素资源优化配置，探索创新“3T”利益联结模式：以 COT 方式整合农户和集体资金入股参与片区公司运营，以 ROT 方式集约土地资源入股龙头企业保底分红，以 BOT 方式改建经营农房。二是以产业活化为抓手，建强种业全产业链。围绕种业特色小镇建设，盘活原前进政府、前进中学等闲置资产，引入社会主体打造职教基地、综合市场、粮食烘干中心等，为种业小镇提供职教、生活、产业配套。同时综合考虑土地利用、产业发展、生态保护等因素，配合实施高标准农田、产业道路、供排水管网等项目，完善基础设施配套。以集体经济组织为主体，实施宅基地有偿腾退和集体经营性建设用地上市流转。三是以场景活化为抓手，创新转化生态价值。立足种业园区良好的生态本底与资源优势，将田园美学、林盘场景有机融入产业社区建设，塑造“茂林修竹、美田弥望”的大地景观，发展农耕体验、科普观光、民宿群落等新经济新业态，打造破土咖啡馆、生长餐厅等消费新场景。

（四）创新机制，实现高效率衔接

邛崃市以农业产业化联合体为依托，通过创新联合发展管理机制，拓展了构建现代农业经营体系的实践路径，有效促进了农业产业提质增效，推动了小农户与现代农业经营主体有效联结。

一是增强龙头企业引领带动能力。发挥龙头企业领军作用，集成各类政策壮大龙头企业，引导运用现代企业经管制度，向联合体注入市场化理念，利用加工、物流、营销等环节资源优势，主动与科研单位合作，结合市场需求和产业需要制定行业标准，带动合作社和家庭农场从事标准化生产。二是提升农民合作社服务纽带能力。发挥合作社桥梁作用，鼓励农户和家庭农场组建农民合作社，支持合作社从事生产经营和服务，覆盖农机、植保、科教、防疫、环保、金融、物流等领域，带动农业生产集中连片、农业经营集中高效，加快传统生产方式转型升级为机械化、规模化、集约化的绿色高效现代农业生产方式。三是强化家庭农场（农户）基础生产能力。巩固家庭农场（农户）主体地位，鼓励家庭农场办理工商注册登记，引导建立规范化生产、经营和财务管理制度，提高经营管理水平。将家庭农场主纳入深化职业农民制度试点，并全部吸纳为联合体成员，示范带动全市家庭农场按照“五统一”标准化生产体系开展农业生产，提升生产经营能力和高品质农产品供应能力。四是提高内部组织沟通协作能力。坚持自愿参与、民主协商，建立健全联合体经营机制。支持制定联合体共同章程，明确业务范围、成员资格、经费管理等内容，规范联合体的组织和行为。遵循市场经济规律，实行独立经营、管理和核算，以带动小农户致富为着眼点，以共享为核心，建立农户与新型经营主体共同致富的利益联结模式。探索设立理事会、监事会，召开成员（代表）大会，建立内部平等对话、沟通协商机制，妥善处理农业产业化联合体各成员之间的利益分配关系，促进成员之间长期稳定合作，保障各农业产业化联合体实现良好运行。

三、行之有效，共享产业发展成果

党的二十大报告指出，“全方位夯实粮食安全根基，全面落实粮食安全党政同责，牢牢守住十八亿亩耕地红线，逐步把永久基本农田全部建成高标准农田，深入实施种业振兴行动，强化农业科技和装备支撑，健全种粮农民收益保障机制和主产区利益补偿机制，确保中国人的饭碗牢牢端在自己手中”。[①] 近年来，邛崃市积极抢抓国家种业产业布局机遇，在各级政府的引导和支持下，落实建设现代农业“10 +3”产业体系要求，加速推动农业产业科技化、人才专业化、生态绿色化，不断强化现代种业创新与成果孵化能力，建立健全相关体制机制，确保了农业用种安全和粮食安全，推进了现代农业发展，实现了以生产要素带动治理要素，以产业发展促进治理效能提升。

（一）种业健康发展，农业提质增效

邛崃市以天府现代种业园为载体，以多项利好政策推动农业高质量发展，以体制机制创新激活当地产业发展动能，增强了现代农业综合效益和市场竞争力。一方面，多措并举保障了粮食总量安全和农业质量安全。邛崃市坚决遏制耕地“非农化”、防止“非粮化”，严格落实耕地地力保护补贴、规模化种植补贴等惠农政策，利用“农贷通”加大融资支持，挖掘种植潜力，搞好粮食作物间套模式，提高了粮食作物种植面积，确保了粮食总量安全；同时，通过推广优质高产粮食品种，推广绿色高质高效集成、全程机械化、统防统治等技术，提高企业种子生产技术人员的质量意识，规范种子企业生产经营行为，确保了粮食丰收和质量安全。截至 2021 年，邛崃市全市粮食种植面积 56. 68 万亩，较 2020 年增加 1800 亩。

另一方面，创新体制机制带动了全产业链增值增效。邛崃市组建天府现代种业园开发建设指挥部，健全组织体系，建立农业产业化联合体经营机制，推动产业链上下游长期合作，降低投入成本、减轻管理难度、稳定经营预期，促进多元经营主体以市场为导向，加大要素投入，开展标准化、规模化、专业化、品牌化经营，提高了土地产出率、资源利用率和劳动生产率，促进农

① 习近平．高举中国特色社会主义伟大旗帜 为全面建设社会主义现代化国家而团结奋斗：在中国共产党第二十次全国代表大会上的报告［M］．北京：人民出版社，2022：31.

业由增产导向转向提质导向，加快推进农业供给侧结构性改革，提高了农业综合效益和竞争力。截至2021年，邛崃市已建成高标准农田35.5万亩、制种基地3.5万亩，粮食生产面积稳定在56.7万亩、年产量24.5万吨，多次荣获四川省粮食生产“丰收杯”，全市第一产业增加值50.75亿元，比2018年末增长14.02%，并且成功创建了第三批国家现代农业产业园、首批国家级水产健康养殖和生态养殖示范区、四川省首批实施乡村振兴战略工作先进县、四川省高标准农田整区域推进示范县、全省动物卫生监督工作成效显著县，成为四川省唯一入选全国农业科技现代化先行县共建名单的区县。

（二）生态保护优先，产业绿色发展

邛崃市在产业发展过程中，坚持生态保护优先的原则，着力探索绿色高效的新型产业发展模式，促进了基础设施完善和生态环境维护。

一是形成了绿色高效农业生产方式。邛崃市持续推进化肥农药减量增效、推广农作物病虫害绿色防控产品和技术等绿色生产方式，建设农产品质量安全追溯系统监管平台，创新“养殖场（户）+沼肥转运组织+种植基地”畜禽粪污异地循环利用模式，进一步促进了农业自然资源高效利用。2020年，畜禽粪污、农作物秸秆综合利用率分别达97%、99%以上，农产品质量安全抽检合格率达99%以上。

二是培育了本土绿色优质农产品品牌。邛崃市加大“三品一标”农产品认证力度，梳理邛崃火番饼等本土农产品品牌情况，组建技术支撑团队，由四川大学、四川农业大学等高校院所和产业协会、专家学者等提供产品内在理化指标检测鉴定、史料挖掘等地理标志产品申报技术指导，引导规模生产经营主体主动申报认证；组织企业参加服贸会、西博会、茶博会等展览，提升了品牌知名度和吸引力。截至2021年，邛崃市已培育地理标志保护产品3个，国家农产品地理标志和国家生态原产地保护产品6个。

三是营造了绿色农业消费新场景。构建“产业功能区+特色镇+川西林盘”空间格局，在天府现代种业园建设中融入田园美学功能，依托高标准农田提升大地景观，以特色种质资源圃和新品种展示示范基地为基础打造种业主题公园，植入种业博览、研学观光、文创康养等多元化的“种业+”新场景，串联科创空间、主题公园、蔚崃林盘、种业基地，培育了农耕体验、科普观光、民宿群落等新业态，成为省内种业博览展示和研学观光的重要基地。

（三）人才支撑强劲，服务优质高效

邛崃市以产业发展为契机，积极引入智库专家，科学选拔干部队伍，加大农民培育力度，为基层治理提供了优秀人才储备，有效提升了基层服务水平，推动了产业发展与基层治理双向发展。

一是专业人才护航，保障了产业持续发展。一方面，邛崃市以天府现代种业园建设为核心，建立“院士专家智库＋首席科学家＋核心科研团队”人才支撑体系，建成10万平方米种业科创空间，其中已入驻中国农科院油料研究所等种业科研机构和创新团队9个、首席科学家和专业技术人才71名，保障了产业园区的有序发展。另一方面，邛崃市实施农民专业合作社质量提升整县推进、深化新型职业农民制度两项省级试点及本土人才培育“崃创计划”，建立职业农民培育对象库和“行业性辅导＋自学成长”终身学习机制，增强了农民自身素质和专业技能水平。截至2021年，已培育新型职业农民2503人、新型职业经理人1776人，累计带动农户16.7万家，农业产业化带户面达92%。

二是专业人才支撑，提升了基层服务效能。邛崃市梳理选拔致富能手、发展能人、农民经纪人等优秀人才进入社区综合党委班子，由综合党委统筹配置辖区公共资源和公共服务，形成了“一核三联”治理模式。同时，在片区综合党委的领导下，建立利益反哺机制，将部分经营收益投入公共服务设施、公共事务和公益事业，真正实现了效益反哺于社区发展治理和居民公共服务，构建了集体经济反哺公共服务的可持续发展格局，推动了产业功能区的可持续发展。

四、完善总结，提供有效经验借鉴

邛崃市以天府现代种业园为载体，依靠得天独厚的基地产业优势和自然资源优势，不仅对种质资源保护与利用、现代种业育种创新、粮食总量安全和主要农产品供给产生重大影响，而且通过利益反哺使当地居民广泛享受到产业发展的红利，实现了产业发展切实惠及居民群众，以产业发展促进了治理效能提升，形成了具有重要借鉴意义的实践经验。

（一）加强科技引领，支撑产业高质量发展

科学技术的发展和运用对于推进现代农业高质量、高效率发展具有重要的支撑作用，在产业发展过程中，要立足农业生产的质量和效益，以科技信息和专业人才引领当地农业发展，推动农业生产规模化、特色化。首先要搭建科创空间，引入先进农业技术。由政府牵头，大力招引科技龙头企业，将先进技术引入当地农业发展，同时积极整合高校、科研院所、外聘技术服务机构等技术力量，引导校企合作、院企合作，推动农业科技创新成果转化为技术标准和生产力，建立承载技术研发、成果转化、科技咨询等功能的示范基地与科创平台。邛崃市通过搭建“一库一院五中心”重大功能平台，建立企业孵化器，全面提升了科技成果转化效率。其次要不断创新和完善农业信息服务模式，多措并举推动智慧农业发展。要加大对农业产业信息服务平台的资金支持，为大中型农机装备配备卫星导航、智能监测等信息设备，推动主要农作物全程机械化生产，促进农业发展智能化、规模化。邛崃市结合天府现代种业园的发展状况及资源优势，创新金融服务模式和作业管理模式，实现了种业及其关联产业的高质量发展。最后是加大对新型职业农民的培养。邛崃市围绕现代农业发展制定农业人才培养专项政策，加强对粮食生产管理人员、基层农技人员、种粮大户的培训和指导，并通过其辐射带动，让技术服务覆盖每一亩土地，为农业稳产增收提供技术保障。

（二）注重统筹规划，助力产业优质化发展

产业振兴是乡村振兴的关键，更是乡村振兴的首要任务。优质的产业发展需要根据所在地区的经济发展状况及市场需求，合理整合资源要素，制定产业发展战略。因此，要进行全方位科学统筹规划，立足产业总体发展态势，深入分析产业发展的现状与特征，找准产业发展的目标及定位，探索创新产业发展机制，推动产业优质发展。

首先，对空间进行整体统筹规划。明确产业功能区的功能定位、空间布局、公共服务配置、生态底线等内容，整合原有零碎地块，确保空间资源的充分利用。邛崃市立足天府现代种业园良好的资源优势，围绕种业特色小镇建设，利用闲置房屋建设研创培训点、综合市场等，并在充分征求群众意见的基础上，利用闲置地块规划修建种业广场，提升安置区群众的生活品质。

其次，统筹协调各方利益关系。充分考虑不同主体的利益诉求，制定合理规则平衡各参与主体的利益。最后，对实施方案进行统筹规划。协同各方专业力量，积极引入产业资源和社会资本，创新产业生产运营机制。邛崃市聚力科创空间建设，组建种业基金，不断探索现代农业发展机制，创新以农业产业园区项目为重要载体的园区运行机制和现代农业生产经营机制，打造了农业特色产业集群，推进了优势农业全产业链融合发展。

（三）强化利益联结，推动基层可持续发展

产业发展是集体经济壮大、增加居民收益、促进社区可持续发展的关键因素，完善利益联结机制，对于产业高质量发展和基层治理效能提升具有重要意义和价值。一方面，围绕"育繁推"一体化服务体系以及新型农业经营主体，推进现代农业集约化发展，创新形成"龙头企业＋""家庭农场＋""农业产业联合体"等利益联结模式，辐射带动小农户，壮大利益联结主体，推动产业链上下游长期合作，形成利益共享、风险共担的责任共同体、经济共同体和命运共同体，降低违约风险和交易成本，稳定经营预期，增强小农户抵御市场风险的能力。邛崃市通过构建"村集体经济组织＋联合体"利益联结机制，实现了村集体"有收益"、老百姓"享分红"。另一方面，有效对接市场需求与当地居民需求，通过组织和培训推动居民进入产业功能区企业，实现产业集体利益与居民个体利益相结合，让居民享受产业发展带来的实际利益，继而从根本上激发居民内生动力，使其主动参与当地产业发展，实现利益从分散到聚合，逐渐培养居民对所在集镇、社区的认同感，增强居民对于社区公共事务的参与意愿，推动居民自治的可持续发展，以产业的科技化转型、集约化发展开拓未来乡村的智慧化、现代化道路。

第四节 输出牟礼模式，搭建利益联结机制

2022年中央一号文件提出，“要全面推进乡村振兴，确保农业稳产增产、农民稳步增收、农村稳定安宁”。① 产业兴旺是乡村振兴战略的首要目标，也是实现农村发展、农民增收、农业增效的基础条件。当前我国大部分农村地区依然将农业作为主导产业，因此要实现产业振兴就必须推动传统农业转型，实现农业产业化发展。同时也应注意，产业振兴与农村、农民密不可分。农村和农民是实现乡村产业振兴的社会基础和重要主体，产业振兴必须以农村发展和农民富裕为基本目标，这是以产业振兴带动乡村全面振兴的题中应有之义。在此背景下，探索建立有效的联农带农机制，发挥农民在产业振兴中的主体作用，对于实现可持续的产业振兴具有重要意义。

农业产供销一体化经营模式是以农业龙头企业为核心，将专业合作社作为经营纽带，并以家庭农场作为整个经营流程基础的一种新型经营模式，是新时代发展农村产业的重要手段，能够推动现代农业科学化、标准化、产业化、效益化。邛崃市羊安街道牟礼社区以果友邦农业开发有限公司（以下简称“果友邦公司”）为引领，积极响应中央号召，在乡村振兴、产业发展等方面探索出了以“产供销一体化模式”为核心的“品牌农业12步精益管理系统”，不断提高农业全产业链服务水平，有效提升了现代农业产业发展质量效益和农民收益。

一、牟礼社区产供销一体化发展的现实背景

实施乡村振兴的最终目标，就是要彻底解决农村产业和农民就业问题，

① 中共中央 国务院关于做好二〇二二年全面推进乡村振兴重点工作的意见［N］．人民日报，2022－02－23（01）．

确保群众长期稳定增收、安居乐业。当前我国农业发展仍普遍存在农户的组织化程度较低、农户与市场之间信息不对称等问题，推行产供销一体化模式是解决上述难题、促进农业发展的必然选择。近年来，产供销一体化模式被广泛应用于农业生产中，取得了一系列成就，但也面临着一些问题和挑战。

（一）产供销一体化发展的政策导向

2014 年中央一号文件明确指出，“加快供销合作社改革发展。发挥供销合作社扎根农村、联系农民、点多面广的优势，积极稳妥开展供销合作社综合改革试点”。[①] 产供销一体化机制首次被正式提出，并成为供销社的基本运行机制。2020 年中央一号文件指出，“重点培育家庭农场、农民合作社等新型农业经营主体，培育农业产业化联合体，通过订单农业、入股分红、托管服务等方式，将小农户融入农业产业链”。[②] 农业生产的上游主体主要是农户或小型农产品生产基地，其特有的分散性决定了农业生产组织化程度较低。因此，建立产供销一体化模式，推动生产、供应与销售结成有机整体，实现流通与生产相互依赖、相互促进的良性循环，是解决产与销之间矛盾的一种有效形式。发展乡村产业的关键在于投入资源，支持地方立足本土优势，打造各具特色的农业全产业链，构建有利于农民增产增收的新型产业链收益分配机制，形成有竞争力的农业产业集群，推动农村一、二、三产业融合发展，这与现代农业产供销一体化的目标相契合，为地方探索现代农业产供销一体化发展模式提供了政策导向。

（二）产供销一体化发展的现实困境

当前，地方产供销一体化模式仍存在一些问题。一是模式选择不合理。部分地区对农业的关注不够，将现代农业产供销一体化建设视作政绩工程，没有考虑本地区的农业发展水平和优势农产品，盲目复制其他地区现代农业产供销一体化的组织模式，导致模式僵化，难以发挥应有的作用。二是机制体制不健全。一方面，利益分享机制的不合理使农民利益缺乏保障，从而削

---

① 中共中央 国务院印发《关于全面深化农村改革加快推进农业现代化的若干意见》[N]. 人民日报，2014-01-20（01）.

② 中共中央 国务院关于抓好“三农”领域重点工作确保如期实现全面小康的意见[N]. 人民日报，2020-02-06（01）.

弱了企业和农户之间的信任程度，不利于产供销一体化模式的稳定发展；另一方面，服务机制的不健全导致产供销一体化模式受到信息、技术和资金的限制，进而导致其发展滞后。三是人才队伍不充足。产供销一体化模式加大了企业管理难度，各个环节都需要专门人员来引导和管理，人才缺乏导致各个环节不能规范有序进行，出现的问题难以得到及时解决，从而影响产供销一体化模式的可持续发展。

二、牟礼社区产供销一体化发展的实践做法

果友邦公司针对新形势下传统农业生产方式粗放、农业质量效益不高等问题，创新建立以“品牌农业 12 步精益管理系统”为核心的农业产供销一体化管理模式。在此基础上，邛崃市牟礼社区通过种植基地联营和输出管理方案，走出了一条以农业龙头企业为引领、提高农业全产业链服务水平、提升现代农业产业发展质量效益的新路子。

（一）建立现代企业制度，形成农企科学化运作模式

企业管理规范化是提升现代农业主体能力的前提条件。现代农业发展的必由之路和未来方向是实现农业产业化。作为新型农业经营主体的重要组成部分，果友邦公司加强自主创新，形成科学化运作模式，着力推进农业产业化发展。

一方面，制定精益管理系统。果友邦公司以本公司发展经历为样板，分析总结技术、管理、营销、融资等阻碍农业企业发展的痛点和难点，成功将工业化的生产标准、商业化的运营模式和军队化的团队管理相结合，应用于农业生产、管理、销售环节中，形成闭环式、一站式的产供销一体化管理模式，成功破解了品种改良、技术落地、品质把控、质量监管、团队建设、管理运营、资金筹措、利益分配、政府支持、科技转化、品牌建设和市场营销等农业方面的 12 个难点问题。

另一方面，提供一站式服务。果友邦公司通过联营、加盟、生产、销售等方式，与全国 100 多家农业公司开展战略合作，组建全国产供销联盟，搭建产供销产业链条，形成完整的产业发展闭环。同时，果友邦公司依托自身经济实力，帮助一大批协作配套企业向着规模化、集群化、专业化、高端化方向发展，以此提高产业的市场竞争力和区域带动力，从而打造辐射带动力

强的产业集群。

（二）依托联盟生产基地，建立农业标准化生产体系

生产标准化是现代农业的重要标志，也是提升农产品品牌品质和农业质量效益的有效路径。牟礼社区大力开展农业标准化生产，以龙头企业为引领，逐步建立从农资供应、生产种植到品牌营销全产业链的标准化生产体系，不断规范农业生产，推进农业由增产导向转向提质导向，切实提高农业综合效益和竞争力。

一是统一农资供应。果友邦公司牵头制定水果病变和害虫防治、磷和硼等营养元素补充等技术规范，精准把控农药、农肥等投入品的质量和用量，累计向种植基地统一提供农资产品 8 万吨，有效减轻了农业投入品对土壤环境造成的污染。同时，在市场上农资品种繁杂的局面下，通过统一农资供应保证种植基地以最少的支出用上最好的产品。

二是统一生产标准。果友邦公司带头制定联盟统一技术方案标准，每个水果基地从选址建园、设施建设、苗木选择、幼苗管理到秋施冬肥、果品成熟、商品销售等各个环节，都坚持由专业人员专职管理。同时，采用联盟托管、代管的方式管理 1.5 万余亩水果基地，实现了基地的标准化、专业化生产。

三是统一品牌营销。一方面，牟礼社区十分重视产品的品牌价值，成立专业销售公司“葡提汇公司”，并统一注册果友邦品牌商标，培育了“葡提汇”“仔新”等一批知名商标，打造了“蓝吻”高端葡萄品牌以及高端柑橘品牌“3 寸甜”。另一方面，牟礼社区坚持线上线下相结合的销售模式，成立电子商务中心，在淘宝等知名电商平台开设旗舰店，与盒马鲜生等大型商超和高端水果连锁店合作，推动联盟产品畅销全国，且远销日本、韩国等海外市场，产品的销售额明显增加。

（三）打造农业产业龙头，完善联农带农惠农新机制

农业龙头企业不仅是新型农业经营主体中的“精锐部队”，也是加快转变农业发展方式、推进农业绿色发展的“开路先锋”。牟礼社区建立有效的联农带农机制，让农民参与现代农业发展、共享产业发展成果、实现持续稳定增收。

一是建立“龙头企业＋合作社＋农户”的联合体经营机制。果友邦公司联合南江尚品等本地农企成立“邛崃市果友邦果品产业联合会”和“邛崃市果友邦果品产业联合社”，探索建立“龙头企业＋合作社＋农户”农业产业化联合体经营机制，带动周边农户共享产业发展成果。二是推行试验基地合伙化经营模式。牟礼社区全面推行试验基地合伙化经营模式，建立“工资＋绩效＋提成”和“生产督导＋农事记录＋任务考核”绩效考核机制，促进基地种植户由“工人”向“主人”的身份转变，激发村民参与农业生产的积极性。三是发挥企业的排头兵作用，建立有效的帮扶机制。牟礼社区充分发挥企业在产业发展、帮扶带动中的“排头兵”作用，成立由企业管理人员、技术人员、村（社区）书记组成的产业帮扶队，向重点帮扶的创业青年提供经验、技术、政策等方面的支持，引导群众就近创业、共同致富。

（四）突出产业人才建设，培育新时代“新农人”

人才是产业发展的关键。牟礼社区不断挖掘懂市场经营、从事农业生产技术指导与推广、掌握现代农业生产技术和擅长电商的新人才，充分发挥他们在产业发展中的作用，激发他们的创新活力，以实现乡村产业发展壮大。

一是组建技术落地团队。牟礼社区依托中国农学会葡萄分会提供的技术支持，成立联盟云南技术分公司，组建一支以技术总监李献丰为核心的30人技术落地团队，每月到合作基地开展指导，并在疏花疏果、施肥、采摘等生产关键时间节点委派生产经理到合作基地提前进行技术介入，促进农业技术下沉，丰富村民的农业知识。二是培育技术工人队伍。牟礼社区按照业务素质高、技能强、具有稳定性等要求，培育一支700人的技术工人队伍，并将其派驻到合作基地提供具体技术服务，有效保证了联盟水果产品质量，为牟礼社区发展注入了新活力。三是建立创业示范基地。牟礼社区依托果友邦建成的成都市现代农业创新创业孵化基地、大学生创业示范基地、农业职业经理人创业示范基地、退伍军人创新创业示范基地等，成功孵化大学生创业、返乡农民工就业等创业主体26家，累计培训返乡农民工、创业大学生、退伍军人等农业管理和技术人才1200余人次，为农业增产和农民增收提供了人才保障。

三、牟礼社区产供销一体化发展的主要成效

牟礼社区以果友邦公司为引领，探索农业产供销一体化发展模式，有效

激发了村民内生动力，提升了社区凝聚力，夯实了村民自治基础，初步形成了以产业振兴带动集镇部落治理的成效。

（一）促进增收致富，激发了村民内生动力

经济物质基础是村民参与基层治理的前提条件，农民生活是否富裕关系着村民政治参与的精力和质量。牟礼社区大力开展农业标准化生产，逐步建立从农资供应、生产种植到品牌营销全产业链的标准化生产体系，提高了农业综合效益和竞争力，带动了村民增收致富，为村民参与社区治理提供了物质保障，激发了村民参与社区治理的内生动力。

一是实现村民增收致富。牟礼社区通过统一农资供应，科学精准把控农药、农肥等投入品的质量和用量，保障了农产品质量，推动了农业的可持续发展，增加了村民收入。通过农业产业化联合体经营机制，累计带动周边农户 500 余户。2018 年，合作基地阳光玫瑰葡萄销售额达 1.2 亿元，实现每户增收约 1.54 万元。随着合伙化经营模式的推广，牟礼社区的基地累计提供就业岗位 2000 余个，实现员工年人均增收 0.8 万元。二是保障产业稳定发展。农业技术是推动农业经济增长的有效手段。牟礼社区统一生产标准，为村民普及和推广农业科技知识，有利于保障农产品的产量和质量，进而实现村民收入的稳定增长。三是激发村民创业热情。牟礼社区通过统一品牌营销，打造品牌商标、搭建线上平台，提高了农产品的知名度和市场竞争力，拓宽了农产品的销售渠道，有效解决了村民的创业困境，激发了村民创业热情，成功孵化了一批农村创业主体。

（二）搭建利益联结，提升了社区凝聚力

产供销一体化发展模式将农户聚集到同一个经济共同体中，使企业与农户之间、农户与农户之间的利益联系得以加强，搭建了利益联结机制。在经济利益的驱使下，主体之间会自愿加强合作，农业和农民组织化程度明显提升，在一定程度上也提高了集镇部落治理的凝聚力。

一方面，“龙头企业 + 合作社 + 农户”的模式密切了各主体之间的利益联系。“龙头企业 + 合作社 + 农户”模式将企业、合作社和农民结成了“命运共同体”，消除了过去一家一户抵御市场风险能力脆弱、产品竞争力小等弊端，为农业新技术、新品种的推广普及提供了广阔平台和有力支撑，增强了集镇

部落的凝聚力。另一方面，试验基地合伙化经营模式提高了基地农户的主人翁意识。2018 年 7 月，习近平总书记对实施乡村振兴战略作出重要指示：“要尊重广大农民意愿，激发广大农民积极性、主动性、创造性，激活乡村振兴内生动力，让广大农民在乡村振兴中有更多获得感、幸福感、安全感。”① 牟礼社区基地合伙化经营模式的推行尊重了村民的主体地位，促进了基地种植户由“工人”向“主人”的身份转变，让村民在参与乡村产业发展的过程中认识到自身价值，有利于激发村民的集体意识，调动村民参与农村社区治理、共建美好乡村的主动性。

（三）塑造现代农民，夯实了村民自治基础

牟礼社区通过发展乡村产业、加强技能培训等方式，在增加村民收入的同时，提高了村民的综合素质和专业技能水平，推动村民逐渐蜕变为符合现代化农业发展要求的新型农民，夯实了村民自治的基础。

一是培育了新型职业农民。牟礼社区以果友邦公司为引领，统筹规划辖区产业发展，营造了有利于产业发展的良好政策环境，吸引了外出人才返乡创业，使农村逐渐产生了生产经营型、专业技能型、社会服务型三种类型的新型职业农民。与此同时，为了提供更多合格产品、获得更多经济收益，村民积极学习专业技能，爱科学、学科学、用科学的积极性不断增强，培育了一批有文化、懂技术、善经营、会管理的现代农民。二是夯实了村民自治基础。牟礼社区组建技术落地团队，每月到合作基地提供技术指导，宣传农业知识，提高了村民素质，推动了村民思想解放，帮助村民树立与发展社会主义市场经济相适应的现代观念。多种类型的新型职业农民具备普通农民所缺乏的现代理念和政治素养，因而有能力参与乡村重大事项的决策，推动基层民主落实，有利于促进村民自治的发展。

四、牟礼社区产供销一体化发展的经验启示

牟礼社区通过产供销一体化发展模式，实现了产业发展与基层治理的互利互促，为推进新型城镇化建设提供了有力支撑。实践表明，产供销一体化

① 把实施乡村振兴战略摆在优先位置 让乡村振兴成为全党全社会的共同行动［N］. 人民日报，2018 - 07 - 06（01）.

发展能够有效破解当前农村社区产业发展面临的普遍问题，对于提升基层治理水平、实现集镇部落向新型城镇化转型具有借鉴意义。

（一）以乡村经济增长为底气，加强基层政权建设

治理有效就是在稳固的经济基础上创新农村社会治理方式，夯实基层政权，建设和谐有序的乡村社会。随着乡村产业的发展，新型产业组织关系塑造出了新型治理关系，并进一步形成了良好的治理环境和人际关系，为构建高效、有执行力的农村基层治理架构提供了条件。当前，地方立足自身资源禀赋和市场需求，深入挖掘农村的多种功能和多重价值，不断拓展产业空间、创新产业形态，催生了形式多样的乡村产业发展模式。

从牟礼社区的实践来看，果友邦公司通过联营、加盟、生产、销售等方式与全国100余家农业公司开展战略合作，组建全国产供销联盟，打造形成农业产供销一体化管理模式。牟礼社区的这种产供销一体化模式带动了协作配套企业朝规模化、集群化、专业化、高端化方向发展，共同厚植了产业的市场竞争力和区域带动力，打造了辐射带动力强的产业集群，推动了一、二、三产业的融合发展。牟礼社区的实践突出了乡村产业发展在推动基层治理、加快新型城镇化进程方面的重要作用，表明经济增长是加强基层政权建设的重要物质保障。可见，发展壮大乡村产业是提高农民收入、完善农村公共基础设施、提升基层党组织凝聚力和战斗力的有效途径。一方面，随着乡村产业的发展，基层党组织的经济基础不断增强，为提升基层党组织的领导力、组织力和号召力奠定了基础。另一方面，为更好地服务于乡村产业发展，村“两委”班子必须在思想观念、管理方式上作出改变，不断提升管理水平，保障基层民主落地。

（二）以多方主体参与为基础，打造乡村共治模式

党的二十大报告指出，“完善社会治理体系。健全共建共治共享的社会治理制度，提升社会治理效能”，“建设人人有责、人人尽责、人人享有的社会治理共同体”。[①] 随着基层治理的不断发展，传统单一化治理模式的缺陷日益

① 习近平．高举中国特色社会主义伟大旗帜 为全面建设社会主义现代化国家而团结奋斗：在中国共产党第二十次全国代表大会上的报告［M］．北京：人民出版社，2022：54.

凸显，亟须打造多元治理格局。只有将多方力量融入乡村社会，才能为基层治理带来生机与活力，才能转变基层利益结构，促进村民主动参与基层治理。多方主体参与有利于培养村民自我管理的能力，提高村民参与乡村建设的责任意识，从而提升乡村治理效能，形成共建、共治、共享的治理格局。

从牟礼社区的实践来看，一方面，牟礼社区探索建立了“龙头企业＋合作社＋农户”的农业产业化联合体经营机制，形成了稳定的利益共同体。为维护共同利益，农民、合作社、企业等主体积极参与乡村治理，针对政策提出自己的观点和建议。另一方面，牟礼社区采取多种措施推动农民综合素质的提升，包括组建技术落地团队，定期向农民提供技术支持，组织返乡大学生、退伍军人等创业培训。牟礼社区的实践体现了产业发展对多方主体的培育作用，为构建共建、共治、共享的基层社会治理格局提供了有益借鉴。不同主体在乡村治理体系中扮演着不同角色。退伍军人、返乡大学生、合作社等主体拥有丰富的社会文化基础，能够更为便利地参与乡村公共事务，为实现乡村治理现代化提供助力。同时，企业和社会组织等主体通过资源投入、思想引领等方式进入乡村，有利于形成乡村治理的社会条件和社会秩序、提升农民素养、提高其对乡村治理的参与度，进而推动乡村实现善治。

（三）以产业人才建设为抓手，提升乡村治理效能

人才队伍是实现基层治理有效的决定性因素。发展乡村经济，留住乡村人才，吸引城市人才，成为乡村治理有效的关键。首先，要大力发展乡村产业，通过产业发展增加就业岗位、完善基础设施、改善人居环境，使乡村成为未来中国经济发展新的增长点，吸引越来越多的外出人才回归农村。其次，要从思想观念上重视人才建设，将乡村人才建设摆在与乡村发展同等重要的位置，充分认识到培育乡村人才对于经济、社会以及农民自身利益的作用。最后，要深化对乡村人才建设工作的全面部署，统筹协调各部门工作以及各项资源，打造能担使命、促发展的乡村振兴基层力量。

从牟礼社区的实践来看，牟礼社区依托大学生创业示范基地、农业职业经理人创业示范基地、退伍军人创新创业示范基地等培训了大量农业技术和管理人才。这些农业人才能够以乡村经济精英、新乡贤的角色加入村“两委”、村民代表大会、乡村理事会等组织，或通过成为基层人大代表，不断壮大乡村治理队伍，为乡村治理提供人才保障。在此基础上，牟礼社区以果友

邦公司为引领，打造整体产业发展规划，营造有利于产业发展的政策环境，从而为人才提供了发挥才能的平台，推动其经营理念、科技成果、创业项目落地落实，不断吸引外出人才返乡创业，形成了产业人才的“集聚效应”。同时，各类人才将自身理念和成果应用到基层治理中，促进基层治理效能提高。牟礼社区的实践实现了乡村产业人才队伍的发展壮大，是将乡村人才优势转化为基层治理效能的积极探索。

第六章 服务联动：城市聚落的共建共治

基层治理是国家治理的基石，统筹推进乡镇（街道）和城乡社区治理，是实现国家治理体系和治理能力现代化的基础工程。基层治理的发展要坚持共建、共治、共享原则，进而打造人人有责、人人尽责、人人享有的治理共同体。其中，“人人有责、人人尽责、人人享有”从治理全过程描述了治理责任、治理参与和治理成果的群体化目标，是打造多方共治治理格局、有效落实人民福祉的生动表达。对于以商品房小区为主的城市聚落而言，推进新型城镇化的重点不再局限于党建引领、环境整治、民主协商等基础性内容，而是转向提升居民生活品质、打造人人参与的公共服务体系。为此，服务联动是有效凝聚治理力量、构建多方共治治理格局的必要手段。一方面，基层应凝聚“五社合力”，有序推动社区、社会工作者、社区社会组织、社区志愿者和社区公益慈善资源协同发力；另一方面，把握基层治理的普惠性原则，充分体现治理成果的均衡性，切实推动服务均等化发展。

邛崃市积极响应国家治理现代化要求，以申报参与治理试验区项目为切入点，有效联动“五社合力”，围绕儿童友好、共享超市、三级社工和社区助老四个维度，有效开展社区治理与居民服务。通过善治打造和谐的社区氛围、提供贴心的社区服务、畅通广泛的社区参与，切实提升社区居民幸福感与获得感；通过将传统政府“单向输血式”转变为多方联动供给服务，深化了基层治理的共建共治，也真正向居民兑现了治理成果的共享，以服务联动撬动多方共治格局的构建，为城市聚落推进新型城镇化提供了有效路径。

第一节　依托“儿童关爱”，巩固社区服务基础

儿童是社会救助的主要对象之一，更是基层社会治理需要重点关注的群体。党的二十大报告强调，要健全分层分类的社会救助体系，坚持男女平等基本国策，保障妇女儿童合法权益。[①] 自2001年国务院颁布《中国儿童发展纲要（2001—2010年）》以来，儿童优先原则得到有效落实，儿童健康整体水平明显提高，儿童发展和儿童事业取得了历史性新成就，关爱儿童也成为提升基层社会治理水平的有效切入点。邛崃市太阳社区以儿童关爱项目为契机，通过项目资源保障、人才队伍培育、特色品牌打造与活动普惠推行，促进了社区儿童项目的常态化、服务的专业化、活动的多元化与受众的完整化，切实提升了社区服务水平，巩固了社区服务基础。

一、“儿童友好”，以理念巩固服务基础

步入“十四五”时期以来，我国开启全面建设社会主义现代化国家新征程。中国式现代化是中国共产党领导下全体人民的现代化，是以人民为中心、促进人的全面发展的现代化。儿童优先是人民至上原则的真实写照和深化发展，更是健全社会救助体系、推进基层治理现代化的重要内容。社区是儿童生活成长的重要场所，能够为儿童成长与发展提供适宜的条件、环境和服务，切实保障儿童的生存权、发展权、受保护权和参与权。促进儿童发展、保障儿童权益，首先对社区治理体系提出了具体要求。与此同时，关爱儿童能够有效带动居民参与社区事务、促进居民沟通交流、营造和谐社区氛围，为实现基层治理有效提供具体路径。基于此，成都市围绕社会政策、公共服务、

① 习近平．高举中国特色社会主义伟大旗帜 为全面建设社会主义现代化国家而团结奋斗：在中国共产党第二十次全国代表大会上的报告［M］．北京：人民出版社，2022：48.

权利保障、成长空间和发展环境五个友好维度，以儿童友好城市创建为契机、以示范县创建为驱动，健全工作体系，细化工作方案，持续抓好落实。在市、街道指导下，邛崃市太阳社区切实把握本社区特点，积极参与申报自治组织民生微项目工作，通过有效利用社区闲置资源打造“孔明邻舍”公共空间，引入润叶社工并培育本社区儿童事务志愿者，成功以微项目开展为契机，加大儿童服务力度，营造儿童参与氛围，切实深化基层服务格局。

二、“儿童关爱”，以项目增强服务质量

太阳社区充分利用闲置资源，打造“孔明邻舍”公共活动空间，引入社会组织“润叶社工”，以“公益服务＋低偿服务”对空间进行运营，引入志愿者开展居民服务，培育组建了“小太阳读书会”“小太阳教育队”“小太阳环保队”三支自组织队伍，推动了儿童服务项目的常态化、专业化和系统化，为完善公共服务奠定了基础。

（一）资源聚合，推动儿童项目常态化

在成都市社会组织社区和社工人才服务中心（以下简称“三社中心”）、邛崃市民政局、邛崃市孔明街道太阳社区居民委员会、邛崃市润叶社会工作服务中心的共同支持下，太阳社区成功落地“小太阳”新居一家亲儿童关爱项目，聚合“五社”力量举办服务儿童、教育儿童、协助儿童、关爱儿童等系列活动，实现了儿童项目常态化发展。

一是推动开展微项目，为儿童发展提供常态载体。为推动高质量发展、创造高品质生活、实现高效能治理，不断激发城乡社区居民自治组织内生动力，提升居民参与基层治理能力和群众性自治组织服务能力，成都市民政局联合市三社中心在全市开展城乡社区居民自治组织民生微项目。通过对微项目的择优征集、透明评审、全程推动和严格监督，“小太阳”新居一家亲儿童关爱项目成为推动太阳社区儿童服务日常化的坚实载体。

二是筹集运用资金，为儿童项目提供有力保障。在资金筹集方面，微项目采用“自筹立项＋市级资助”的模式，其中，自筹部分要求超过市级资助部分十分之一。在资金利用方面，为确保项目资金利用透明化、资金监管全程化，通过每月月报和日常信息报送模式接受项目督导监管，截至2022年4月，所筹资金利用率达到100%。在资金拨付方面，以科学严格的考核评估全

程把控微项目资金利用质量，签订协议后，市三社中心向立项单位拨付首期50%的资金，项目中期、末期评估通过后，拨付剩余30%、20%的资金。

三是搭建利用场地，为儿童项目提供温馨空间。太阳社区利用闲置场地资源建设“孔明邻舍”，打造儿童关爱项目中心。作为微项目开展日常活动的主要场地，“孔明邻舍”是占地450平方米的儿童服务综合体，馆内各功能场室一应俱全，由专业社工机构管理运营，是儿童娱乐学习的温馨家园。此外，为推动微项目所组织的活动多样化开展，社区广场、太阳综合性文化站等场所也为各类项目活动提供了场地资源，最终形成了以“孔明邻舍”为主要活动空间的“一主多辅”场地资源。

（二）人才培育，促进儿童服务专业化

为有效推动儿童关爱项目发展壮大、提升民生微项目的专业性和针对性，在成都市三社中心联合邛崃市民政局牵头下，太阳社区居委会与润叶社工共同承办了针对“小太阳教育队”“小太阳读书会”“小太阳环保队”三支队伍的组建培训工作。

一是多方联合，形成强大推动力。微项目落地后，为组建高水平、高素质、高标准的志愿者人才队伍，太阳社区建立了有力的顶层推动、合力的中层承办和有爱的基层培训模式。由成都市三社中心联合邛崃市民政局鼎力支持，为项目提供政策、资源支撑和全过程的帮助与监督；太阳社区居委会与润叶社工组织形成融洽的合作布局，为项目提供切实有效的施行策略与组织力量，合力为志愿者培训工作提供专业科学的培训指导与强大坚实的推进动力。

二是多类培训，深化专项纵深力。在志愿者培训期间，由于志愿队伍工作重心与目标多样化，太阳社区分别成立教育、读书和环保三支队伍，通过分类组建、分别培训的模式，提升人才队伍在儿童服务不同领域的纵深力度。以队伍活动目标为导向，对教育队开展礼仪教育、心理教育、安全教育等儿童教育活动的知识技能培训；对读书队开展朗诵技能的培训和文学经典、古典诗词知识的拓展；对环保队开展垃圾分类等知识和环保理念的普及工作，带动志愿公益项目服务水平和引导水平的整体提升。

三是多维考量，凝聚队伍向心力。为打造优质服务队伍、强化服务能力，在队伍人员征集过程中，太阳社区与润叶社工从三个维度进行考量：首先，

在队伍人数上，为有效服务社区儿童及其家庭，避免活动举办时人员紧缺或冗余问题，通过预估与测算最终确定三支队伍组成人数均为十人；其次，在居住距离上，为提高志愿者参加活动的便捷度、对社区情况的熟悉度以及日常活动开展的时效性，三支队伍在志愿者征集中均要求其居住于太阳社区或邻近社区；最后，在志愿精神与个人能力上，为提升志愿者队伍的综合素质和组织纪律，在征集筛选时着重考量其思想品行、志愿精神、责任担当与工作能力。最终通过三个维度的广泛征集、细致甄选，打造出了三支专业化、有爱心、高素质的志愿者团队。

（三）活动集成，加强儿童教育系统化

自“小太阳”项目开展以来，三支自组织队伍分别开展了关于儿童心理教育、阳光阅读、环保公益、互帮互助等系列教育和公益的外景实践活动，同时不定时聚集在“孔明邻舍”持续开展日常教育、关爱和帮扶活动。

一是活动目标瞄准“德智体美劳”全面发展。儿童健康成长需要全面化引导，“小太阳”项目以德智体美劳全面化发展为目标，培养儿童综合能力素质。在“德育”方面开展“太阳花开·邻里有爱你我他”活动，进一步弘扬邻里友爱、团结亲善、守望相助的传统美德；在“智育”方面开展“星星互助·课外作业长帮幼”活动，营造儿童学习氛围，促进其课业成绩进步；此外还开展“爱家护院·环境保护我先行”“花好月圆·乐享中秋”等各类主题活动，共同促进孩子们德智体美劳“五位”共进。

二是活动内容包括“听说读写演”各种形式。为促进儿童全面发展，三支自组织队伍组织了主题各异、寓教于乐的活动。教育队带领儿童通过入户走访给特殊人群送去春日问候，以实际行动传承和弘扬雷锋精神；环保队通过普及垃圾分类知识，鼓励儿童养成爱卫生、爱环保的生活习惯；读书队组织儿童进行古诗词诵读表演，培养儿童阅读。多样化活动形式相较于传统“说教式”教育更易吸引儿童，取得的活动成果也更为有效。

三是活动主体涵盖“亲子志愿队”多个群体。儿童是项目与活动的出发点和落脚点，同时也是吸引多方主体共同参与的中介。一方面，通过亲子游戏活动、学习活动和教育活动的开展，将服务和教育从孩子推广至亲子，从个体推广到家庭。另一方面，通过各类活动的举办，培养训练了一批高素质、有能力、善担当的志愿者与社会组织。同时，项目重点关注残障儿童、留守

儿童等特殊儿童群体，给予特殊儿童和特殊家庭更多关心与关爱。

三、以小“建”大，以服务共享治理成果

太阳社区通过筹办自组织民生微项目，打造“小太阳”本土特色儿童品牌，提升了社区教育、服务、关爱儿童的综合能力，取得了儿童全面发展、家庭关系和谐、社区多方参与的良好效果。

（一）依托空间打造，促进儿童全面发展

太阳社区以丰富的活动拓展教育内容，把握“孔明邻舍”公共空间，不断落实推进困境儿童关爱帮扶活动，有效促进了儿童全面发展。

一是策办各类自组织活动，社区儿童身体素质与心理健康水平普遍提高。太阳社区在民生微项目整体活动设计中融合了增强身体素质、维护心理健康两方面目标，积极开展社区环境美化、儿童网络环境净化以及各类安全防控工作。在活动中，儿童得到了充分的体育锻炼，得到了专业的心理健康辅导和德育教育，以活动引导和专项整治双向推动了社区儿童身心健康发展，有效解决了儿童身心发展不均衡的问题。

二是利用“孔明邻舍”空间，建成社区儿童日常性课后服务空间。为充实儿童社区生活，太阳社区打造了可供儿童学习娱乐的公共活动空间，依托“孔明邻舍”不断扩展儿童社区服务内容，日常性开展课后辅导、讲座沙龙、娱乐游戏等活动，以社区场景填充了儿童课后生活，打造了集生活、服务、休闲和学习等功能为一体的儿童活动空间，有效解决了儿童课后生活无人看管、课余时间利用率低等问题。

三是依托自组织队伍，困境儿童生活条件得到大幅改善。太阳社区针对残障、留守等困境儿童打造了“十五分钟社工陪伴圈”，设立专职队伍为困境儿童提供即时服务。通过普遍登记、日常走访、即时服务和持续关爱，太阳社区以儿童主任为负责人、自组织队伍为主要力量，为特殊儿童群体提供基础生活保障和深切情感关怀，使困境儿童生存、生活、教育等方面得到了有效保障。

（二）立足社区活动，营造和谐家庭氛围

儿童的健康成长离不开优良的家庭教育、积极的家庭风貌与和谐的家庭

环境。太阳社区通过民生微项目大力推广各类家庭亲子活动，有效促进了社区居民家庭教育高水平、家庭风貌正能量和家庭环境大和谐的发展。

一是提升了家长的教育技能。太阳社区通过专业的社工组织对自组织队伍进行专项培训，再以座谈沙龙、游戏活动和面对面交流等多种形式向家长传授各项科学教育技能，促进家长之间的经验交流，有效提升了家长教育水平。二是塑造了积极的家风家德。太阳社区以亲子组队的形式开展各类劳动、帮扶活动和道德教育活动，父母和孩子在参与实践中共同打造了具有乐于奉献、关爱他人、爱护环境等优良品质的家庭风貌。三是巩固了亲子的情感纽带。由于父母工作繁忙、不善于表达感情等，许多儿童在成长过程中存在父母情感支持缺位的问题。太阳社区通过教育沙龙让家长了解陪伴与关爱的重要性、学习情感表达的科学方式，为亲子关系的凝聚与深化提供了有效平台。

（三）围绕服务项目，构建多方共治格局

太阳社区以创建民生微项目为契机，提供儿童多维度参与机会，形成从“不参与”到“被动参与”再到“主动参与”的儿童参与场景，以儿童参与带动多方主体参与社区公共事务，形成了多方共治的社区治理格局。

一是提供公共服务，维护儿童合法权益。太阳社区一方面强化儿童参与意识，让儿童成为社区的主要对象之一，切实维护了儿童的合法权益；另一方面科学培养了孩子们的参与能力，养成社区儿童参与的法律意识、权利意识，最终推动儿童参与实现了从无到有、从粗到精的跨越。二是提高参与热情，推动服务长效发展。针对儿童参与的主动性不高与持续性不强的特征，太阳社区开设各类参与渠道，拓宽儿童参与领域，让社区儿童参与拓展到社区各领域，协调儿童参与从积极领域到不积极领域的牵引与融合，同时寓教于乐，开展丰富的社区活动，不断提高儿童参与热情，推动了儿童服务的长效发展。三是以儿童服务为契机，吸引多方参与社区治理。太阳社区通过“民政＋三社牵头”“社工＋社区承办”“家庭＋志愿者参与”相结合的模式，多层级、多主体共同发力，营造以儿童参与为落脚点、以儿童优先为理念、以儿童友好为目标的社区环境氛围，推动多层级共同推进、多主体协同发力，通过儿童服务带动居民参与社区公共事务，为构建多元共治格局奠定了良好基础。

四、“太阳智慧”，以服务提升治理水平

太阳社区以民生微项目的开展为契机，通过项目资源保障、组织人才培养、本地品牌打造多管齐下，切实保障儿童权益，推动了社区服务体系的完善，取得了促进儿童全面发展、营造和谐家庭氛围、构建多方共治格局的成效，形成了具有邛崃特色的经验与启示。

（一）双向开发平台与能力是完善社区服务体系的载体

太阳社区在突出儿童主体地位的基础上，完善儿童参与的平台，推动儿童群体在家庭、社会、文化等全领域的参与，从而有效提升了社区服务水平。实践表明，完善社区服务体系，需要搭建服务平台、提升多方主体参与能力，为开展社区服务提供载体。

为提升多方主体在全领域的参与水平，家庭与社区应当通过营造良好的参与氛围、提供充足的参与机会，培养其多样化参与能力。一方面，建立社区议事会，规范会议章程、制度、计划，定期开展议事活动，为多方主体参与公共事务提供平台。以儿童服务为契机，充分调动多方主体参与的积极性、主动性和创造性，增强多方主体参与公共事务的意识。另一方面，开展社区教育活动，提升多方主体参与社区治理的能力。以德育活动为引领，以儿童趣味活动为主、儿童志愿服务活动为辅，通过提供儿童教育服务，综合开展各类活动，带动社区形成德智体美劳共促共进势头。

（二）均衡保障普遍与特殊是完善社区服务体系的原则

太阳社区在开展儿童关爱活动的过程中，一方面压实儿童群体的全面性与公平性，不断缩小城乡、区域、群体之间的儿童发展差距，提供更加均等和可及的基本公共服务；另一方面重点关注特殊儿童群体的关爱保护工作，对困境儿童、农村留守儿童提供更加优惠的福利保障和更加系统的关爱体系，进一步发挥了社区服务的成效。实践表明，完善社区服务体系，要遵循普遍与特殊的原则，既要保障绝大多数群体的合法权益，又要关注小部分困难群体的特殊需求，以推动治理成果的共建共享。

社区是推动城乡公共服务的“最后一公里”。社区应当以建设儿童友好社区为契机，通过与社工组织的交流合作，打造具有本社区特色的服务品牌，

盘活社区闲置资源，从而为开展公共服务活动提供物质、场地支持，在专业力量指导下组建本土专业志愿者队伍，通过人才队伍的有效保障将社区服务做强做实。社区又是为特殊群体提供针对性关爱保护的安全网。社区应当以社区居委会为单位选配负责人，依托他们在困境群体信息录入、服务提供和持续跟踪的便利性与实时性的优势，落实上级领导部门政策实施，通过走访调查、面对面谈心的形式把握并努力解决困境群体具体问题，建立月巡查机制提升关怀时效性，以“不落下一户，不拖延一天”为工作目标织好困境群体关爱保护安全网。

（三）统筹规划挖掘与协调是完善社区服务体系的理念

太阳社区通过发动多方主体力量、整合全社区资源增进儿童福祉，积极培育儿童服务的社区社会组织、专业社会工作者和志愿者队伍，挖掘社区公益慈善资源。与传统的“三社联动”相比，“五社联动”引入了社区志愿者与社区慈善力量，改变了“政府单向输血式”资源投入模式，增强了社区自身能动性发挥。实践表明，完善社区服务体系，需要秉持统筹规划挖掘与协调的理念，整合辖区资源与力量，推动志愿服务队伍的发展壮大。

一方面，“五社联动”要挖掘社区力量，以社区内生力量激活治理新动力。传统的“政府单向输血式”资源投入方式不但会加大地方财政压力，也容易出现调拨不科学、利用不充分问题。社区应当主动挖掘自身内部力量，通过培育本社区志愿者队伍、发动本社区慈善资源，着力解决社区志愿服务人力物力短缺的问题，形成居民自我管理、自我服务、自我教育、自我监督的自治格局。另一方面，“五社联动”要踩实社区平台，以社区为载体和枢纽凝聚大合力。社区应主动积极协调多方力量，培育社区社会组织、动员社区志愿者、吸纳社区公益慈善资源、支持社会工作者开展服务工作，在多方力量挖掘和发挥的全过程中起到枢纽作用。以社区空间为活动平台，社区应协调各方力量，推出本土化服务品牌，开展多样化服务活动，积极营造多方参与的志愿服务氛围。

第二节　携手“共享超市”，引入社区造血机制

党的二十大报告指出，增进人民福祉要“完善分配制度……坚持按劳分配为主体、多种分配方式并存，构建初次分配、再分配、第三次分配协调配套的制度体系”①。其中，共享经济通过盘活闲置资源、提高资源配置效率、创新资源利用方式，提高工资性收入、丰富财产性收入来源、带动更多自发的第三次分配行为，进而推动共享共赢成为社会共识，形成互帮互助的社会风气，提升共同富裕的分配效率。② 共享经济是指拥有闲置资源的机构或个人，将资源使用权有偿让渡给他人。让渡者获取回报，分享者通过分享他人的闲置资源创造价值，对于社会治理创新、社会信任体系建设、社会关系重建以及社会公平与进步均具有重要的价值和意义。洪川社区把握本社区实际情况，瞄准居民难点问题，探索出驻社区单位参与共享超市闭环式联单机制，以解决失业居民就业问题，增强社区社会资本体量，多方主体联动发展社区商业实体，以“共享超市”活化共享经济，形成了治理带动经济的良好发展势头。

一、瞄准需求痛点，挖掘社区内在活力

洪川社区成立于2015年7月，地处邛崃市临邛街道东北角，以洪川小区为中心，东至蜚虹社区、西至318线、南至学子路、北至文脉社区，社区面积0.19平方公里，辖区主要人口集中区为洪川花园A、B、C、D四个小区。洪川社区是农民拆迁后的大型安置社区，人员结构复杂、素质参差不齐，居

---

① 习近平．高举中国特色社会主义伟大旗帜 为全面建设社会主义现代化国家而团结奋斗：在中国共产党第二十次全国代表大会上的报告［M］．北京：人民出版社，2022：49.

② 陈甬军，余雯雯．发展共享经济是实现共同富裕的重要路径［J］．理论导报，2021(11)：53－55.

民老龄化严重，低收入群体比重大；社区基础设施条件较差，小区内生活超市不足；社区面积狭小，可利用的外部资源严重不足。为有效推动社区发展、提升社区治理能力，洪川社区握实际需求导向，通过走访调查逐户了解居民们迫在眉睫的生活所需，以居民点单的模式找到社区发展的具体着力点。

调查发现，居民面临的主要问题包括以下几点。一是社区居民购物不便。洪川花园小区内部及周边所设超市数量较少、规模较小，周边超市所提供的商品在质量、数量和品种上都无法满足居民日常生活所需。二是社区居民就业困难。洪川花园小区是农民拆迁安置小区，居民多为农民拆迁户，受限于自身文化程度和周边岗位短缺，这些失地的新居民难以在迁居身份转换后马上找到稳定的工作岗位，失业人群的扩大增加了社区发展的不稳定因素。三是低收入人群增收渠道不足。易地搬迁导致社区居民脱离农民身份、失去原有土地，部分居民成为失业者或低收入人群，身份转变和固有劳动技能单一的矛盾增加了居民融入城市的困难程度。如何增收成为拆迁安置小区农民转变为居民面临的突出问题。

为解决上述问题，洪川社区探索闭环式联单机制，通过“需求调查、链接资源、居民入股、组织创建、超市运营、开展活动、考核评议、积分分红、建立社区微基金”九步，成立社区社会企业“共享超市”，为居民提供了增收渠道，解决了购物需求难满足和失业人口难就业问题，形成满足居民需求与增加居民收入的良性循环。

二、落户“共享超市”，活化共享经济模式

为切实解决居民生活难题、推动社区经济发展、提升社区治理效能，洪川社区探索闭环联单机制，落户共享超市，通过协商创立《洪川社区共享超市项目共享户大会章程》，建立共享户大会、共享户委员会、共享户监事会，为项目整体提供制度保障；利用网络等各类宣传平台向居民进行项目宣传和解读，从居民与社会角度双向聚集资源；聘请专业的电商公司和社工组织专职负责超市的组织、运营与管理工作，协同国有企业与当地银行，为项目争取切实政策优惠；在超市有盈利后，对入股居民进行股本分红，同时也面向全部消费居民实施消费返利，让共享超市成为惠及全社区居民的共享项目。

（一）动员“居民＋社会”，扩大资源投入

在社区治理委员会领导下，洪川社区为了突破项目资金基础较差、政府

单向输血的困境，在项目启动初期打通了社区居民与社会资源投入渠道，通过宣传、动员和引资，成功聚拢资金，扩大了共享超市启动资金规模，并在项目整体建设运营全阶段继续扩充资金规模。

一是吹响宣传号角，盘活社区居民闲置资金。洪川社区为了营造居民参与、居民共享的治理模式，在共享超市设计初期便利用“三会一课”、“为村”平台、微信公众号等宣传平台，对共享超市建设的目的意义、规划和优惠政策等方面进行宣传解读，组织多次居民动员活动，通过走访挖掘居民骨干、开展项目启动会等方式招募股东、摸底意向入股人数。让居民充分了解共享超市，在此基础上可以使居民根据自身需求和意愿主动入股参与，改变传统居民单一的消费者身份，将其转变为参与者甚至是股东。

二是奏响引资序曲，打通社会企业投资入股渠道。洪川社区一方面挖掘社区内部活力，鼓励社区居民参与共享超市项目；另一方面积极挖掘社会资源，通过与私营企业合作，提升共享超市建设规模和商业运作科学性。通过与社会私人企业的沟通合作，洪川社区选定具有丰富社会工作经验和先进公益理念的春蕾社区发展治理促进中心（以下简称“春蕾社工”）全权负责项目的宣传、协商工作，协助社区动员居民参与、建立共享户组织架构；选定成都市久汇电子商务有限公司（以下简称“久汇电商”）负责共享超市的前期超市进货销售、财务核算、积分兑换等工作，成功撬动久汇电商入股70万元，社会资金投入约40万元。

（二）建立“章程＋三会”，规范制度保障

为保障共享超市的有效运行，社区、春蕾社工、久汇电商和社治委对共享户身份要求、股本限定、分红比例、责任分工等作了初步设计，规定共享户必须为洪川社区户籍居民和常住居民，以户为单位成为股东，每户股本300元。在此基础上，经过与第一批共享户开会协商，最终确立了《洪川社区共享超市项目共享户大会章程》（以下简称《章程》），并依此建立了共享户大会、共享户委员会、共享户监事会。

一是依托《章程》确立制度保障。通过多方协商探讨，洪川社区为共享超市制定成文制度共计九章四十条条款，由共享户逐条讨论商定共享户大会章程，保证整体项目运行科学规范，合理搭建了运行、管理、监督和分红架构。《章程》规定由久汇电商组建营销团队，实行独立运营、自主经营、自负

盈亏、按股分红，依法享有独立进行经济活动的自主权，独立承担民事责任，核算模块由久汇电商和共享户大会、监事代表共同管理、相互监督，为项目提供了基础性制度保障。

二是围绕“三会”规范组织结构。《章程》确立后，春蕾社工引导居民成立共享户大会、共享户代表委员会和共享户监事会，为居民参与、监督提供了平台，兼顾了共享超市整体运营的民主性与专业性。共享户大会是项目的最高权力机构，凡涉及共享户切身利益的重大事项，必须提交共享户大会讨论决定；共享户委员会负责审议和修改章程之外的各项规章制度、审议项目各类事项等，主任由社区书记担任，设常务代表3名，负责共享户委员会休会期间的一切日常事务及与久汇电商之间的沟通协商工作；监事会是监督机构，由1人组成，目前为社区工作人员，主要职责为检查、监督共享超市财务相关事项。

（三）协同“国企+银行”，获得企业支持

共享超市项目的持续高效运营离不开各单位、企业的友好支持，洪川社区围绕壮大集体经济、促进小区治理，在打造社区共享超市的过程中得到了本地多家单位企业的认可，除投资外，还与部分单位建立了更为深度的合作。

一是协同建投公司，在超市场地选址和租赁政策上提供支持。建立共享超市的初衷是方便居民生活、壮大社区共享经济并为无业居民和低收入居民提供增收渠道，具有便利性、公益性和集体性的特点。受限于资金体量和小区规划，久汇电商多次与邛崃市建设投资集团有限公司协商后，最终选择洪川花园A区内一处门面作为共享超市营业地址。为表达对社区公共事业的支持，确保共享超市项目的顺利运营，建投公司额外为该门面的租赁提供优惠政策：每年减免2万元租金，共5年。

二是协同村镇银行，在资金运作管理上提供优惠和服务。共享超市的建设、运营和返利全过程都伴随着资金流动、股本投入、分红发放等环节，这些环节都与银行存在深度、持续合作。为此，邛崃市国民村镇银行主动联系洪川社区，为共享户免费提供开户服务和其他各类金融服务，鼓励居民参与共享超市建设，为每名共享户发放50元共享超市购物券作为参与奖励。

（四）兑现“分红+返利”，共享项目盈利

社区治理成效在居民眼中体现为看得见、摸得着的实惠。共享经济的出

发点和落脚点就是居民从共享中获利。共享超市的激励机制分为两部分，一是对共享户实行消费积分分红加股本分红，二是对普通居民建立消费积分优惠制度。以“分红+返利”让受益全面化、日常化、可视化，以实实在在的购物优惠和资金分红增进居民幸福感和社区归属感，激励居民持续、主动参与社区公共事务。

一是给予共享户“积分分红+股本分红”，让共享经济变为可视化收益。共享超市以市场价销售各类商品，依据共享户消费金额并给予积分分红，积分规则为：牛奶、粮油调味商品每3元积1分，其他产品每1元积1分，香烟、蛋类、优惠促销商品、大宗购物不参与积分，10积分分红1元，每季度统一汇总发放。与此同时，共享超市还根据共享户入股资金额度占当季共享超市营业纯利润的比例为共享户发放股本分红。

二是为普通居民举办各类优惠打折活动，推动居民转变为共享户。非共享户居民在共享超市消费参照共享户超市积分规则积分，虽不参与积分分红，但可以参加超市定期举办的积分兑换礼品活动。超市通过“我们的节日”策划促销活动、发布价格“悬赏令”等方式，鼓励居民助力超市不断优化商品价格。此外，共享超市将每年盈利的10%注入社区微基金，用于开展社区公益性项目，组织志愿者为行动不便人群提供免费配送服务，让共享惠及更多社区居民。

三、深化共享效能，破解社区居民难题

在城乡社区发展治理工作中，洪川社区围绕壮大集体经济、促进小区治理，创新打造社区共享超市，探索出“以居民为主体、让居民得实惠”的“共建、共管、共享、共融”建设管理机制和利益分配机制，创新了商业服务模式、拓宽了居民增收渠道、反哺了公益基金项目、打破了邻里原子结构，为居民充实了钱包袋、丰富了购物袋、打造了福利袋、撕开了分装袋。

（一）共享便民，创新商业服务模式

共享超市项目一方面以商业化的运营模式，不断增加商品种类与提高商品质量，满足居民日常购物需求，形成了优异的市场营业额，赚取了可观的营业利润。另一方面，居民消费产生的消费积分和消费利润可以形成最终分红，促使居民倾向选择在“自家超市”购买物品，也进一步助推了超市营业

额的提高。一是完善商品供给，使居民多样化购物需求得到满足。共享超市项目建立的初衷之一就是解决居民购物难题。久汇电商常年以食品、日用品等商品的互联网销售和线下零售为主要业务，具有专业的运营经验和技能，胸怀巨大的社会责任感和公益心。在与洪川社区达成合作后，久汇电商通过对商品销售情况和居民意见进行综合分析，不断调整商品供货策略，有效解决了居民以往购物需求无法充分满足的难题，并通过让利居民，有效提升了居民的购物体验。二是融合服务力量，使社区服务水平得到提升。为提供更加方便的为民服务，超市依托微信平台，开发宅惠购微信小程序，让居民在家即可享受“线上下单，线下配送上门”服务，满足居民对购物更加便捷的需求；组织志愿者为行动不便人群提供免费配送服务，并给予志愿者超市积分奖励，有效提升了居民参与志愿服务的积极性，以居民内部志愿力量对短缺社区服务力量进行了补充，从而提升了社区整体服务水平。

（二）共享惠民，拓宽居民增收渠道

共享超市于2020年6月正式营运，自2020年9月完成第二次居民入股动员以来，于2020年11月完成第一次分红、2021年2月完成第二次分红、2021年5月完成第三次分红。从积分情况来看，第一季度所有会员消费产生积分83234分，共享户41653分；第二季度所有会员消费产生积分173984分，共享户66892分；第三季度所有会员消费产生积分160938分，共享户37893分。从单季度共享户分红收益来看，以第三季度为例，共享户收到积分分红3131元、股本分红3070元，合计6201元。一方面，共享超市采取“消费积分、积分变现”的模式，提升了社区居民的购物热情。数据表明，共享超市共享户人数、居民投入股本金额、整个居民群体购物数额显示出逐季增加态势。另一方面，超市的营业利润最终会按比例以股本分红的形式发放给共享户，共享户自发转变为项目的宣传者，以“老带新”的方式不断扩大购物人群，最终实现了营业额提升与居民增收的双赢局面。

（三）共享助民，反哺公益基金项目

为鼓励社区将集体收益反哺社区公益事业，超市将10%的固定收益注入社区微基金，助力社区摆脱“空壳微基金”困局，社区利用微基金开展特殊困难家庭帮扶、公共环境改善、居民自治等公益性活动，切实改善了社区基

础设施和服务质量，推动了社区公益事业的长效发展。

一是改善了社区基础设施和服务质量。洪川社区以共享超市纯利润按比例注入社区微基金，带动了社区整体公益慈善活动的落实与发展，破解了资金短缺的现实困境。一方面，以共享经济发展社区公共设施、承担公共事务，将共享落实到公共生活改善上，通过微基金助力社区人居环境改善、完善公共设施建设与维护、开展各类居民喜闻乐见的公益主题活动，营造共享氛围浓厚的社区公共环境。另一方面，以社区微基金为支撑，助力慈善项目切实开展，为社区困难家庭、困境儿童和老人提供了贴心的关怀和生活上的援助，形成了“人人为人、人人助人”的社区慈善氛围。

二是推动了社区公益事业的长效发展。由于缺乏集体经济和公益慈善理念，洪川社区微基金没有稳定的来源，公益慈善项目难以落地。共享超市项目为摆脱“空壳微基金”提供了有效解决途径，经营纯利润注入社区微基金为社区开展公益项目提供了稳定的资金来源。相较于传统公益基金“输血式”的资金获取方式，共享超市的利润分成增强了社区公益事业的稳定性与长效性。

（四）共享融民，打破邻里原子结构

打造和谐友好的社区邻里关系是社区治理的重要目标之一，城市社区居民“蜂巢式”的原子结构导致邻里关系较为疏远，居民缺乏沟通交流的契机。共享超市项目在促进居民增收、社区服务和社区慈善的基础上，致力于打造社区居民共同体，拉近了居民邻里关系。

一是以共享超市为基础，形成居民利益共同体。洪川社区通过动员居民共同建立共享超市、共同监督超市运营、共同分享超市利润，为居民提供了认识与联系的契机。以发展社区共享超市搭建利益联结、推动居民互动，让居民有话可“聊”、有事可“谈”、有地可“逛”，打破了城市社区陌生的邻里关系，增进了邻里间的感情，营造了融洽的社区氛围。

二是以公共资金为支撑，形成居民文化共同体。为进一步提升居民凝聚力，推动全民参与社区治理，洪川社区以共享超市盈利所得的公共资金为支撑，邀请专业老师指导成立声乐队、太极队、合唱队、腰鼓队等 6 支自组织，常态化开展各类文娱活动。通过开放共享健身器材、共享书屋等，以“趣缘”带动“地缘”，让居民“因共享而聚、为共享而乐”，形成了丰富多样的社区

文化，拉近了居民邻里关系，为构建共建共治共享的社区治理格局奠定了文化基础。

四、扣紧联单闭环，拓宽治理共享路径

洪川社区共享超市依托闭环联单机制，采取“社区主导、居民参与、企业运营、利润共享”的模式，动员社区居民成为共享户，通过在超市购买商品，享受返利优惠和收益分红，增加居民收入，解决失业人口就业难问题，实现了社区公益慈善事业的“自我造血”。共享超市项目以闭环联单机制连接居民需求与社区治理，融合商业运营与公益项目，兼顾居民日常生活需求、经济就业需求和困境人群保障需求，为社区治理提供了可借鉴的路径。

（一）以“居民点单＋社区拼单”靶向化解决居民需求，细化治理精准度

实现社区治理与居民民生问题的准确对接，是改善社区民生、提升治理效能的关键一步。洪川社区聚焦居民实际需求，通过“居民点单＋社区拼单”建立闭环联单机制，以社区为枢纽联合各主体责任、发挥各主体力量，精准解决了居民所面临的民生问题。“居民点单”是指社区通过入户走访、需求调查等方式明确居民民生问题，精准把握居民需求，并通过分析总结具象化项目治理目标的过程。“社区拼单”是指社区联合多主体力量，发挥党政机关领导、社区协调、社工衔接、企业合作等各主体作用，为社区治理提供全方位综合推动力。洪川社区的实践表明，只有通过实地调查了解居民需求、明确治理目标、规范多方主体权责、调动多方力量参与社区建设，才能有效为社区居民提供精准化服务，提升社区治理效能。

（二）以“居民认单＋团队履单”商业化运营公益项目，增强治理生命力

由于人力物力有限，非营利性组织主导实施的公益项目难以充分满足社会需求；而单纯依靠商业组织开展社区服务，又容易陷入商业竞争。洪川社区共享超市通过“居民认单＋团队履单”模式，既确保了共享超市的公益性，又保障了超市的运营生命力，形成了商业化与公益性有机融合的共享经济模式，走出了一条用商业化手段运营公益项目的新道路。“居民认单”是指在社

工的宣传引导下，居民通过自愿入股形式成为超市共享股东，获得超市盈利分红。“团队履单”是指社区聘请专业电商负责超市整体运营工作，并接受社区监督。让专业的企业负责超市整体运营，能够体现超市的商业性，保证项目运营的专业性和稳定性，避免因经营不善导致项目崩溃的风险，也避免给居民带来额外的工作压力。居民通过投资入股，最终分享超市盈利所得，能够体现项目的公益性，通过价格优惠和分红返利真正做到让居民省钱、赚钱。在二者的结合下，共享超市项目不仅可以“把蛋糕做大”，还能“把蛋糕分好”，为共享超市项目可以持续长期开展提供不竭的生命力。

（三）以“分类兑单+基金会发单”普惠化分配项目收益，实现治理普惠性

共享发展理念强调“全民共享”，在社区治理层面体现为社区全体居民普惠化共享。社区公益项目一方面要惠及全社区居民的公共利益，另一方面也应当重视部分困境人群的帮扶与救助，发挥社区“自我造血”功能，调动社区慈善力量。洪川社区通过“分类兑单+基金会发单”的模式，推动共享户、志愿者、困境人群和其他所有前来购物的社区居民共享经营成果，改善了社区基础设施和服务质量，提升了社区居民的幸福感和获得感。“分类兑单”是指向社区共享户以积分分红和股本分红两种形式返利，向志愿者提供可兑换商品或其他实惠的积分奖励，向非共享户购物居民开展积分换购活动，兑现解决居民生活难题的承诺。“基金会发单”是指共享超市将净利润按比例投入社区微基金，进而为开展各类社区公益和慈善事务提供资金支持。洪川社区的实践表明，社区治理应当注重治理成果的普惠共享，通过日常购物等行为推动居民参与社区公共事务和公益事业，从而营造了“人人参与、人人共享”的社区治理格局。

第三节 创建“三级社工”，增强精准服务能力

党的二十大报告指出，完善社会治理体系，要“完善网格化管理、精细化服务、信息化支撑的基层治理平台”①。作为“五社联动”的重要组成部分，社会工作者是实现治理体系和治理能力现代化的中坚力量。近年来，邛崃市坚持以居民需求为导向、以社会服务专业化为方向、以专业社工人才为支撑，依托政府购买服务，实施社会工作服务试点项目，构建三级社会工作服务体系，进一步推动了治理重心向基层下沉，逐步提升了社区治理和服务实效。

一、以沉促准，推动基层治理现代化发展

推进基层治理体系和治理能力现代化，需要基层服务供给进一步精准化。基层治理的服务精准化是实现治理现代化的题中应有之义，治理重心下沉则是实现服务精准化的前提条件和有效路径。邛崃市聚焦“三级社工”架构，通过基层社工站（室）的全覆盖推动治理重心下沉，并进一步推动服务精准化。

（一）服务精准化的实践逻辑

服务精准化是实现治理现代化的题中应有之义，具体涉及服务所解决的问题精准、服务所选择的路径精准、服务所惠及的对象精准。通过有效的路径选择，以服务解决居民实际问题，是以服务精准化推动治理现代化、增进人民福祉的实践逻辑。

① 习近平. 高举中国特色社会主义伟大旗帜 为全面建设社会主义现代化国家而团结奋斗：在中国共产党第二十次全国代表大会上的报告［M］. 北京：人民出版社，2022：54.

一是做实走访调查，服务问题精准到点。在治理重心下沉的基础上，社区“两委”应当主动做居民的“贴心人”，以走访调查等形式了解居民当下难题，收缩治理视野，聚焦具体的民生问题。通过解决民生痛点、难点带动社区各领域发展，达到“以点破面”的治理效果。

二是落实对策研究，服务路径精准到线。社区“两委”应当把握实际，做到具体问题具体分析，立足当地优势特色与民生问题难点、痛点，形成两点一线的针对性治理策略。将政策的普遍性与基层的特殊性相结合，凝聚基层力量、用好基层资源，探索出具有地方特色、符合地方实际的治理路径，以线织网解决居民实际问题。

三是压实施行效能，服务对象精准到人。在新型城镇化进程中，治理重心下沉、增进人民福祉最终体现为落实到个人。在推进服务精准化的过程中，应当将增进人民福祉压实到保障居民公共利益和改善居民生活水平上，在确保公共利益的前提下保障每一位社区居民的切身利益，着力理顺居民情绪，增强居民的获得感与幸福感。

（二）重心下沉的内在要求

重心下沉是服务精准化的前提条件和有效路径。其中，组织下沉、资源下沉和服务下沉是实现治理重心下沉的内在要求。通过将组织铺向基层，为治理提供基础性依托；将资源投入基层，为治理提供持续性动力；将服务落在基层，为治理提供切实抓手和落脚点，才能形成居民导向的“低重心”治理格局，进而为基层治理网格化、精细化、信息化发展打下坚实基础。

其一，组织下沉是服务精准化的基础。基层组织是推进基层治理工作的主体，是衔接政策与具体实践的推动者。组织下沉要做到组织的体系建设和基层的覆盖建设两手抓，通过高效的沟通传达机制畅通各级之间信息、政策的传递，将上级政策的整体性和方向性与基层实践的覆盖性和能动性相结合，让政策既能“覆盖到面”，又能“纵深到底”。

其二，资源下沉是服务精准化的支撑。资源是组织建设、项目推进的支撑力量。资源下沉一方面要保证资源下拨到基层的力度，另一方面要坚持挖掘基层内部力量，从纵横两个方向提升基层资源的总体量。通过疏通上级配给资源、盘活社区内部闲置资源、激活社会慈善资源等方式，集聚“五社”力量，以资源下沉撬动服务发展杠杆。

其三，服务下沉是服务精准化的目标。服务下沉是连接重心下沉和服务精准化的最后一步，也是实现服务精准化的必然选择。服务精准化在实践中是通过服务问题精准探查、服务路径精准设计和服务目标精准选取三方面实现的，三者都依赖于基层服务人员通过实地走访、切身体会和联系群众而实现。因此，服务下沉构成了治理重心下沉与服务精准化有机统一和转化的交汇点。

二、条块协同，三级传导治理力量

为提高社会工作专业化水平、优化基层服务供给、提升基层治理成效，自2021年以来，邛崃市启动三级社会工作服务体系建设工作，通过主体平台、管理制度、责任划分和评估督导四维谋划，打造条块协同、传导通畅的三级社工模式，为社会工作服务高水平开展提供了有效保障。

（一）打造三级组织平台，健全组织架构

邛崃市依照四川省社会工作服务体系试点项目“三年试点引领、两年扩面延伸”和“五个一批”的总体计划，以“省级带动试点、地方积极响应”的原则有序推进三级社工体系建设，成功入选首批试点市，临邛街道、文君街道、大同镇先后入选2021年、2022年试点乡镇（街道）。

一是高位谋划，引导社工服务体系建设。自2021年起，四川省每年选取至少100个乡镇（街道）支持实施社会工作服务试点项目，带动至少200个乡镇（街道）社会工作服务站，市、县两级结合本地情况同步推进社会工作服务试点。四川省预计用三年时间初步形成社会工作服务体系，通过验收评比推出一批省级优秀试点，形成示范引领效应，为邛崃市持续推动政府购买社会工作服务项目、推进乡镇（街道）社会工作服务站建设提供了具体方向。

二是有序建设，整合现有资源三级推动。邛崃市依托省级“五个一批”建设指导合理规划本市建设方案，通过明晰责任、整合资源，有序推动三级社工体系建设。在责任划分上，社工总站由邛崃市民政局全权负责，社工站由镇街负责，社工室由镇街指挥村、社区具体实施。在资源整合上，总站建设由邛崃市民政局出资建设并负责运行；社工站由镇街依托关爱援助站点、便民服务中心等现有阵地资源建设，以购买社会社工机构服务的方式运行；社工室依托党员服务中心通过整合社区现有人员和服务资源、引入社工机构

的方式运行。

三是合理配备，完善社工服务基础设施。社工站（室）实行社会化、实体化、专业化运营，依托固定服务场地，打造合理的服务空间，实现必要的服务功能，通过人员、设施的配备为社工站（室）服务提供基础性支撑。在设施设备配置上，社工总站、社工站依据需求设置个案室、小组活动室、档案室等，并配备电脑等其他必备办公用品；在人员配置上，社工总站、社工站配备不少于两名持证社工，社工室配备两名专业社工人才（至少一名持证），并积极引入其他专业人员、志愿者嵌入服务，引导村级小组长、网格员、楼栋长协同服务。

（二）规范各类管理制度，完善管理模块

三级社工体系功能的有效发挥依赖于长效监督管理机制。邛崃市按照属地化管理原则，以《邛崃市社会工作服务体系建设服务标准》为基准，规范社工站（室）管理服务，不断提升社工服务效能。

一是规范社工站（室）日常管理，维护整洁温馨的服务环境。社工站（室）依托站点管理人员和服务人员常态管理、自觉遵守，消除站（室）安全隐患，维护环境干净整洁，提升文明服务水平。一方面，拉紧用火、用电和器材使用安全线，严禁使用明火、禁止吸烟，积极开展消防知识培训，定期检查场地、器材、设备损坏带来的安全隐患；另一方面，拉高站（室）服务文明线，规范服务人员仪表语言，改善服务人员行为习惯，推动社工站（室）文明风气养成。

二是规范工作流程管理，锻造专业过硬的服务能力。一方面，落实服务主体自身践行服务、项目流程，在服务开展上，围绕建档服务、探访服务、个案服务和社区活动等主要服务内容，通过制定服务流程图并上墙，实现服务制度化、可视化、流程化，确保服务的专业性和高效性；在服务项目开展前进行调研与需求评估，依此设计和制定服务项目，并整合服务资源，最终确定服务内容，通过“过程管理 + 成效管理”对项目实行全过程把控。另一方面，加强对服务和项目的全过程督导，社工总站以现场督导、电话督导、视频督导、邮件督导等方式，传授专业经验、解决实施难点、监督服务情况，提升社工站（室）服务能力和服务成效。

三是规范档案数据管理，建设安全有序的服务文库。在社会工作服务站

（室）运转过程中，存在大量数据、档案的存储、共享、访问和修改，科学有效地管理与维护，保证数据、档案的安全性、完整性和有效性，是社工站（室）发挥作用的关键。邛崃市坚持“二级管理”，社会工作服务总站负责辖区所有站点档案资料的统一收集管理，各站（室）的社工负责档案资料的整理归档、原件存档、电子版上报等日常使用管理；落实“分类保存”，根据资料的类别妥善处理档案数据。

（三）划分各级服务责任，确定服务清单

为提升社工服务效能，打造三级联动的社工服务体系，实现服务与效能的有效对接，邛崃市启动条块协同机制，双向疏通自上而下的统筹领导与自下而上的实践反馈，以服务清单的方式明晰各级职责，通过顶层设计不断指导基层工作方向，以基层实践促进顶层设计不断完善，双向发力实现三级社工服务效能增长正循环。

一是在服务靶点选取上，顶层设计标准，中层分析需求，基层识别需求。为确保服务战略方向准确与具体目标精确、切实解决社工服务问题，三级社工体系以社工总站为引领，指导全市社会工作服务体系和社工站（室）的规范化建设，统筹推进省社会工作服务站试点任务，为社工站（室）建设定好向、起好步。在此基础上，社工室通过走访调查、切身体会，精准识别居民需求，通过社工站进一步分析和反映，将范式的服务指导转化为具体的解决方案，推动服务工作精准化和具体化开展。

二是在资源筹集运用上，顶层统合资源，中层整合资源，基层转化资源。为能有效聚合和运用资源，三级社工体系以总站统合资源总库，设立政策资源库、社会资源库、人才资源库、项目资源库、志愿者资源库等，统筹全领域资源，动态管理资源的流入与流出，依据资源库合理分配资源，支撑下级服务工作开展；以社工站横向整合资源分库，联动镇街工会、团委、妇联、综治等科室，整合各部门政策性正式资源及辖区高校、企事业单位、社会组织、个人的非正式资源，建立镇街救助资源库。社工室依据所分配资源、盘活现有资源开展服务，将资源转化为专业社会服务与社会救助。

三是在服务具体开展上，顶层支持、指导服务，中层提供专业服务，基层提供基本服务。三级社工体系通过发挥层级间的指导支持与协作补充作用，带动整体服务能力提升。一方面，社工总站为服务提供顶层支持和指导，通

过开展专题培训提升社工站（室）人才素质和专业服务能力，培育发展本土社会组织。另一方面，社工站（室）相互配合，社工站依靠专业人才提供危机干预、心理支持、能力建设、社会融入等专业服务；社工室具体开展社会救助、养老服务、儿童关爱、残疾人服务等基础社会服务，协助社工站开展专业服务。

三、“四化”初现，四维打造服务新态

邛崃市积极响应四川省社会服务体系试点号召，通过建立邛崃市社工总站、各镇街工作站和村级工作室，创建三级社工体系，取得了服务站（室）覆盖化、服务内容融合化、服务人员专业化和服务方式精准化的良好效果，推动了邛崃市社会服务能力综合性提升。

（一）联动三级站室，推动社工服务覆盖化

邛崃市依托三级社工体系建成社工总站 1 个、社工站 14 个、社工室 189 个，实现了基层社工服务全覆盖。2021 年 12 月底，邛崃市于考棚社区考棚馨苑高标准建成 1 个市级社工总站，占地面积 750 平方米，集社工人才培育、社会组织孵化、社区治理研究、服务项目发布等多功能于一体，通过吸引成都市 5A 级社会组织“爱有戏社会工作服务中心”入驻，为全域社工站（室）建设提供专业支持。各镇街充分盘活闲置资源，整合社区党群服务中心、日间照料中心、关爱援助站点、文化站等场地，充分考虑辖区群众交通便捷性和生活聚集性的特点，设立 14 个镇（街道）社工服务站。整合村（社区）党群服务中心，实现 189 个村（社区）社工室挂牌运行，其中项目化运营社工室 62 个，规范化设立个案服务室、小组活动室、多功能室等服务室（区），开展村（社区）社会援助、养老助残、儿童关爱等专业社会工作服务。依托体系化的三级结构和规模化的社工站（室）建设，三级社工体系为邛崃市社会服务的运行与发展提供了有力的组织载体。

（二）整合多维资源，推动社工服务融合化

邛崃市依托三级社工体系搭建，聚合多种社会服务功能，开展多类社工服务行动，发挥社工站（室）聚集效应，推动了社工服务“一站通办”。一方面，社工总站通过建立人才资源库、项目资源库、志愿资源库等系列资源

库，实现资源融合，便于整体谋划、统筹分配，实现了资源在不同项目、不同站点、不同服务上的协调分配，有效解决了社会服务能力发展不均衡问题，为各地、各服务领域、各项目均衡发展提供有力支撑。另一方面，社工站（室）综合开展各类服务项目，实现服务功能融合，推动了各类服务行动相互补充、综合开展。各服务项目以站点为枢纽，集困境群体服务行动、老幼关爱支持行动、社工人才培养行动等十多项服务行动于一体，打通行动壁垒，有效疏通了各行动间的人、财、物资源调配，结合各地优势、特点，打造了综合性特色品牌。同时，社工服务融合化促成了社工力量合流，在面临重大社会性事件中更能集中力量办大事，在落实疫情防控政策、整合疫情防控资源、提供疫情防控专业服务等方面发挥了积极作用。

（三）孵化本土社工，推动社工服务专业化

邛崃市依托服务站点开展人才专业能力培训，通过参与项目丰富人才实践经验，建设邛崃市社会组织孵化园，推动社会组织孵化赋能，有效推动了社工人才、社工组织规模与能力的稳步发展。在社工人才能力提升上，社工总站筹办“铸力计划”，开设“组织铸力——精英领航班”和“社工铸力——培英实务班”，通过“陪伴式督导+实践教学”“阶梯式教学”等人才培养模式，综合提升社工人才的理论知识基础和服务实践能力，打造专业能力与实践能力俱佳的社工人才队伍。在具体项目开展中，充分发挥村（社区）持证社工、专业机构社工优势，依托项目配置220名专业社会工作者驻点社工站（室），培育社会工作专业人才573人。在社会组织培育赋能上，邛崃市于2022年7月挂牌运营邛崃市社会组织孵化园，搭建“崃心共育”服务平台，依托三级社工体系将孵化培育站与社工服务站有机结合，推动了社会组织孵化和培育，加强了人才队伍储备，有效缓解了本土社会组织基数不足、运营薄弱、特色不突出和社工人才储备规模小、专业能力不足等问题。

（四）创新服务模式，推动社工服务精准化

邛崃市聚焦增进居民福祉，靶向服务居民生活需求，推动服务精准化，形成了“1+2+5+N”社工体系运营模式，即以1个三级社会工作服务体系为支撑平台，依循民生服务和社区治理两个专业方向，以“五方联动”为参与路径，形成“N”个专业服务项目对接民生需求。自各级社工站建成以来，

三级社工体系通过项目化运作，不断完善服务内容，扩大服务群体。坚持“养事不养人”和“问题导向”原则，因地制宜梳理特色项目、制定项目任务、打造项目品牌，严格按照项目流程进行管理，促进社工站提质增能，优化了社工服务质量，提升了居民的获得感与幸福感。通过购买专业社工机构等社会组织服务，以项目为抓手，聚焦群众需求，开展社工服务项目 90 个，覆盖老年人、残疾人、困境儿童、流动人口等重点群体；提供人文关怀、心理疏导、关系调适、能力提升、生计发展、社会融入等专业化、个性化服务 5000 余人次，有效实现了居民需求与民生服务相对接，提升了服务资源向服务效能的转化率，丰富了服务内容，扩大了服务惠及群体，提升了基层服务质量。

四、续写新篇，绘出社工美好蓝图

为响应四川省社会工作服务体系试点工作，邛崃市积极打造三级社工体系，通过社工总站、社工站、社工室三级联动，打造三级组织阵地、规范各项管理制度、划分条块责任分配，形成了社工服务覆盖化、融合化、专业化、项目化发展态势，有效组建了社会工作服务体系，提升了社会工作服务能力，推动了基层服务精准化。试点项目推进的实践成效与潜在不足，为构建社会工作服务体系、推进服务精准化提供了宝贵经验。

（一）提升基层组织与社工机构匹配度，推进服务精准化组织建设

社工机构与基层组织是基层社会治理和基层服务供给的重要力量。二者因运行模式、作用机制等方面存在比较大的差异性，故存在合作的不协调性。一方面，基层组织认为社工机构在资金、项目、人才等方面具有独立性，不需要基层组织自身参与其中，二者是各司其职、泾渭分明的关系；另一方面，引入的社工机构与基层组织联系不紧密，导致对服务目标的基本情况、具体问题了解不足，服务开展与居民需求衔接有偏差。据此，在建设社会工作服务体系时，应从加强组织协调性与培育本土社工机构两个方面入手，提升基层组织与社工机构匹配度。一是加大基层组织与社工机构的协作力度。通过持续性推进社工服务体系建设，明确职能分工，厘清村（社区）、社工机构双方职责范围，以把握社区村（居）民真正的需求为前提，调动社区资源，开展专业服务，为形成“五社联动”的治理格局打下坚实基础。二是加快培育

本土专业社工机构。以社工服务力量本地化为方向，加大本土社工机构的培育力度，建立社会组织培训体系，提升本土社会组织在项目管理、财务管理、人员管理等方面的能力，在提升专业性服务能力、打造本土特色服务项目的同时，进一步壮大集体经济，为村（居）民提供更加优质的社会服务，不断推动基层治理向更高水平发展。

（二）深化“五社联动”疏通资金渠道，强化服务精准化资金保障

在社工站（室）建设中，资金源头比较单一，社会服务购买、社工站（室）运营、社工项目开展都受限于资金短缺问题，难以实现社工服务体系的有效确立和长效发展。一方面，能承接到项目的社工站（室）其本身运营也基本依赖于项目资金，没有其他资金源头，导致自身运营和项目推进有所局限。另一方面，缺乏专门资金用于购买社会服务，许多社工站（室）无法完成“项目化”转变，未能实施社工服务项目。地方推进基层服务精准化普遍面临资金源头单一、资金规模短缺、专项资金不明确的问题。邛崃市三级社工的实践表明，在建设社会工作服务体系时，应从加大财政资金倾斜力度和发挥“五社”力量两方面入手，为精准化服务提供多方力量和有力支撑。一是加大财政资金倾斜力度。财政拨款是社工服务体系的重要推动力之一，各级政府应当准确把握社工发展对于基层治理体系构建、治理能力提升的重要性，加强对社工服务体系建设的资金支持，通过设立体系建设、项目开展、人才培育和组织孵化等方面的专项资金，加大资金投入，为社工服务体系创建、运转和发展提供强大助推力。二是发挥“五社联动”力量。除凝聚社区、社会组织和社工三社合力外，社工服务体系建设还需要挖掘社区内部志愿者力量、慈善力量，营造社区居民自我服务氛围，为社区服务精准化提供内生力量。同时，积极引入社会慈善资源，募集慈善资金，维持社工机构持续性运营。

（三）扩大社工机构和社工人才体量，挖掘服务精准化专业力量

社工人才和社工机构的整体规模与专业水平是社工服务体系发挥治理力量的核心因素。在工作实际推进中，项目开展普遍存在专业人才数量短缺、社工机构不足的问题。一方面，社工机构整体数量、水平不足，大都处于摸索阶段，在人员配置、运营模式和发展规划等方面尚不成熟；另一方面，专

业人才配备不足，在各服务站（室）驻点人员中，人员总数较少，专业性人才更为稀缺，在具体服务项目开展中往往因专业力量不足无法将问题解决在基层，只能通过上报调配补充解决。据此，在建设社工服务体系时，应加大宣传力度，为社工注入新鲜血液，注重对人才、机构的培育扶持。一是加强社会工作服务宣传，持续引入新鲜血液。通过开展宣传教育进社区、进企业、进学校等活动宣传普及服务理念，增进广大群众对社工的理解，从而增强居民群众参与意愿，发动多方力量共同参与社工服务体系建设，为居民参与提供有效渠道，形成共建、共治、共享的良好基层治理氛围。二是加大对社工机构和社工人才的培育扶持力度，有效提升专业服务水平。支持社会工作专业人才及其他符合条件的组织和个人创办社工机构；鼓励现有公益服务性社会组织按照专业社会工作要求向社工机构转型；深入推进社工人才建设，通过办培训班等有效方式，进一步提升社工专业服务能力。

第四节　践行“益心助老”，培育慈善商居联盟

近年来，中国老龄人口比例增大，老龄化速度加快，应对国家人口老龄化任务持续加重，积极构建养老服务体系、发展养老产业成为国家发展的重要战略之一。党的二十大报告指出，要实施积极应对人口老龄化国家战略，发展养老事业和养老产业，优化孤寡老人服务，推动实现全体老年人享有基本养老服务。[①] 为提升社区养老助老服务水平、改善老年人晚年生活质量，临邛街道文昌宫社区针对老年人口占比较大、居民老龄化的现状，积极链接、整合辖区单位资源，发挥资源优势，成立“商居联盟助老服务项目”，既充分发挥了社区多方主体的智慧和力量，让辖区单位、社区和居民联手助力破解社区养老助老难题，又进一步盘活了社区的闲置资源，提高了资源利用率，激活了社区养老服务发展的内生动力。

一、把脉问诊：以问题导向开出治理良方

临邛街道文昌宫社区位于邛崃市中心城区，面积约 0.8 平方公里，辖区范围内政企单位少、个体经营户多，共有商家 319 家；共有居民 1391 户 4938 人，其中老年人 1105 人，老年人口占比 22% 以上。老年人数量庞大、为老服务设施不完善、助老服务资源不丰富等成为文昌宫社区面临的重要问题。

为了切实把握老年人生活需求、提高老年人生活质量，文昌宫社区通过广场调查、入户关怀等方式，广泛收集意见、综合归纳结果，整理出社区老年人问题清单，具体如下。一是健康养生知识匮乏，缺乏有效渠道了解专业、科学的健康养生知识，导致该知识面存在空白缺漏，对老年人健康安全构成

---

① 习近平. 高举中国特色社会主义伟大旗帜 为全面建设社会主义现代化国家而团结奋斗：在中国共产党第二十次全国代表大会上的报告［M］. 北京：人民出版社，2022：51.

隐患；二是问诊就医不方便，老年人的就医需求相对较高，但受限于文化水平不高、腿脚不便，就医过程存在困难；三是日常生活缺乏照料，由于不与子女同住或同住子女工作忙，老年人在生活和情感上得到的关怀与照顾不足，造成了生活的不便和情感关怀的空缺；四是缺少精神文化活动，退休在家的老年人平日生活比较空闲，但社交圈子较小导致娱乐活动不足，未能将闲暇时间利用起来，容易感到孤单与无聊。

文昌宫社区立足社区实际情况，把握社区自组织、爱心企业及商家数量多、商企资源丰富的特点优势，利用商家资源的多元化、多样化，构建“商居联盟助老服务”闭环式联单机制。按照“居民点单、单位备单、社区拼单、团队履单、党组织评单以及分类兑单”的模式，充分考虑社区老年人、辖区商户的多样化需求，以新时代文明实践站文昌里为阵地，由社区联合居民、驻社区商家参与助老行动，解决老年人的问题和困难。根据不同参与者的供给能力，以协作方式共同提供社区助老服务，并通过广泛动员，不断吸纳辖区内更多行动者参与进来，推动社区形成尊老爱老的和谐氛围与“共建共治共享”的治理格局。

二、对症下药：以闭环联单消化问题清单

文昌宫社区通过闭环式工作程序，发挥基层党组织在治理工作中的引领带头作用，整合、运用个体商户丰富多样的资源，以积分激励机制挖掘社区志愿力量，最终把服务落实在具体助老活动的开展上，以多方共治助力破解社区养老助老难题，为社区助老服务注入了新的发展动力。

（一）一核带动，发挥党组织引领作用

摸清老年人需求是社区治理成效落实的前提条件，持续的监督考核机制是提升社区治理效能的长效保障和有力推手。文昌宫社区充分发挥基层党组织在商居联盟项目中的核心地位，推动基层党组织在闭环联单机制回路中承担需求探测和督导考评重要职能，成为提升社区老年服务能力与质量的“指挥棒”和“监考员”。

一是充分发挥基层党组织引领作用。文昌宫社区成立以社区党员、大管家等自治力量为核心的“突击队”，实施辖区资源“大摸底”行动，聚焦企业、商家，开展上门走访、恳谈交心、“金点子沙龙”、“我来献一策”等活动

20余次，广泛收集居民意见，充分听取居民服务需求，深挖辖区共享资源。紧扣“多商家”社区特色，将居民问题需求和商家、企业优势资源有效衔接，签订结对共建协议书，共同筛选拟定共享厨房、共享冰箱、共享工具箱、商居联盟等8个服务项目，着力解决基层最亟须、群众最期盼解决的问题，构建社区与商家资源整合、优势互补的良性互动局面。

二是充分发挥基层党组织监督作用。文昌宫社区以年底评议大会为平台、以座谈会为主要考核方式，由离退休党支部成员和社区大管家组成考察组，对商居联盟等社区助老项目开展持续性督导工作，对辖区内参与项目的个体商户如天兴大药房、华亿超市、文星粮店等商家进行考核评估。考察组通过综合考察、共同商议、充分讨论之后，对被考察对象的工作实绩作出最终评判，并为优秀单位授予“优秀商家”牌匾，既发挥了基层党组织的核心引领作用，又对商家单位给予了充分的肯定和鼓励。

（二）商居联合，聚集个体户资源力量

个体商户作为居民日常生活购买商品、服务的首选，与居民生活有着天然联系，其商品和服务的丰富性，足以对接社区居民养老、助老服务需求。因此，文昌宫社区以打造商居联盟为激发社区服务内生动力的现实路径，利用辖区内个体商户资源丰富的优势，通过基层党组织的引领带动，建立社区、居民、驻社区商户及商圈协作提供社区养老服务的创新机制，逐步形成了“一核多方”的社区养老、助老服务格局。

一是积极联络宣传，不断扩大商居联盟体量。文昌宫社区以资源共享联动为目标，连通辖区商户，按照“有意愿、有资源、有能力”的标准，撬动辖区闲置资源。一方面，社区通过走访的方式，向驻社区单位介绍助老服务项目的基本信息，让商户了解助老服务的重要意义，意识到社区商户自身治理角色；另一方面，通过举办座谈会，广泛组织发动辖区单位参与社区助老服务，带动了成都天兴大药房、万发电器、华亿超市、文星粮店以及渔桥谢鸭子等9家商户。在挖掘、整合辖区资源，推动商家单位参与社区助老服务的基础上，成功组建了商居联盟助老服务项目。

二是整合商户资源，不断强化养老服务支撑。相较于其他治理主体，个体商户所提供的产品服务具有更好的亲民性和便民性，更加贴合老年人的日常生活需求。在确定有参与意愿的商家单位之后，文昌宫社区积极整合资源，

推动社区与商家单位供需对接、资源共享，让有限的资源发挥最大的效益。社区商家结合自身经营范畴，对接老年人各项需求，为社区老年群体提供力所能及的帮助与支持。例如，成都天兴大药房为老年人提供常用药品、上门进行爱心义诊以及普及健康知识，拾木有花花店免费向老人进行花艺培训服务。

（三）积分兑换，构建志愿者激励机制

激励机制是调动居民参与积极性、保障活动持续开展的重要手段。文昌宫社区通过构建积分激励体系、健全积分激励机制，提升居民参与公共事务的主动性和积极性，增强社区治理和服务的长期性和持续性，推动社区助老、养老等志愿服务长效开展。

一是盘活闲置资源，打造一体化志愿服务体系。文昌宫社区发动干群30余人对国有资产“文昌里”小微公共空间进行“针灸式、精细化”改造，从打造意愿、居民参与、活化利用、亮点特色四个维度确定打造主题，新增了集“志愿者积分”“爱心超市”“社区微基金”于一体的“助邻荟”。社区志愿者通过参与志愿服务活动换取积分，“志愿积分”达到一定标准时，志愿者就可以在社区“爱心超市”以“积分+货币”的形式换取所需商品。在保证超市正常运营的基础上，社区将爱心超市收益部分注入“社区微基金”，为推进社区服务储备资金力量。

二是调动居民参与积极性，建立志愿积分激励机制。自开展积分兑换活动以来，文昌宫社区细化志愿服务机制流程，公开设立各项志愿服务积分奖励清单，对于积极参与社区各项事务的居民按照积分清单给予一定的积分兑换奖励。社区通过活动信息发布、居民自愿报名、积分兑换登记以及活动情况总结等具体步骤流程，将日常志愿活动、矛盾纠纷调解、重大突出贡献等居民参与行为纳入积分奖励机制，并分别对各项行为给予10～30分/次的积分奖励。

（四）项目活化，对接老年人服务需求

文昌宫社区在开展商居联盟助老服务项目过程中，通过建设扎实的服务队伍和开展高质量的服务活动，有效聚集社区自治力量，打造社区服务集群，形成了居民满意的社区服务和“老年友好”的社区氛围。

一是专项组建四支服务队伍。社区自组织队伍在商居联盟项目开展全过程中担任核心角色，发挥了重要作用。在需求探测阶段，以大管家协会、离退休党支部志愿服务队为主体，对居民问题需求进行挖掘探索，做好基础工作，确保服务项目的针对性、准确性。在活动开展阶段，自组织分化吸引不同人群，结合居民问题需求以及项目内容成立不同分队开展活动，服务居民，组建了商居联盟监管委员会、健康服务队、品质服务队和商居志愿服务队四支自组织分队，其成员不仅包括社区优秀党员、骨干居民代表，也包括驻社区商家和普通居民等。

二是多维开展各类老年服务。文昌宫社区把握社区老年群体问题清单，依托社区商户和志愿力量，针对社区老年人有计划地开展有益身心、方便生活、丰富闲暇的各类养老服务活动。依托四支自组织团队，开展爱心义诊、义捐、义剪、上门慰问老人、公益培训等活动。其中，“义诊、义剪、义汤”三义文化活动每年接收成都市慈善总会资金支持约 7 万元，受益居民约 1600 人次。依托商居联盟继续拓展服务项目，先后开展“健康便民站”“我家的食堂”“夏日送清凉”“家庭小帮手”“不老的爱情”“亲子花艺”“爱心 DIY”等主题活动，满足老年人的物质精神需求。

三、药到病除：以助老公益突围治理围墙

文昌宫社区以治理项目为抓手，把握老年服务切口，以助老公益破解治理难题，通过商居联盟老年服务项目，发挥基层党组织引领作用，链接社区商户资源，凝聚志愿服务力量，持续推动社区共建共治共享，逐步形成了“一核多方”的社区治理格局。

（一）落实服务供给，丰富老年群体生活

社区治理的出发点与落脚点是增进居民福祉，文昌宫社区通过常态化开展种类丰富的老年服务和活动，丰富了社区老年人的物质生活与精神生活，全面提升了老年人的身体健康水平、精神文化水平、情感关怀水平和生活便利水平。

一方面，商居联盟服务项目通过提供便民服务，使社区老年人生活更加便捷。例如，在老年人医疗健康方面，文昌宫社区依托社区自组织队伍，将老年人医疗健康服务送到居民“家门口”，解决了老年人看病就医、问诊买药

不方便的问题；将健康知识宣传讲解开在居民“家门口”，丰富了社区老年人的养生保健知识，提高了社区老年人生活健康水平。通过各项“服务到家”活动，为行动不便的老年居民提供了各项生活便利，让其“琐事不出家门，急事不出社区”，营造了“老年宜居”的社区为老服务氛围。

另一方面，商居联盟通过开展丰富的活动，不断充实老年人精神生活。通过把握驻社区商户服务范围，社区自组织队伍结合商户资源，开展丰富老年人精神生活的爱心活动。例如，花艺培训、烘焙培训和“不老的爱情”等主题活动，填补了老年人空闲时光无处可去的空缺，丰富了其精神文化生活，培养了老年人的兴趣爱好，聚集了社区内部的“老年人圈子”，不仅让老年群体“生活得便利”，更让其“生活得快乐”。

（二）促进品牌宣传，推动商居创利共赢

文昌宫社区立足自身发展现状及社区特点，依托驻社区商户打造商居联盟，深度挖掘商户治理力量，聚集商户丰富资源，助力社区老年服务提质增效；同时，社区商户在参与社区治理、提供养老服务的同时，树立了良好的慈善品牌形象，促进了自身商业发展，推动了社区治理与商户创利的双向互促发展。

一方面，形成了“经营支持公益”模式。商居联盟的商家响应社区号召，从自身实际情况出发，既为社区老年人提供日常生活所需的商品，也开展形式多样的培训活动，丰富老年人的精神文化生活，还为活动的开展提供所需要的物质支持、资金支持、场地支持等，成为文昌宫社区完善社区老年服务、提升社区治理效能的中流砥柱。

另一方面，形塑了“公益改善经营”理念。商居联盟将公益元素与商业元素有机结合，既服务了社区公益助老活动，又能向社区居民传播商户信息和品牌形象，实现了以参与公益刷新品牌形象。例如，“渔桥谢鸭子”向社区老年人捐赠 1000 元公益金、提供若干只甜皮鸭，在以商户资源贡献治理力量、改善老年人伙食的基础上，进一步树立其在老年人心中的慈善品牌形象，为店铺推广创造了机会，从而实现了在后续经营中产品销量大增，带动了商户经营创利。

（三）营造共建氛围，形成多方共治格局

文昌宫社区加强基层党组织引领作用，以社区为平台聚集多方主体力量，

形成了一核多方的治理格局；把握社区商户多的特点，引导个体商户参与；通过激励机制的有效催化，成功营造居民积极参与的良好氛围。

一方面，聚集多方力量，形成了一核多方的治理格局。在“共建共治共享”治理理念的指导下，文昌宫社区按照“居民点单→单位备单→社区拼单→团队履单→党组织评单→分类兑单”的闭环式联单工作模式，推动社区居民、驻社区商户等各类主体协作参与社区助老服务。商居联盟助老服务项目在各方协作下，有序构建一核多方的治理格局，既发挥了基层党组织的引领带头作用，又发挥了居民的主体性力量，提升了辖区商家的资源供给能力。各治理主体共同参与服务决策、服务行动，共同分享服务收益，形成了协作共赢的社区治理共同体。

另一方面，设立激励机制，营造了积极参与的社区氛围。文昌宫社区通过完善的激励体系与积分机制对参与者进行切实的奖励补偿，既是对志愿者队伍工作的充分肯定，也在一定程度上吸引了更多居民和商户参与项目，保障了志愿服务队伍与社区公共事务双向发展。自激励机制设立以来，文昌宫社区由 2019 年度积分总量 4000 分扩大到 2020 年的 48000 分，参与社区事务创造的积分总量增长了 11 倍，社区居民参与公共事务的热情高涨，社区内生治理力量有效盘活。

四、妙手回春：以商居联盟透视商户角色

由于社区老年人口多，养老、助老服务体系不够完善，文昌宫社区老年居民的生活幸福指数具有较大提升空间。社区瞄准老年居民生活痛点，把握社区个体商户资源丰富优势，以老年居民需求为导向，切实开展商居联盟助老服务项目，有效提升了社区养老服务能力，取得了居民满意的治理成效，围绕个体商户参与社区治理形成了可借鉴的经验启示。

（一）把握商户空间与居民场景的天然联系，推动商户群体角色转变

文昌宫社区瞄准社区商户的双重属性，通过打造商居联盟带动商户主动参与社区公益服务，推动了商户由社区治理的旁观者向参与者转变。实践表明，作为城市聚落的重要组成力量，驻社区商户具有治理角色转变的必然性。

一是从空间上来看，驻社区商户贴近居民生活圈，具有距离优势。相较于传统的自上至下治理力量注入，以及外部社会力量注入，社区商户更加贴

近居民生活，具有一定的距离优势。驻社区商户与居民之间更加熟悉，对于本社区情况更加了解，在提供服务时可以瞄准民生痛点，对症下药，从而达到更好的服务效果，也更让居民有亲切感，易于接受。

二是从性质上来看，驻社区商户与居民能够形成社区治理共同体。驻社区商户是社区的组成部分，社区是商户的经营场所也是生活场所，部分人具备居民与商户的双重身份。因此，在社区治理过程中，商户不但是社区公共事务的参与者，也是社区治理成果的享受者。为营造良好的社区治理氛围贡献力量既是一种公益行为，也是身为社区成员的责任。商户参与社区公共事务不仅提升了社区整体治理水平，也能够为自身生产生活创造良好的发展条件。

（二）把握商户供给与居民需求的多点对接，推动商居联盟效能提升

文昌宫社区依托辖区商户多、老年居民多的特点，推动服务供给与居民需求精准对接，推动商居联盟的形成与发展，为提升城市聚落的治理水平提供了路径。可见，驻社区商户的商业性和服务供给的丰富性，使商户参与社区公共事务具有可行性。

一是要广泛聚集社区商户，建立完善商户联盟。商户联盟所提供的物资、场地和服务等资源的丰富性建立于联盟本身的参与规模之上，受限于营业范围和参与水平，单一商户并不具有专业性和综合性。只有通过广泛宣传、多点联合，形成商户覆盖类别广、参与点位多的综合性大规模驻社区商户联盟，才能确保服务供给的丰富性与多样性，扩大资源聚集的总体规模，从而更好地对接老年人多样化的需求清单。

二是要有效对接居民需求，精准提供社区服务。社区治理的出发点与落脚点是提升居民生活的幸福感与获得感，在开展治理项目时应当坚持居民需求导向，通过走访调查拟定需求清单。在此基础上，把握驻社区商家经营领域，有针对性地与清单对接，通过建立自组织分队等形式聚合同类型商家，形成专项团队。社区发挥基层党组织领导作用，有序协调分队内商家、志愿者职责分工，分项推进各服务小队所负责的民生领域活动，既“点对点”疏通民生难题，又“织线成网”推进社区服务统筹发展。

（三）把握商户经营与居民生活的互惠互促，推动社区治理双向发展

文昌宫社区创新商居联盟形式，通过商居联盟为居民提供了高效便捷的

养老服务，也提升了商户知名度，实现了商户经营与居民生活的互利互惠，确保了商居联盟的持续发展。实践表明，商居联盟的打造要坚持互惠原则，在带动社区治理能力提升的同时也要惠及商户，从而推动社区治理双向发展。

一是商居联盟不能以牺牲商户利益为前提。商户在社区的带动下，主动参与社区公益服务项目，为社区提供有力支持，是出于自身的责任心和公益心的志愿行为。在商户参与社区公益服务项目过程中，通过提供物资、资金、场地、服务等资源，为社区民生服务项目提供了有力支持，也让利了自身营业利润。社区在协调组织商家参与时，应把握好商家让利尺度，统筹好商家自身利益与社区公共利益的协调发展，不能以过度牺牲商家利益为代价推进社区治理，否则会磨灭商家的参与热情，无法建立起长效持久的服务体系与机制。

二是要健全激励、返利机制，帮助商户打响品牌效应。在商家参与社区治理服务项目过程中，社区应当同时把握这一契机，通过奖励、表彰等方式帮助商家改善经营情况。一方面，可以建立参与激励机制，通过切实的利益奖励补偿商家参与公益服务的损失；另一方面，可以对贡献突出的优秀商家进行表彰颁奖，帮助商家树立慈善品牌形象，吸引更多居民前来消费，推动社区治理水平与商户经营发展的共同提升。

后　记

党的十八大以来，以习近平同志为核心的党中央深刻把握中国特色社会主义发展内涵，从顶层设计强调要加强和完善基层治理，为实现新型城镇化进程中基层治理有效提供了根本遵循。党的二十大报告指出，“完善网格化管理、精细化服务、信息化支撑的基层治理平台，健全城乡社区治理体系”，“建设人人有责、人人尽责、人人享有的社会治理共同体”。这些重要论述和指示深刻阐明了基层基础工作的重大意义，部署了增强基层治理能力的任务，是马克思主义中国化、时代化的最新成果，是推进中国式基层治理体系现代化的重要举措。

为深入贯彻落实习近平总书记重要指示和党中央决策部署，切实推进基层治理体系现代化，不断满足人民对美好生活的向往，各地结合自身优势和发展需要，围绕新型城镇化进程，推进基层治理，有效开展了一系列实践探索，取得了显著成效。四川省邛崃市统筹县域经济高质量发展、乡村全面振兴、新型城镇化建设和基层社会治理，引导资源要素顺向流动、合理集聚、优化配置，不断激发城乡发展内生动力和活力，有效推动了新型城镇化建设和基层治理的共同发展，书写了千年古城的善治篇章。

本书旨在进一步梳理和总结邛崃市在新型城镇化进程中基层治理理论创新、实践创新、制度创新方面的经验成果，以期为我国基层治理创新实践提供借鉴和参考。

本书在写作过程中，得到了四川省民政厅、成都市民政局、邛崃市民政局及市有关党政部门的大力支持。华中师范大学全国民政政策理论研究基地多次组队开展实地调研，基地研究生张文奇在当地开展了长达数月的驻点观察，最大限度地保证了本书材料的真实性与有效性。限于编者水平，书中难免存在疏漏之处，在此恳切盼望各位专家学者以及广大实务工作者批评指正。